prometeo
libros

DOCTRINA DE *in*SEGURIDAD MUNDIAL

Sonia Winer

Doctrina de *in*Seguridad Mundial

Paraguay como laboratorio de
Estados Unidos en la región

©De esta edición, Prometeo Libros, 2015
Pringles 521 (C11183AEJ), Ciudad de Buenos Aires, Argentina
Tel.: (54-11) 4862-6794 / Fax: (54-11) 4864-3297
info@prometeolibros.com
www.prometeoeditorial.com

Índice

Dedicatorias

Este libro es producto del trabajo colectivo. Fue escrito con amor y está dedicado a las víctimas de la masacre de Curuguaty, así como a Ruben Villalba que aún espera por justicia.

También a Nora Luis, a Amanda Guerreño y a Adolfo Pérez Esquivel, por darme la vida en más de un sentido, por transmitirme su fuerza y su cariño incondicional, por su ejemplo de coherencia y por enseñarme lo esencial para el presente y para el porvenir.

A Atilio Boron, amigo, confidente y maestro, por todas las oportunidades, la generosidad y el aliento permanentes, y por estar a mi lado siempre que lo necesité. Sin él no hubiera llegado hasta aquí.

A mis hermanos, cuñadas y sobrinos por la alegría que me brindan: Alexis, Eric, Irina, Tamara, Marisa, Agustín, Milena, Lara, Valentina y Julia.

A Alberto Locher, por la edición amorosa y porque su compañía es mis ganas de vivir.

Agradecimientos

Le agradezco a Flabián Nievas, por la ayuda y la dedicación de todas y cada una de sus correcciones.

A José Tomás Sánchez, quien afrontó generosamente los riesgos y hasta quemó su motor en el camino entre Pedro Juan Caballero y Asunción.

A los compañeros del Servicio Paz y Justicia de Paraguay y de Argentina, al Centro de Documentación y Estudios de Paraguay (CDE), a Base de Investigaciones Sociales de Paraguay (BASE IS), a Tesai Reka, al Sindicato de Periodistas del Paraguay (SPP) y a la Coordinadora de Derechos Humanos del Paraguay (CODEHUPY) por toda la ayuda prestada, y en especial a Clyde Soto, Marielle Palau, Quintín Riquelme, Lea y Gabriela Schvartzman, Julio Benegas Villadet, Najeeb Amado, Giovanna Guggiari, María López, Marco Castillo, Clemencia Bareiro, Hugo Valiente, Jorge Lara Castro, Luis Bareiro Spaini y Ernesto Benítez –junto con sus hermanos y con los habitantes de Tava Guaraní–.

A nuestra universidad pública y gratuita y al pueblo argentino que la financia.

Prólogo

En el continente latinoamericano se fue tejiendo en el tiempo una trama cargada de luces y sombras, donde aflora lo que Eduardo Galeano expresa en el caminar y vida de los pueblos: la llegada de los conquistadores de antes y los nuevos opresores. Estos no variaron sus objetivos en el tiempo, enriquecerse y lograrlo sin medir las consecuencias con los pueblos. Esa realidad queda expresada en libros como *Las Venas Abiertas de América Latina*, donde el autor expone un análisis profundo y crítico y destaca el grito de los pueblos que van luchando y construyendo su protagonismo histórico en la diversidad de pensamientos, espiritualidad, filosofía y necesidades.

Allí y aquí se visibiliza cómo Paraguay cuenta con raíces ancestrales en el pueblo guaraní, el cual es parte y es el todo de un territorio marcado por conquistas y genocidios, como por ejemplo en la llamada "guerra de la Triple Alianza". Dejando heridas no cicatrizadas, vidas y espacios de un pueblo que continúa la búsqueda del reencuentro de su identidad y valores para recuperar su camino, a pesar de las dificultades y de encontrarse sus raíces plagadas de desencuentros pero también de esperanzas. A pesar de saber que es posible construir un nuevo amanecer del pueblo guaraní y de las culturas de otros pueblos, recuperan aquello que soñaron los ancestros y que los abuelos transmitieron a través de la memoria y de la vida con el objeto de dar sentido a ese sueño de emancipación.

Este libro escrito por Sonia Winer contribuye con ese fin, para que perdure la memoria, para iluminar el presente, para desenredar la trama y poder ver la luz de la riqueza cultural y espiritual del pueblo guaraní.

Facilita el acercarse a ese rico caudal de vivencias y coraje que constituyen aquellos ríos subterráneos que en determinados momentos históricos emergen con fuerza y cambian su curso, así como el camino cuando se reconocen en las miradas, en las manos, en el encuentro del diálogo de los hombres y mujeres, en saber escuchar el silencio y sentir el flujo de la sangre que palpita en el corazón popular. Porque es necesario mirar los rostros morenos de hombres y mujeres cual partes de la Madre Tierra, de la selva, de su historia de luchas y esperanzas.

El texto me recuerda mi infancia, el impacto que me produjo de niño la llegada a la casa de mi abuela guaraní, Doña Eugenias, en Haedo, en la Provincia de Buenos Aires, al igual que el arribo de hombres que buscaban refugio en la Argentina huyendo del golpe perpetrado por el general Alfredo Stroesner en el Paraguay unos años después.

Aquellos refugiados esperaban la llegada de sus mujeres e hijos, era el éxodo, el exilio de miles de paraguayos en busca de nuevos horizontes sin perder su identidad y sus valores. Recuerdo los largos encierros y las discusiones en guaraní sobre el golpe de Estado y sus consecuencias nefastas para el pueblo y para los movimientos sociales. Recuerdo la preocupación por las familias que no pudieron salir.

También recuerdo las comidas que preparaba mi abuela para tanta gente, el chipa, el mate y, por la noche, para calmar el dolor y las penas, cuando una tía llamada Brígida invitaba a músicos paraguayos, con sus guitarras, arpas y acordeones para animar la noche con guarañas, chamamé y polkas. La música calma las penas y da un poco de ternura al corazón

Fueron tiempos tormentosos las décadas de dictadura stronista, el éxodo paraguayo hacia la Argentina, los encarcelados, asesinados y las persecuciones interminables que se relatan en la primer parte de este libro, yo los sentí en persona. Sin embargo, era necesario volver a rehacer la vida, ayudar a las comunidades y seguir resistiendo durante ese periodo y en los años que vinieron después.

La vida del campesino y de los indígenas, quienes volvían su mirada hacia la pacha mama y buscaban nuevos rumbos, como el desafío de las Comunidades en Jejui, las cuales a través de escuelas bilingües, cooperativas, generaron redes solidarias y abrieron espacios de participación social, cultural y política; produjeron experiencias que el stronismo no quería permitir y que, como relata Sonia, se reprimieron violentamente destruyendo años de trabajo y esfuerzo. Muchos padecieron el asesinato y la tortura, sumado al exilio de los dirigentes políticos quienes perdieron contacto con las comunidades de base. Un sector de la Iglesia paraguaya a nivel ecuménico fue aportando solidaridad y ayuda a los sectores afectados en San Juan Bautista de las Misiones, Encarnación, Concepción y tantos otros lugares.

Pero, desde aquellos tiempos hasta la actualidad la frontera sojera se fue extendiendo, y la invasión del territorio paraguayo por hacendados brasileños y por la presencia de tropas norteamericanas en bases móviles condicionan la vida y el desarrollo del pueblo, provocando el deterioro económico y el aumento de la pobreza en las comunidades campesinas. La discriminación y la falta de alternativas encuentran al pueblo paraguayo en permanente rebeldía para lograr superar la violencia social y estructural y generar nuevas condiciones de vida.

A pesar de la grave situación, como se destaca en el último apartado del libro, es necesario tener presente algunos caminos alternativos que pueden fortalecer –cuando esta existe– la voluntad política de avanzar en los acuerdos regionales con países vecinos por medio del MERCO-SUR, la UNASUR y la CELAC, para impulsar un desarrollo sostenible y solidario entre los pueblos, justo entre nuestros países hermanos.

La creatividad y los desafíos que enfrenta el pueblo paraguayo en la actualidad me retrotraen a algunas experiencias que, desde el SERPAJ Paraguay, vivimos y que me gustaría compartir con el lector: las titularía "La vaca educadora".

Resulta que una compañera campesina, Cristina, líder en la formación y educación liberadora y trabajadora en el campo, vio la necesidad de alfabetizar a un grupo de mujeres rurales para superar el analfabetismo y mejorar los niveles de organización entre ellas; pero, el machismo de los hombres se lo impedía, pues estos ponían la excusa que de que las mujeres tenían que dedicarse a la casa y a cuidar a los niños cuando los hombres regresan del trabajo para impedirles asistir a las reuniones: argumentaban que las mujeres debían atenderlos e irse luego a dormir. Si las mujeres no lo hacían recibían una paliza de sus maridos, la violencia familiar y el autoritarismo machista marcaba la vida del pueblo.

Entonces, Cristina pensó largo tiempo sobre los fracasos para lograr alfabetizar a las mujeres y para evitar las palizas de los hombres. La situación era grave y parecía que no tenía salida alguna. Hasta que, conversando con sus compañeras, decidieron intentar otra estrategia y comprar una vaca lechera, luego convencieron a los hombres de que las mujeres tenían que ir a cuidar a la vaca que les daba leche para los niños y para ellos y, entonces, los maridos aceptaron la propuesta de las mujeres.

Así, Cristina logró por fin reunir al grupo de mujeres al pie de la vaca y comenzó a alfabetizar a sus compañeras mientras la ordeñaban. La acción alfabetizadora dio resultado y las compañeras progresaron en su educación, conceptos, mientras algunas además ayudaban a sus hijos con las tareas. Un día, uno de los hombres descubrió que su esposa sabía leer y escribir, cosa que la mayoría de los hombres no. Se sintió disminuido y engañado y entonces le propinó una paliza. Cuando la mujer volvió a encontrarse con sus compañeras y estas notaron las huellas de los golpes la rebelión femenina no se hizo esperar: se reunieron y después de discutir y armar una estrategia decidieron presentarse en grupo a las casas cada vez que sus compañeras padecieran alguna situación de violencia para hablar con el marido. "Si vuelves a golpear a tu mujer vendremos todas y te golpearemos a ti, no hicimos nada malo, por el contrario, aprendimos a leer y escribir y sería importante que en lugar de castigar a tu mujer también aprendas a leer y escribir para dejar de ser un ignorante, así puedes ayudar a otros campesinos; si no nos educamos seremos siempre esclavos", les decían. De esta forma, las mujeres consiguieron, gracias a la vaca educadora, liberarse de la dominación cultural impuesta y descubrir nuevos caminos para lograr que la familia y la comunidad crecieran en conciencia crítica y en otros valores.

Si bien esto pasó en una comunidad, pone en evidencia la capacidad y creatividad del pueblo para avanzar y superar las dificultades.

El Paraguay enfrenta grandes desafíos del ayer y el hoy, tiene todo el potencial y capacidad para construir nuevos caminos y espacios de soberanía y participación social, es necesario superar el colonialismo cultural y recuperar el derecho de autodeterminación del pueblo. No podemos olvidar que fue base experimental de los Estados Unidos –como lo demostraron los archivos del Operativo Cóndor– en la región que se extiende y expande para aplicarse en diversos países.

El aporte de Sonia Winer como trabajo de investigación puede iluminar el camino y saber que lo que ocurre en un país no es un hecho aislado. Que resulta urgente la transformación de las Fuerzas Armadas y de las Fuerzas de Seguridad para liberarse y encontrar nuevas propuestas y utopías de vida, con el fin de recuperar la riqueza de su gente, que mucha se encuentra en la diáspora, y para sumar voluntades y fuerzas de los sectores del pueblo.

La seguridad no es posible con un pueblo empobrecido y hambreado, sometido a la injusticia y a la desigualdad, eso es *inseguridad*, porque los derechos humanos y la democratización son valores indivisibles entre sí.

Adolfo Pérez Esquivel
Buenos Aires, 1 de mayo de 2015.

A modo de prólogo

Este libro realiza un aporte muy valioso al estudio de la problemática internacional en momentos en que el mundo asiste a la escalada de tensiones y conflictos originados por la rápida transición que experimenta el sistema internacional.

Este proceso ha precipitado la violenta conformación de una serie de "puntos calientes" en Europa, más precisamente en Ucrania y en lo que con cierta laxitud podría caracterizarse como la periferia europea: el Mediterráneo Oriental, con epicentro en Siria y el Estado Islámico.

Preocupantes, dichas circunstancias son consecuencia de un fenómeno de vasta escala: el inicio de un periplo descendente del imperio norteamericano, acosado por un amplio conjunto de factores -tanto de orden interno como internacional- que terminan por debilitar su posicionamiento en el tablero geopolítico planetario.

Va de suyo que este proceso no se dio de la noche a la mañana sino que se fue gestando en las últimas tres décadas, a lo largo de las cuales se acentúa un progresivo divorcio entre un "orden mundial" diseñado según la correlación de fuerzas y los actores existentes a la salida de la Segunda Guerra Mundial –plasmado en el sistema de las Naciones Unidas y el papel decisivo y no democrático de su Consejo de Seguridad– y la realidad contemporánea, a pesar de que el equilibrio de fuerzas y los protagonistas internacionales han variado considerablemente.

La creación de un nuevo orden mundial –con sus normas, instituciones y agencias especializadas– capaz de reflejar adecuadamente el sistema internacional será difícil y problemática si se tiene en cuenta que en poco más de un cuarto de siglo, desde la caída del Muro de Berlín hasta hoy, el segundo experimentó tres significativas mutaciones.

Todavía en 1991 era un sistema contenido, si bien precariamente y con relativa eficacia, gracias al equilibrio del terror atómico coagulado entre Estados Unidos y la Unión Soviética desde mediados del siglo XX.

Entre 1991 y el 2001 el formato del sistema cambia: implosionada la Unión Soviética, este se convierte súbitamente en unipolar, desacomodando una disposición que ya no podía continuar siendo bipolar pero que no estaba (ni aún está) preparada para asumir a fondo la realidad del multipolarismo.

Fue en aquel corto período cuando los intelectuales y expertos de la derecha estadounidense soñaron con un "nuevo siglo americano" de indisputado predominio en todos los terrenos del tablero planetario. Pero, este ingenuo "super-optimismo", como lo caracterizaría un agudo halcón de la política exterior norteamericana, Zbigniew Brzezinski, se esfumaría en poco tiempo.

Con los atentados del 11 de septiembre del 2001 el unipolarismo y las fantasías de un "siglo americano" se derrumbarían tan estrepitosamente como las Torres Gemelas, dando comienzo a una era de creciente multipolarización económica y política de cada vez más difícil convivencia con el unipolarismo militar estadounidense.

En suma: estas tres significativas transformaciones que ocurrieron en un cuarto de siglo sirven para llamar la atención sobre la inédita volatilidad –y peligrosidad– de la situación actual.

En consecuencia, hoy poseemos un escenario enormemente más complejo y un orden mundial sin capacidad de expresar las nuevas realidades planetarias.

La declinación estadounidense se torna más pronunciada a medida que el centro de gravedad de la economía se desplaza -en un viaje sin retorno, hasta ahora- desde el Atlántico Norte al Asia Pacífico, con centro en China –aunque este país no tiene la capacidad ni tampoco la ambición de convertirse en un líder global que reemplace a Estados Unidos–.

A lo anterior habría que agregar otros elementos, tales como los impactos desquiciantes de la crisis civilizatoria del capitalismo y sus consecuencias sobre el medioambiente, la sociedad y el orden político; el fracaso del proyecto europeo y el debilitamiento de las otrora potencias coloniales y, algo que Brzezinski observara con mucha intranquilidad, el lento pero inexorable despertar político de las jóvenes generaciones de los pueblos en la periferia –proceso facilitado por las nuevas tecnologías de información y comunicación–.

Este cuadro, asaz preocupante para Washington, se complica aún más cuando se constatan las turbulencias que afectan su "patio trasero" desde la elección de Chávez como presidente de Venezuela en 1998. Puesto que poco después, el discurso y las políticas crecientemente radicalizadas del líder bolivariano tuvieron eco –débil primero, más fuerte luego–

en Brasil, Argentina, Uruguay, Bolivia, Ecuador y Paraguay, y su resultado devino en la mayor derrota geopolítica del imperio en Mar del Plata, en noviembre del 2005, cuando su gran proyecto para la región y para las décadas venideras, el ALCA, naufragó irreparablemente[1].

Como no podía ser de otra manera, estas transformaciones precipitaron significativos cambios en la estrategia militar del Pentágono y es aquí donde el caso analizado por Sonia Winer en este libro adquiere una singular trascendencia. Una de ellas, que no podemos desarrollar en este prólogo, fue la decisión de fortalecer el poderío naval estadounidense (dado que solo este permite resolver la ecuación desplazamiento-saturación de fuerzas que requiere un ejército imperial y cuyo teatro de operaciones hoy día es el globo terráqueo). Grandes guarniciones militares acantonadas en los más diversos lugares no garantizan la capacidad de desplazar con rapidez esas fuerzas cuando lo requieran las circunstancias.

En segundo lugar, una redefinición en línea con lo anterior del papel de las bases militares, ya no más de tipo tradicional (como Guantánamo, Okinawa, Guam o las múltiples existentes en Europa) con una numerosa tropa y un amplio sector civil emplazados en diversos territorios a la espera de ser llamados a entrar en acción. Gracias a los avances en el transporte aéreo y marítimo, a la informática, la radarización y los acuerdos bilaterales que permiten contar con el esencial abastecimiento de combustibles, los nuevos tipos de bases son en realidad FOLS, por su sigla en inglés (*Forward Operating Locations*).

Las FOLS son unidades militares que cuentan con una adecuada pista de aterrizaje, suministro confiable de combustible y vituallas de todo tipo, y un avanzado sistema de comunicaciones que permite el rápido desplazamiento de las unidades de combate a los más variados frentes de conflicto. Las FOLS actúan en conjunción con otras infraestructuras mayores, de tipo clásico, que despachan los contingentes –tropa, equipos, vehículos, armas, etcétera– requeridos por el escenario local del conflicto. Las principales bases que cumplen esta función en América Latina y el Caribe son Guantánamo en Cuba; Palmerola /Soto Cano en Honduras; Palanquero, en Colombia; Mariscal Estigarribia, en Paraguay;

---

[1] No es este el lugar para desarrollar *in extenso* estas ideas. El lector interesado puede consultar nuestra *América Latina en la Geopolítica del Imperialismo* (Buenos Aires: Ediciones Luxemburg, 4ª edición actualizada y ampliada, 2014).

y la base establecida por la RAF (*Royal Air Force*) de Gran Bretaña en Mount Pleasant, Malvinas, que cuenta con numeroso personal y equipamiento de Estados Unidos. Completa este círculo la base británica -pero en condominio con los estadounidenses al igual que la de Malvinas- en las Islas Ascensión, en el Atlántico ecuatorial. Entre ambas, Mount Pleasant y Ascensión, se ejerce un total control del Atlántico sudamericano.

Tercero, y último: este nuevo escenario internacional ha obligado a un replanteamiento de la estrategia militar, en donde la gravedad de los desafíos provocados por la inexorable necesidad de competir en la "cacería de los recursos" exige la máxima flexibilidad operativa y la necesidad de prescindir de las restricciones impuestas por las sucesivas Convenciones de Ginebra: de ahí el creciente papel que desempeñan los mercenarios contratados especialmente por el Pentágono para llevar adelante cierto tipo de tareas, operaciones y actividades de inteligencia sin las restricciones que imponen no solo los acuerdos de Ginebra sino las propias leyes norteamericanas.

Producto de estos cambios es el hecho de que si hasta hace poco más de una década la política exterior de Estados Unidos se elaboraba en –y era conducida por– el Departamento de Estado, en la actualidad ambas funciones han sido absorbidas por el Pentágono, con un obvio resultado: la militarización de las relaciones internacionales.

En la práctica, todos los problemas que aparecen en el horizonte de la Casa Blanca resultan enfocados desde una óptica militar: el terrorismo, el narcotráfico y los irresponsables desbordes del denominado populismo, origen de las más diversas formas de subversión del orden actual, son cuestiones a las cuales se las debe enfrentar con una lógica guerrerista.

Lo otro: la diplomacia, la promoción del desarrollo con equidad, la cooperación regional, vendrán después, en caso de que vengan.

Un episodio muy significativo ilustra adecuadamente los alcances de la militarización de la política exterior de Estados Unidos. Pocas semanas después de que el presidente Lula anunciara el descubrimiento de un enorme manto petrolífero submarino en el litoral paulista, la Casa Blanca dio la orden de reactivar la Cuarta Flota de la Armada de los Estados Unidos, que había sido desactivada en 1950 y que ni siquiera se había movilizado durante la Crisis de los Misiles, de octubre de 1962, cuando el mundo estuvo al borde de una guerra termonuclear desencadenada por la reacción de Washington ante la instalación de cohetería soviética en Cuba. Mantenida en sus apostaderos aun en tan crítica ocasión, la flota se reactivó el 12 de julio de 2008 sin que mediara una comunicación oficial de Washington a los presidentes o primeros ministros de

América Latina y el Caribe. Quienes recibieron la noticia fueron los jefes de los estados mayores de las fuerzas armadas de nuestros países, quienes luego a su vez informaron sobre el asunto a los jefes de gobierno y los Congresos de la región.

Esto habla con suma elocuencia de la importancia que la Casa Blanca le asigna al Paraguay, tema que se encuentra cuidadosamente examinado a lo largo de este libro. Este país ofrece una privilegiada base de operaciones para controlar a los dos países más grandes de América del Sur, generosamente dotados de agua, petróleo, energía, minerales estratégicos, litio, biodiversidad, etcétera.

Además, el Paraguay se encuentra en una ubicación estratégica para acceder al principal acuífero del mundo, el Guaraní, y para monitorear lo que pueda ocurrir en la Triple Frontera, tradicional objeto de preocupación de Washington.

Países también de difícil relación con Estados Unidos: Argentina, por una rivalidad histórica que hunde sus raíces en las postrimerías del siglo diecinueve —cuando se opuso frontalmente a los designios de ese país en la Conferencia Panamericana de 1889-1890 y que tantos elogios despertara en la pluma de José Martí— y que ha adquirido particular animosidad en los últimos tiempos. Brasil, porque la integración a los BRICS puso en cuestión la tradicional fidelidad de Itamaratí a las orientaciones establecidas por Washington en la arena internacional.

Además, la vecindad con la contestataria Bolivia de Evo Morales agrega centralidad estratégica a la presencia de tropas de Estados Unidos en Paraguay. No sorprende, por lo tanto, constatar que esta nación albergue, al momento actual, una importante fuerza militar norteamericana repartida en dos bases militares cedidas en función de un acuerdo suscripto entre Asunción y Washington: una, la de Mariscal Estigarribia, localizada en la región centro-occidental del país y a corta distancia de las fronteras de Argentina, Bolivia y Brasil; y otra, la de Pedro Juan Caballero, localizada exactamente en la frontera con Brasil. El avance o la consolidación de proyectos tales como el MERCOSUR y, muy especialmente, la UNASUR y la CELAC precipitaron la respuesta militar del Pentágono rodeando con unas ochenta bases militares de diverso tipo a las naciones que conforman la "retaguardia estratégica" del imperio, especialmente en momentos en que la supremacía estadounidense a nivel global se enfrenta con inéditos desafíos.

Y, en el corazón de Sudamérica Paraguay ocupa un sitio absolutamente privilegiado, como ya fuera dicho, lo que se acentúa si se tienen en cuenta las dificultades con que tropieza la Casa Blanca para instalar bases propias en el enorme litoral atlántico de ese subcontinente.

La larga historia de dominación despótica en Paraguay permitió a Estados Unidos contar con un *establishment* militar magníficamente adecuado para las tareas de vigilancia y control bajo dirección del Pentágono. En el libro que el lector tiene ahora en sus manos, este tema es abordado en profundidad al examinarse la intensa labor de adoctrinamiento ideológico y partidización a que fueran sometidas las fuerzas armadas paraguayas desde los tiempos del strosnismo y que las convirtió en obedientes instrumentos al servicio del imperio.

Producto de ese proceso es una definición del "enemigo interno", el reforzamiento de una política de desconfianza en relación a los vecinos (Argentina, Bolivia, Brasil y Uruguay) agitando los peores recuerdos de las dos guerras internacionales sufridas por el Paraguay: la de la Triple Alianza (1865-1870) y la del Chaco, contra Bolivia (1932-1935), todo lo cual, obviamente, fomenta el aislacionismo del Paraguay arrojándolo en brazos de sus amigos estadounidenses, al paso que debilita los procesos integracionistas en curso en la región, algo fundamental para Washington.

Esta indoctrinación castrense facilitó un tránsito sin contratiempos entre la vieja Doctrina de Seguridad Nacional de los años setentas y ochentas del siglo pasado y lo que, apropiadamente, la autora denomina "Doctrina de *in*Seguridad Mundial". En esta, el enemigo "terrorista" se difumina hasta adquirir contornos que incluyen cualquier luchador por los derechos humanos, la defensa del medio ambiente o la justicia social.

En suma, el blanco de la estrategia "antiterrorista" estadounidense, implementada por los militares locales con el asesoramiento, equipamiento y apoyo logístico norteamericano, es un enemigo "indelimitado y transnacional" que incluye a cualquiera que se rebele contra las inequidades del sistema.

En el fugaz intervalo entre el neostrosnismo y su resurgencia actual, el gobierno de Fernando Lugo (2008-2012) fue incapaz de revertir estas tendencias. Pues las vacilaciones del ex presidente reflejaban tanto su debilidad política -empinado gracias a la aritmética electoral sobre las alturas de un estado que controlaba apenas en sus capas más superficiales y sus movimientos más rudimentarios- como la enorme gravitación de la alianza entre los militares paraguayos y sus "protectores" imperiales.

Paraguay se consolidó, a partir del golpe de estado "institucional" que derrocó al presidente Lugo, como una valiosa cabeza de playa del imperialismo estadounidense en el corazón de Sudamérica, lo que constituye una permanente amenaza para sus vecinos.

El libro de Sonia Winer nos ofrece una valiosa radiografía de esta situación y advierte sobre los futuros y preocupantes cursos de acción que podría asumir la presencia militar de Washington en esta parte del continente.

Atilio Boron, 15 de
mayo de 2015.

Introducción

En el mes de julio de 2006, un grupo de investigadores y docentes latinoamericanos fuimos convocados por referentes de organizaciones sociales para participar de una misión internacional de observación en Paraguay que diera cuenta de los efectos de la presencia militar estadounidense y las causas que motivaban el incremento de denuncias sobre violaciones de derechos humanos en la población de este país.

Entonces no sabía que ese sería el primero de otros viajes, ni tampoco que terminaría pasando veranos enteros en los montes ubicados en las fronteras motivada por la investigación. Tampoco que estos devendrían en mi tesis doctoral y en este libro.

Ya en la misión, desde las primeras entrevistas realizadas en Asunción se sucedieron los relatos sobre tormentos, prácticas y abusos permanentes ejercidos por parte de las fuerzas estatales y paramilitares a las que eran sometidos hombres, mujeres y niños de esta nación. Además, la compilación de la información en la aridez del Chaco paraguayo desnudó la vulnerabilidad indígena, re-actualizando una vez más aquella conocida tensión entre la autonomía en la práctica del saber científico y el compromiso con los procesos políticos desde los principios éticos (Pecheny, 2008), que interpeló mi propia mirada sobre los sujetos (antes que "objetos") de estudio y el abordaje metodológico a seguir.

Los interrogantes que fueron surgiendo me condujeron a relevar bibliotecas, corroborando la carencia de textos académicos que analizaran los temas de interés en "el agujero negro de América Latina" (Roa Bastos, 1981). En consecuencia, mis actividades de posgrado se direccionaron tras la búsqueda de respuestas a preguntas como: ¿Cuáles son las causas principales de la presencia militar de Estados Unidos en Paraguay y qué percepción de esta tienen las clases dominantes y los gobiernos post stronistas? ¿Qué tipo de acuerdos se realizaron entre las administraciones republicanas y las coloradas entre 2001y 2008? ¿Qué aspectos históricos incidieron sobre las políticas a partir de 2008, y cómo se percibieron las propuestas de integración suramericana por el MERCOSUR y la UNA-

SUR por los Ministerios de Interior y de Defensa del Paraguay durante la experiencia lugista (2008-2012)? ¿Qué continuidades y rupturas se produjeron en el plano doctrinario desde los tiempos de la Doctrina de Seguridad Nacional hasta hoy y qué aportó Paraguay para su teorización? ¿Qué lugares ocuparon la compilación y organización de información, la dimensión geopolítica y los bienes naturales en la estrategia estadounidense, y qué características adoptan las formas del neogolpismo en la actualidad? ¿Cuáles son las modalidades de intervención imperialistas sobre territorios y poblaciones latinoamericanas y qué sucedió con la aparición en escena del Ejército del Pueblo Paraguayo?

Las tareas desplegadas en el transcurso de la formación doctoral se desarrollaron en torno de dos objetivos específicos que se desprendieron de lo enunciado en el párrafo anterior. Por un lado, nos propusimos identificar los aspectos estructurales y coyunturales que habilitaron la influencia de la Casa Blanca en el Palacio de López. Por otro lado, analizamos las modificaciones institucionales y las expresiones político-jurídicas planteadas a partir de la representación estratégica de la amenaza norteamericana en las post guerra fría (sobre todo el "terrorismo" y el "narcotráfico") y del accionar de agencias extranjeras en materia de Defensa y Seguridad, y su vínculo con la vulneración de derechos fundamentales y con el principio de progresividad.

El abordaje metodológico ha sido fundamentalmente cualitativo, llevándose a cabo un relevamiento y compilación de información por medio de una serie de más de veinticinco entrevistas realizadas entre 2006 y 2011 –en Buenos Aires, Asunción, Concepción, Ciudad del Este, Pedro Juan Caballero, Mariscal Estigarribia, Tuolouse y Paris–, y la construcción de datos obtenidos a partir de imágenes y materiales audiovisuales recabados durante nuestro trabajo de campo. He podido registrarlas gracias a la colaboración de pobladores de esas localidades y a la ayuda de organizaciones como la Cruz Roja Internacional, el Servicio Paz y Justicia, el Sindicato de Periodistas del Paraguay, quienes generosamente asumieron riesgos personales, familiares y materiales en pos de facilitarme su obtención.

Pero, las contradicciones entre la emotividad y una perspectiva científica me condujeron a priorizar también el trabajo de archivo y, sobre todo, el análisis de documentos oficiales de Estados Unidos y de Paraguay, en especial las Estrategias de Seguridad Nacional de la Casa Blanca (de 2002 y de 2015) y los informes de la comisión de Defensa del Senado en Washington, así como los decretos promulgados en Asunción número 17.370 y 17.855, 17.855, 17.870 y 167 o la Resolución 503 de la

Cámara de Senadores y las leyes 1337/99, 2447/04, 2594/05, sumando asimismo las nuevas leyes emitidas durante la gestión del golpista Federico Franco (que gobernó de manera ilegítima durante nueves meses en 2012), y Horacio Cartes (20013-actualidad).

El acceso a ciertos documentos importantes para la investigación -acuerdos binacionales firmados con Estados Unidos y con Colombia- ha sido uno de los principales obstáculos que debimos sortear; pero, el compromiso de funcionarios y personal administrativo del Ministerio del Interior de Paraguay (como también del Ministerio de Defensa de Argentina) finalmente me posibilitaron acceder a valiosas copias de convenios no publicados en el boletín oficial –como la Declaración Conjunta de los Presidentes de la República de Colombia y de la República del Paraguay del 29 de septiembre de 2008 y la Carta Acuerdo sobre la Iniciativa en la Zona Norte en Paraguay entre el Gobierno de la República del Paraguay y el Gobierno de los Estados Unidos de América– y a evaluaciones realizadas por la embajada norteamericana en Asunción –como el Informe Evaluación Intermedia IZN en Paraguay–, los cuales subrayamos debido a su relevancia y su poca publicidad.

Las categorías esenciales para redactar este libro fueron elaboradas gracias a los contenidos de la documentación, las entrevistas a militares, funcionarios gubernamentales, miembros de organizaciones campesinas, de derechos humanos y académicos, y al trabajo de campo realizado en las fronteras noroeste (en 2006) y sureste (entre 2008 y 2010) de Paraguay. Investigación que no solo comprueba las multiplicidad de factores que inciden sobre la política pública de Seguridad y de Defensa, sino que también, en un diálogo permanente que la atraviesa de principio a fin, evidencia la interrelación que perdura entre elementos internos y externos del país, condicionando cada vez más la verdadera estabilidad de un proyecto gubernamental democratizador con los niveles de incidencia imperialista existentes y con los procesos de integración regionales a los que decide adscribir.

Primera Parte

Stronismo: partidización de las Fuerzas Armadas y adoctrinamiento.

El presente apartado estudia las principales variables que incidieron en las Fuerzas Armadas durante el período stronista (1954-1989), centrándose (a) en la consolidación de un entramado estatal-partidario-militar organizado por el régimen autocrático en Paraguay y en su vínculo con Estados Unidos; (b) en la investigación de la influencia de la teoría de la Guerra Revolucionaria (GR) y de la Doctrina de Seguridad Nacional (DSN), así como también (c) en las prácticas consolidadas en el marco de la operación Cóndor.

1.1. "Stronización" del aparato represivo y partidización de las Fuerzas Armadas

Postulamos que la construcción de un entramado gubernamental-partidario-militar dentro del territorio paraguayo entre 1954 y 1989 por parte del régimen stronista, así como el tipo de vínculo establecido con Estados Unidos, deben ser comprendidos en el marco de un Estado que buscó consolidar la afirmación de un orden político interno capaz de articular relaciones sociales capitalistas estables (Oszlak, 1978).

Esta construcción fue posible debido a la profunda crisis de dominación que venía arrastrando el país desde la década del treinta, expresada por una guerra civil y por la sucesión de siete presidentes entre 1947 y 1954. Las manifestaciones culturales e intelectuales ya habían puesto en evidencia los fuertes cuestionamientos realizados al "consenso liberal"[2], propiciando la formación de un "militarismo nacional paraguayo" (Soler, 2008) y una reforma constitucional que legalizó lógicas autoritarias y

---

[2] Impuesto por las naciones vencedoras de la Guerra de la Triple Alianza en 1970 a partir de la derrota sufrida por Paraguay.

corporativas[3] y terminó facilitando la permanencia del stronismo en el poder (puesto que este la resolvió mediante un proceso de modernización conservadora que se caracterizó por lograr un crecimiento económico con conflicto controlado y por apelar a la construcción de representaciones heroicas del pasado[4]).

En muchos sitios de América Latina, y ante la ausencia de una burguesía capaz de encarar un proyecto nacional, los militares se posicionaron como un grupo político preparado para ocupar el gobierno (Rouquié y Stephen, 1997).

Esta presencia de las Fuerzas Armadas en la arena política (e incluso partidaria), con una impronta nacionalista y una orientación estatal frente a un contexto de crisis tanto internas como en el plano internacional, fue el común denominador en la mayoría de los países del Cono Sur y del Caribe.

Sin embargo, solo en el Paraguay, el acceso gubernamental se vio dotado de la particularidad de que los dirigentes que asumieron el ejecutivo desde mediados del treinta, habían participado –en algún sentido–, en una conflagración internacional como, por ejemplo, la Guerra del Chaco (1932-1935)[5].

Con la excepción de Estigarribia (1939-1940), todos los presidentes devendrían colorados, valiéndose de la virtud de incorporar a través del revisionismo[6] en su relato histórico –partidario a los "padres fundadores de la patria" (Francia, los López) y a sus hazañas de carácter militar[7]– a la popular y heroica figura del Mariscal Francisco Solano López, muerto en la guerra de la Triple Alianza (Soler, 2008: 37).

---

[3] La constitución de 1940 posibilitó la coexistencia de estas lógicas con elementos liberales como el voto, brindando cierto maquillaje demoliberal al régimen strosnista, el cual –a diferencia de otras dictaduras suramericanas- no debió suprimir las normas vigentes, sino que estas fueron utilizadas para su legitimación.

[4] Para un análisis exhaustivo sobre este punto recomendamos la lectura del capítulo 4 del excelente libro escrito por Lorena Soler, titulado *Paraguay. La larga invención del golpe* editado por Imago Mundi y publicado en Buenos Aires en 2012.

[5] Participación que, según Lorena Soler, fue utilizada –junto con los partidos políticos y sus respectivas identidades- para acceder al preciado puesto gubernamental.

[6] Uno de cuyos exponentes principales era Natalicio Gonzales, autor de *El Paraguay Eterno*.

[7] Aunque paradójicamente, no había sido el coloradismo quien comandara la guerra del Chaco.

En consecuencia, numerosos militares se alojaron en la Asociación Nacional Republicana (Partido Colorado) frente a la imposibilidad de las Fuerzas Armadas de constituirse como un actor autónomo e independiente de los partidos de corte tradicional. El general Alfredo Stroessner no resultó la excepción y se afilió en 1951[8] (apenas tres años antes de derrocar al presidente Federico Chávez); aunque aún no lograba contar con un anclaje sólido dentro del coloradismo y tampoco conseguía el apoyo total de un Ejército que no terminaba de serle leal (Rouquié, 1984).

Para paliar la ausencia de fuerzas propias y frente a la inestabilidad política precedente, Stroessner decidió inaugurar su régimen[9] con dos medidas estratégicas: por una parte, privilegió el fortalecimiento de una alianza con los gobiernos norteamericanos mediante la búsqueda de ayuda económica y de legitimación exterior; y, por otra parte, impulsó un proceso de disciplinamiento tanto partidario como represivo que redefinió el entramado institucional gubernamental, colorado y militar.

En consecuencia, a partir del golpe del 4 de mayo de 1954, el general-presidente combinó elementos y tradiciones nacionales con alineamientos internacionales para obtener el control de las Fuerzas Armadas, desarrollando tres mecanismos principales: (1) la partidización formal del estamento militar y la purga de oficiales institucionalistas; (2) los privilegios materiales en el esquema patrimonial de dominación y (3) el adoctrinamiento posterior en materia de guerra revolucionaria (GR) y de Doctrina de Seguridad Nacional (DSN) junto con las prácticas desarrolladas en el marco de la operación Cóndor.

De este modo, apoyado por las amistades entabladas con oficiales cariocas y estadounidenses durante su paso por la Escuela Militar de Brasil, Stroessner buscaría aprovechar el contexto y las representaciones de la amenaza de la guerra fría para fundamentar su diseño de Seguridad y poder recibir beneficios del extranjero.

---

[8] Luego conseguiría figurar como el afiliado número uno del Partido Colorado.

[9] El general Alfredo Stroessner se había negado a presentarse ante el Comandante en Jefe constitucional, el titular del poder ejecutivo Federico Chávez, iniciando una sublevación militar (acompañado por un sector desplazado del gobierno y del Partido Colorado -los entonces "tradicionalistas" Tomás Romero Pereira, Epifanio Méndez Fleitas y Guillermo Enciso Velloso que habían sido desplazados por la figura presidencial-), la cual culminó con la victoria de los insurrectos y la llegada del líder del golpe de Estado y de sus aliados al poder. La tradición militar golpista en Paraguay será retomada por nosotros en el segundo apartado de este trabajo.

La mencionada academia militar, donde el autócrata había asistido a cursos especializados de artillería durante 1940, resultaría decisiva al momento de conformar su visión estratégica de Paraguay en América del Sur y su perspectiva de alineamientos en el plano internacional.

Debemos remarcar que debido a la coyuntura histórica, Washington favoreció y cedió ante ciertas demandas de Stroessner, quien incluso antes de concretar el golpe de Estado, se ofreció ante la administración de Eisenhower como el único capaz de transformar a Paraguay en un bastión estable del anticomunismo en la región. Desde la Casa Blanca, además, veían con buenos ojos que el Palacio de López se apartara de la tradicional preferencia por Argentina, y que se acercara hacia una mayor integración económica y estratégica con Brasil –el gran aliado de Estados Unidos en el Cono Sur–.

Así, la "asistencia" estadounidense resultaría fundamental para permitir la supervivencia y consolidación del régimen durante los primeros años posteriores a 1954, caracterizados por la vulnerabilidad política del dictador. Por lo demás, el Pentágono ayudó al stronismo en el montaje de una maquinaria de coerción sumamente eficaz para reprimir cualquier tipo de oposición e incidir al mismo tiempo en la subjetividad poblacional, accediendo a la utilización de Paraguay como una especie de "laboratorio" y base territorial de prácticas y operaciones norteamericanas estratégicas en la región.

Partidización de las Fuerzas Armadas

La profesionalización del Ejército paraguayo –y su autonomización de los caudillos políticos– se había obtenido a mediados de la década del veinte, durante el gobierno liberal de Eligio Ayala (1923-1928), en los años previos al enfrentamiento con Bolivia, cuando un número importante de militares que había viajado a Paris para realizar sus estudios ayudaba a concretar pactos estratégicos con Buenos Aires. Entonces,

> Las FFAA se colocan en presencia de la Nación, en un plano de absoluta imparcialidad y rectitud, que se traduce en norma institucional, en el respeto a los poderes públicos y en el respeto a la ciudadanía, para que los resortes esenciales de la autoridad rectora, sin lesionar los fueros de los gobernados. *Le está vedado al militar hacer vida de comité o de partido,* más no ciertamente desinteresarse de la suerte de la Patria, desde el momento que debe garantir la estabilidad de las instituciones y declararse depositario de la fe pública (Revista de las Fuerzas Armadas de la Nación, 1946: 35. Destacado nuestro).

Como se desprende del párrafo citado, las Fuerzas Armadas durante la década del veinte se organizaron en torno a la defensa de la integridad y de la soberanía nacional, percibiéndose a sí mismas como una institución profesional subordinada al poder civil debido a la hegemonía de una oficialidad institucionalista que postulaba la neutralidad militar frente a los partidos políticos.

Sin embargo, ya con el golpe militar del 17 de febrero de 1936 –encabezado por el coronel Rafael Franco (1936-1937)–, y luego con la reforma constitucional de 1940, había comenzado a debilitarse esa corriente de pensamiento (a su vez interpelada coyunturalmente por diferentes posturas ideológicas ligadas a la segunda guerra mundial), mientras que la instauración de la dictadura corporativista del general Higinio Morínigo (1940-1948) terminaba de darle su tiro de gracia final.

Morínigo no solo continuaría con las purgas militares que se habían iniciado con el golpe franquista a mediados del treinta -contra liberales y febreristas-; sino que sumaría la exigencia para el personal castrense de firmar un "acta de lealtad" a su persona y al "movimiento nacionalista" que aseguraba representar (Lewis, 1986). Luego de vencido el levantamiento de 1947 y finalizados los seis meses que duró la guerra civil paraguaya, Morínigo impuso una "limpieza masiva" dando de baja a casi el 80% de los oficiales de carrera que se habían plegado a la coalición rebelde. Según la documentación de esa época (Rouquié, 1984), en 1948 el general reemplazó a los desplazados de la fuerza por un importante número de reservistas leales a su figura y con un nivel bajísimo de formación militar.

A partir de ese momento, se modificó radicalmente la composición de las Fuerzas Armadas consolidando una orientación "conservadora" (Cardozzo Gatti, 1990) –en detrimento de la "institucional"– que anticipaba la llegada del régimen autocrático al poder. Mientras, avanzaba en Paraguay el proceso de desprofesionalización y el de "colorización" partidario-militar, el cual recién fue formalizado con el arribo de Stroessner al Palacio de López y al puesto presidencial.

De acuerdo con la circular número veinticuatro del Gran Cuartel General –fechada el 22 de julio de 1955 y firmada por Stroessner[10]– y de los folletos explicativos del Colegio Militar "General Francisco Solano

---

[10] Archivos del Ministerio de Defensa, consultados por nosotros en 2009.

López", en 1955 se oficializó la extensión del censo partidario a los cuarteles y también se exigió a los ingresantes del Colegio Militar (y a sus respectivos padres), como requisito indispensable para su admisión en el mismo, el carnet de afiliación "aprobada por la Honorable Junta de Gobierno de la Asociación Nacional Republicana" (ANR).

Estas medidas, además de afianzar la partidización formal de las Fuerzas Armadas, lograron la militarización del Partido Colorado, pues Stroessner impuso a la junta partidaria generales de su confianza para tener una intervención vertical sobre la estructura y así poder disciplinar a los afiliados.

De allí en adelante, quienes pretendieron recuperar la autonomía del partido o del Ejército, serían arrestados, torturados y enviados al exilio[11] (Halpern, 2008) (en el mejor de los casos); las purgas (y pases a retiro o confinamientos hacia zonas inhóspitas del país) se constituyeron en el método habitual del régimen para impedir que militares colorados –percibidos como rivales potenciales por el autócrata– pudieran amenazar la autoridad presidencial[12].

La documentación recabada corroboró la sustitución de militares de carrera por la incorporación masiva de oficiales de reserva, los cuales presentaban muy bajos niveles de escolaridad y se consideraban fanáticamente colorados y stronistas "fieles" al general.

La explicación brindada por el régimen puede encontrarse en los archivos partidarios:

> Lo que se busca es evitar que nuestros conciudadanos sean víctimas de una propaganda extranjera, desde que por lo demás, PARTIDO, GOBIERNO y FUERZAS ARMADAS DE LA NACION, formando una unidad patriótica y granítica están en condiciones de aplastar sin piedad cualquier conato de traición a la patria (Asociación Nacional Republicana-Junta de Gobierno, 1976: 13).

---

[11] Desde el cual ex militares de la guerra del Chaco y colorados disidentes, junto con otros sectores políticos como liberales y febreristas, participaron en la pugna por la apertura del sistema democrático y los intentos fracasados de derrocamiento del stronismo organizados desde el Movimiento 14 de Mayo (1954-1959) y desde el Frente Unido de Liberación Nacional (1959-1969).

[12] Con idéntica finalidad se buscó consolidar la obediencia al Comandante en Jefe, profundizando la disparidad de rangos con el reemplazo de todos los comandantes de unidades de alta graduación (generales, coroneles) por oficiales subalternos (mayores y capitanes), aspecto que abrevará en la crisis del stronismo.

En consecuencia, junto con la modificación sustantiva en los criterios discrecionales para la promoción dentro de las fuerzas, se terminaron por eliminar los últimos remanentes de autonomía y de la antigua excelencia académica obtenidos en la década del veinte, dado que, durante el stronismo, no había el menor estímulo para sobresalir en el plano de la formación militar:

> El factor determinante de la carrera militar no era la idoneidad profesional sino la lealtad al autócrata (...) los generales de Stroessner –salvo honrosas excepciones- fueron alumnos mediocres del Colegio Militar y en los cursos de especialización posteriores. En contraposición, varios oficiales que habían sido los mejores en sus respectivas promociones y/o que realizaron cursos de especialización en el exterior, fueron prematuramente pasados a retiro o dados de baja por no gozar de la confianza del Comandante en Jefe (Riquelme, 1992: 157).

Como veremos en el próximo apartado, el problema de la desprofesionalización se agudizó especialmente a partir del año 1986, cuando el autócrata firmó el pase a retiro de un enorme contingente de coroneles con el objeto de acelerar la promoción de su hijo y potencial sucesor, Gustavo Stroessner, anteponiendo ascensos a oficiales con menos trayectoria por sobre otros de mayor antigüedad castrense y contraviniendo las normas del estatuto del personal.

Incluso, hubo quienes interpretaron los escasos niveles de modernización en materia de infraestructura militar (puesto que la mayoría de los equipamientos habían sido adquiridos en Argentina antes de la guerra del Chaco), o los índices mínimos de preparación con que contaba la nueva oficialidad hacia finales del stronismo -frente a una sobreabultada desproporcionalidad cuantitativa de personal-, como parte de una estrategia del régimen inscripta en esta misma línea de acción (Lezcano, 1989), cuyo fin consistía en desarticular ciertos valores de las Fuerzas Armadas (como virtuosismo profesional, jerarquía y corporativismo) adquiridos con anterioridad.

Nuestra hipótesis plantea que el elemento central en ese proceso operado dentro de las fuerzas militares (más allá de los valores intra institucionales) –y policiales– de alejamiento de la institucionalidad, fue aportado principalmente por Estados Unidos en materia de formación doctrinaria (además de la financiación, asesoramiento, equipamiento militar de artillería liviana, municiones y armas pequeñas) –confluyendo con la colaboración norteamericana en la estrategia de legitimación inicial del stronismo tanto en el ámbito interno como en el internacional–.

De hecho, el primero de los tres embajadores enviados por la Casa Blanca que tuvo una actuación categórica sobre las decisiones del general-presidente paraguayo para disciplinar a sus adversarios, tanto dentro del coloradismo como del estamento militar, fue el vicealmirante Arthur Ageton (1954-1957). En ese momento, Washington miraba con preocupación las simpatías que despertaba Epifanio Méndez Fleitas, un líder popular cercano al peronismo –considerado por el Pentágono como un izquierdista en potencia– cuya corriente partidaria había forzado al ex presidente Federico Chávez a firmar un Tratado de Unión Económica con el presidente argentino Juan Domingo Perón en el año 1953.

Ageton informó a Stroessner del apoyo estadounidense para purgar a las Fuerzas Armadas de epifanistas y de allí en más comenzó a ser consultado en todo lo relativo a las decisiones gubernamentales. El autócrata llegaría a referirse al diplomático como "el mejor de los miembros de mi gabinete", introduciendo de este modo una injerencia extraordinaria –por parte de la embajada norteamericana en Asunción- sobre los asuntos claves de la política interna del país, la cual resultó matizada por la academia estadounidense tras la eufemística noción de "tradición de colaboración" (Mora, 1988), y cuyas consecuencias perduraron luego de la caída del régimen condicionando el proceso de liberalización y los intentos posteriores de democratización.

No obstante, es preciso mencionar que la intrusión de Washington fue incitada por la propia Asunción, como lo evidenciaron los archivos del Comité del Programa de Asistencia de Defensa Militar (desclasificados en 2001 y consultados por nosotros en 2005), los que transcribieron la sorpresa de su director norteamericano ante un ofrecimiento realizado por el ministro de Defensa de Stroessner, el general Morínigo, durante su visita al Palacio de López en 1955. Morínigo, luego de recordarles a los funcionarios extranjeros la importancia geopolítica de Paraguay y su firme apoyo a los objetivos militares marcados por la Casa Blanca, le propuso construir una base aérea en el país "para defender al continente"[13].

Pero, el Departamento de Estado, acorde a la doctrina que comenzaba a difundir en esa época, estaba más interesado en contribuir a la creación

---

[13] Este sería el primero de otros "ofrecimientos" destinados a demostrar hasta qué punto Stroessner se alineaba con la política exterior de Estados Unidos (por mencionar otro, destacamos el realizado en 1969 de enviar tropas paraguayas a Vietnam).

del servicio de inteligencia local y, por lo tanto, envió expertos en "asuntos anticomunistas" para brindar entrenamiento y apoyo técnico[14] (Miranda, 1977), y para asesorar el armado de la ley 294 (denominada "De defensa de la Democracia", promulgada en octubre de 1955) que legalizaba los allanamientos de domicilio y los arrestos sin orden judicial, la cual también autorizaba al general-presidente a suspender otras garantías constitucionales en caso de percibir amenazas izquierdistas contra la democracia representativa en Paraguay.

Además, el interés norteamericano por mantener la estabilidad política del stronismo operó como sostén de otro mecanismo característico del régimen en el nivel nacional, pues muchos de los dólares recibidos en concepto de "ayuda económica"[15] fueron utilizados para premiar a sus adeptos, consolidando la lógica del sistema patrimonialista de dominación.

Esquema patrimonial y beneficios materiales

El desarrollo de un esquema patrimonial (o de patronazgo) como forma de gobierno personalista, donde la lealtad al mismo se encuentra ligada a los incentivos y recompensas materiales (Linz, 1991), ha sido analizado en Paraguay por diversos investigadores (Rouquié, 1984; Lezcano, 1989; Lezcano y Martini, 1994; Riquelme, 1992), quienes destacaron la manera en que Stroessner incorporaba a los oficiales de alto rango de las Fuerzas Armadas en el sistema haciéndoles participar organizadamente de los beneficios de la corrupción.

Así, el autócrata promovió el involucramiento castrense en actividades ilícitas mediante la legalización de la dedicación militar en las actividades económicas privadas, por ejemplo, por intermedio de la promulgación de la ley número 847 del "Estatuto del Personal Militar" (artículo 75), que habilitaba a los miembros en servicio activo para ejercer la administración de bienes y empresas dentro de la nación.

De este modo, con el tiempo se abrevó en la conformación estatal definida por el mismo Estados Unidos como "contrabandista" o "porosa"

---

[14] Becando también oficiales para que se formaran en la Academia Internacional de Policía de Washington.

[15] Directa o indirectamente obtenidos gracias a la intermediación de Estados Unidos en instituciones internacionales.

(Bush, 2002). Precisamente, de acuerdo a las demandas internas y externas de cada región de frontera del Paraguay, el jefe militar del territorio actuaba como una especie de "padrino" que digitaba los flujos de los distintos bienes –desde harinas, televisores, automóviles, hasta ganado robado–. Se constituyó de esa manera la célebre "tolerancia histórica" del comercio ilegal transfronterizo devenido en un medio gubernamental, instituyéndose el rol jugado por la "lealtad paga" en "el precio de la paz", como diría cínicamente Stroessner, mientras se sacrificaba la economía doméstica de Paraguay y la financiación internacional en aras de su longevidad política (Rouquié, 1984: 205).

La corrupción[16] funcionó como dispositivo del régimen de control efectivo sobre el estamento militar, en donde la mayoría de los generales del stronismo se beneficiaron de grandes extensiones de tierra, de la concesión de la administración de empresas estatales, y de la utilización patrimonialista de bienes públicos –ya fueran maquinarias, transportes y combustibles, o mano de obra gratuita de los conscriptos–. Los generales se fueron transformando en poderosos hacendados agrícola-ganaderos o en ricos empresarios que devinieron parte de los grupos económicos de poder.

Durante el stronismo y gracias al apoyo estadounidense, los miembros de las Fuerzas Armadas asumieron desde mediados de los cincuenta nuevas tareas que superaban, pero también desplazaban, a las estrictamente militares (como el manejo de la fabricación de materiales para la construcción ligada a planes de vivienda realizada por el I Cuerpo del Ejército, o la gestión del coronel Feliciano Duarte en la Administración Nacional de Telecomunicaciones).

Como señala Luis Rojas[17], la corrupción descarada, las actividades ilícitas como atajo hacia el enriquecimiento, la elevadísima concentración de la tierra fruto de la trampa y la violencia, la entrega de los intereses nacionales, la soberanía a favor de gobiernos y empresas extranjeras y

---

[16] A la corrupción se sumó la ilegalidad de diferentes formas de acumulación, como el narcotráfico, el autotráfico, el contrabando, la evasión de divisas, la deforestación y el rollotráfico, el lavado de dinero, que dieron forma a una burguesía corrupta e inescrupulosa, ávida de acrecentar su poder e influencia económica, e insensible y cómplice con las violaciones de los derechos humanos de otras personas.

[17] Recomendamos el libro escrito por Luis Rojas Villagra titulado *La economía durante el stronismo*, Editorial El Lector, Asunción, 2014.

el endeudamiento estatal creciente que adquirió durante este periodo, resultaron rasgos fuertemente marcados en esas décadas y han quedado como una herencia profundamente arraigada en la economía paraguaya (oligárquica, mafiosa y excluyente), así como en las conductas sociales devenidas en cultura (autoritarismo, prebendarismo, servilismo, etc.) (Rojas Villagra, 2015).

El stronismo representó un largo y complejo periodo, en el que muchos sectores de poder contemporáneos realizaron su acumulación originaria de riquezas (y otros ampliaron su anterior acumulación) bajo el brazo protector del dictador, cuya sumisión a los intereses de Estados Unidos y de la burguesía brasileña le garantizó un abundante torrente de financiamiento externo.

Si la deuda externa del Paraguay en los inicios del periodo era de alrededor de 10 millones de dólares, a la caída de la dictadura, esta deuda había trepado a casi 2.500 millones de dólares[18], más si se tiene en cuenta que todas las obras de infraestructura realizadas a lo largo de las tres décadas y media, como rutas asfaltadas, puentes, hospitales y escuelas, represas hidroeléctricas, aeropuertos, fábricas de acero, cemento y alcohol, edificios imponentes como el Palacio Municipal de Asunción, entre muchos otros, pudieron haberse hecho con prácticamente la mitad del dinero que el país tomó en préstamo para su realización de no haber sido por las enormes sobrefacturaciones, las comisiones de por medio, el desvío de fondos, el pago de intereses usurarios, etc. (Rojas Villagra, 2014). Por ende, dichas edificaciones fueron cargadas financieramente a las generaciones subsiguientes.

Por otra parte, la crisis de los enclaves forestales (yerbateros, tanineros y madereros) a partir de la década del cincuenta fue hábilmente aprovechada por el general-presidente, en sintonía con los intereses de los latifundistas y los capitales externos, para desarrollar un amplio programa de colonización agraria, el cual redistribuyó tierras pero sin eliminar la concentración de la estructura fundiaria, utilizando en el proceso los terrenos fiscales que el país disponía y partes de los enclaves, en proceso de fragmentación con fines inmobiliarios.

---

[18] Sin contar con las deudas que el país asumió en los entes binacionales de Itaipú y Yacyretá, que superaban entonces los 10.000 millones de dólares.

Con la colonización de los años sesenta y setenta se descomprimió la tensión existente entre terratenientes y campesinos de la zona central de la Región Oriental, mediante el traslado de miles de familias minifundiarias hacia territorios vírgenes e inhóspitos del este y norte de dicha región, lo que también dotó de tierras a militares, dirigentes políticos y empresarios stronistas que pasaron a formar parte de la clase terrateniente, históricamente liberal, desde entonces en gran porcentaje coloradizada.

Fueron más de 6 millones de hectáreas de tierras malhabidas arrebatadas al pueblo paraguayo, al campesinado y a los pueblos indígenas, que permanecen hasta nuestros días en manos de propietarios ilegales e ilegítimos, como señala el informe de la Comisión Verdad y Justicia (2008). Si observamos algunos de los beneficiarios, enseguida notaremos la relevancia del sector castrense:

Gral. Alfredo Stroessner	1.305 ha	Alto Paraná
Gral. Andrés Rodríguez	8.055 ha	Alto Paraná y Cordillera
Blas N. Riquelme	4.078 ha	Curuguaty
Humberto Domínguez Dibb	7.990 ha	Ñacunday y Villa Hayes
Conrado Pappalardo	4.000 ha	Chaco
Gral. Alcibiades Brítez Borges	10.000 ha	Canindeyú
Pastor Coronel	4.476 ha	—
Fahd Yamil	524 ha	Amambay
Gral. Roberto Knopfelmacher	8.244 ha	Concepción y Chaco
Gral. Galo Escobar	1.630 ha	Alto Paraná

Del robo de los fondos públicos y las actividades ilícitas del régimen se alimentó la naciente burguesía fraudulenta (empresarios, narcos, contratistas, contrabandistas, especuladores, etc.), forjada bajo el stronismo y vigente hasta nuestros días, como parte fundamental de la élite dirigente (Rojas Villagra, 2014).

En definitiva, en el sector de las Fuerzas Armadas, la ausencia de institucionalidad y de profesionalismo logró que los militares se transformaran en "empresarios de la política" (Rouquié, 1984: 175), afiliados al Partido Colorado y leales a un régimen autocrático hallando en la síntesis contrainsurgente promovida por los norteamericanos su principal fundamento doctrinario "racional" (Riquelme, 1992). Este convergió y perduró en una mentalidad autoritaria post dictatorial, producto de la confluencia de intereses de los militares con el bloque dominante y de la intención de este de reproducir un patrón de acumulación y una estructura capitalista profundamente desigual.

1.2. Adoctrinamiento: "acción policial" en la teoría de la guerra revolucionaria

El adoctrinamiento en la teoría de la guerra revolucionaria (GR) -devenida contrarrevolucionaria, antisubversiva o contrainsurgente, transmitida de manera directa por las agencias imperiales (o a través de terceros países como Brasil y Argentina), resultó un mecanismo central desplegado por el stronismo para controlar a las fuerzas estatales y coloradas que tuvo dos efectos importantes: por un lado, logró fortalecer una orientación antidemocrática dentro del estamento militar aportando, a su vez, una dosis de sistematicidad a las prácticas policiales utilizadas por el régimen; por el otro, posibilitó que Paraguay operara como un "laboratorio" de prácticas estratégicas —y como base territorial y banco de datos regional— y de operaciones norteamericanas en el cono sur.

La "modernización" de la guerra

La noción de guerra revolucionaria (GR) fue especificada en los años cincuenta por la pluma gala, tomando como base las experiencias francesas en Indochina y Argelia. Extraída del libro *La estrategia de la guerra revolucionaria en China* (publicado por Mao Tsé Tung en 1938 y traducido en Francia en 1950), la teoría del pez en el agua[19] elaborada por el coronel Lacheroy y por el coronel Trinquier[20] postuló como premisa la necesidad de dominio sobre la población civil en los nuevos escenarios bélicos.

---

[19] Según Mao: "Por un soldado de combate, hacen falta diez civiles simpatizantes. Las poblaciones son a los militantes lo que el agua al pez".

[20] El coronel Roger Trinquier publicó en 1961 el libro *La Guerra Moderna* (del original *La Guerre Moderne: une vision francaise de la contra-insurrection*), lectura obligada y el gran referente teórico para los estudiantes de doctrina francesa en todo el hemisferio.

En la guerra moderna, no nos enfrentamos de hecho a un ejército organizado según el estilo tradicional, sino a unos pocos elementos armados
que actúan en la clandestinidad en medio de una población manipulada
por una organización especial (Trinquier, 1963: 4).

Así se trastocaba el universo conceptual de las Fuerzas Armadas, las
que ahora deberían relegar los enfrentamientos inter-estatales típicos de
la modernidad –entre Ejércitos profesionales de naciones enfrentadas y
claramente identificadas–, para luchar contra enemigos de difícil indivi-
dualización diseminados en la sociedad, asumiendo entonces, al mismo
tiempo, tareas de naturaleza política y policial.

Desde mediados de los cincuenta se dictaron cursos sobre GR en diversos institutos de formación militar –como el centro de Estudios Asiá-
ticos y Africanos del cuartel de Lourcine, el Instituto de Altos Estudios
de la Defensa Nacional, la Escuela del Estado Mayor y, sobre todo, la
Escuela Superior de Guerra de París–, montándose además publicaciones temáticas que rápidamente trascendieron las fronteras europeas hacia nuestro continente.

La corriente gala proponía una visión global de la GR construida sobre el supuesto de que los movimientos de descolonización eran dirigidos contra las diversas manifestaciones del "comunismo internacional"
en contra del "mundo libre", invocando la necesidad de combatirlo desde el campo militar.

En esta línea, cuestionaba los límites impuestos por el derecho moderno al accionar de las Fuerzas Armadas en el interior de las fronteras
nacionales, postura que comenzó criticando la reglamentación puntual
que restringía el rol militar –en caso de producirse disturbios del orden
público en cualquier territorio de la "Unión"–, pero que luego terminó
constituyéndose como una tendencia negadora de los pactos, tratados y
convenciones internacionales sellados en Ginebra por considerarlos un
estorbo frente a las nuevas amenazas bélicas.

Por consiguiente, los movimientos de liberación nacional, propaga-
dos durante la posguerra en el territorio colonial y en el contexto bipolar,
condujeron a Francia a diseñar una modelización del proceso subversivo
a escala mundial basado en la convicción de que las "masas amorfas",
privadas de voluntad propia, quedaban presas de un puñado de agitado-
res que las contaminaban con ideas dañinas y, entonces, para "sanarlas",
era preciso extraer ese fermento revolucionario (Comblin, 1977; Robin,
2004; Reydams, 2006; Péyres, 2009).

Siguiendo la metáfora de Mao, para destruir el pez había que quitarlo del agua, lo que convertía a la inteligencia en el acto esencial de la cirugía frente a la supuesta necesidad de prevenir ambiciones emancipadoras.

Por lo tanto, entre 1954 y 1957, en los manuales explicativos donde se enseñaba a identificar la insurgencia se planteó un "escenario tipo" subdividido por Lacheroy en fases (que supuestamente utilizarían los revolucionarios para conquistar el poder):

En una *primera fase* no hay nada (...) Luego, de golpe, sin previo aviso... las bombas estallan (...) Naturalmente, la prensa y la radio de los países del mundo sienten gusto por el sensacionalismo, y llevan agua para su molino. Ellos promueven el problema o lo fundan, con sus grandes titulares.

En la segunda fase (...) se ponen en funcionamiento, naturalmente, las medidas policiales, para nada eficaces, actos de autoridad poco afortunados, y los crímenes continúan. Llega el momento en que la población se repliega sobre sí misma, aterrorizada, hasta que un día nadie quiere ver ni entender nada. El adversario gana la segunda fase, es decir, la batalla por la complicidad del silencio. *En el interior de esta masa previamente amorfa, comienzan a escurrirse los primeros elementos activos,* los primeros comisarios políticos, el fermento va a hacer elevar la masa, *que va a transformar para algunos la pasividad en actividad* y luego en ímpetu: es la tercera fase (...). En la quinta fase, las condiciones civiles y militares estarán para guiar la guerra o la insurrección general (Lacheroy, 1955: 13. Destacado nuestro).

A la nueva representación "ideológica" de la amenaza planteada en la GR había que oponerle un "método contrarrevolucionario" o de "pacificación", que fue probado en la tristemente célebre *Batalla de Argel*[21], constituyéndose este hecho, desde 1957, en un referente obligado en los cursos de las Fuerzas Armadas que restablecían a la tortura como arma principal de la lucha antisubversiva.

Si bien estas prácticas se habían extendido durante la segunda guerra mundial[22], lo que llamó la atención fue la justificación teórica brindada

---

[21] Famosa porque así se tituló una película -filmada en 1966 por el director italiano Gillo Pontecorvo, producida y actuada por Yaceef Saadi- que narraba los métodos desplegados por los militares franceses en el conflicto que se dio en la Ciudad Blanca en 1957 -y que duró aproximadamente seis meses- para desarticular la estructura del Frente de Liberación nacional Argelino.

[22] Momento en que aparece con claridad el ejercicio extendido de la insurgencia irregular y de la contrainsurgencia como práctica, aunque aún no habían sido denominadas de esa manera.

por la doctrina francesa, cuyo argumento remitía a un "estatus" del terrorismo (asimilación del combatiente insurgente con el terrorista, el cual se diferencia tanto del criminal ordinario como del soldado regular y, por lo tanto, no goza de sus derechos) y a la supuesta eficacia para la búsqueda de información:

> Sabemos que, en la guerra moderna, el *sine qua non* es el respaldo incondicional de la población (…) Este apoyo puede ser espontáneo, aunque esa espontaneidad es bastante rara y probablemente sea una condición pasajera. *Si no existe, entonces es necesario obtenerlo por todos los medios posibles* (Trinquier, 1963: 5. Destacado nuestro).

A su vez, un texto escrito por el coronel Chateau-Jobert, muy difundido luego entre los militares latinoamericanos, afirmaba:

> La base del éxito reposa en la eficacia de la búsqueda de información, hace falta hacer hablar a los hombres. Pero *¿por qué hablarían si no se los fuerza* a hacerlo? (Chateau-Jobert 1879, 4. Destacado nuestro).

Por lo tanto, la GR adquiría una supuesta dimensión "permanente, universal y total" que habilitaba en el nivel planetario la policialización de las tareas militares y la utilización de "todos los medios" para "reducir al silencio al enemigo interior" (Robin, 2004: 62), mientras reinstalaba como "arma legítima", "natural" y "obligada" (Trinquier, 1963: 11) la práctica sistemática de la tortura.

Trinquier había pensado un "programa de elaboración urbana" de gran alcance, elaborado como dispositivo de control poblacional que, entre otras medidas, comprendía la de un censo para identificar las relaciones parentales procurando generar un dispositivo de Seguridad a través de la responsabilidad de familia –imponiendo a cada "jefe" del grupo la responsabilidad sobre los movimientos y los paraderos de sus integrantes–[23].

Esta modalidad prendió de modo particular en Paraguay, donde el secuestro de todos los miembros de un grupo familiar –incluidos ancianos y niños– y las modalidades represivas ligadas a las relaciones inter-

---

[23] Junto con el célebre sistema de división territorial por "cuadrículas" a las que se asignaba por cada zona un responsable.

parentales –sobre todo en el campo– se dieron de manera mucho más generalizada que en otras dictaduras suramericanas. Las entrevistas realizadas a sobrevivientes del campo de concentración de Emboscada nos condujeron a estimar que este hecho se debió a las características histórico-culturales del país y a los intereses políticos –puesto que, por ejemplo, la información del Partido Colorado sobre los vínculos sanguíneos de los funcionarios públicos también se encontró organizada por grupo familiar–.

Otro elemento central de la GR radicó en la vinculación entre los dispositivos de organización de la violencia institucional y la técnica de la territorialización (aunque esta no primó en Paraguay sino hasta los tiempos de la operación Cóndor), explicados durante una conferencia dictada en Buenos Aires en 1958 por el teniente coronel de Naurois de la siguiente manera:

> Así, la población verá su libertad obligatoriamente restringida, pero deberá ser evitada toda medida que la veje. Los movimientos serán controlados, las comunicaciones telefónicas interrumpidas y el toque de queda ordenado (…) Solo en caso de desacuerdo total con la población, *algunas zonas serán prohibidas* y sus *habitantes evacuados y agrupados en otras zonas* donde su vigilancia sea más fácil; los aparatos de radio serán requisados y las personas irreductibles (serán hechas) prisioneras (Naurois, 1958: 234. Destacado nuestro).

Un dato específico a mencionar consiste en que, aunque se pudo comprobar la existencia de catorce centros de tortura durante el stronismo, en Paraguay la represión no se organizó territorialmente a modo de cuadrícula como en Argentina u otros países de la región -en donde cada sector de las fuerzas tuvo bajo su cargo zonas, sub-zonas y centros clandestinos de detención-, sino que se organizó según la ubicación de dependencias estatales, como aparece señalado en la siguiente imagen.

Ubicación centros de tortura del stronismo

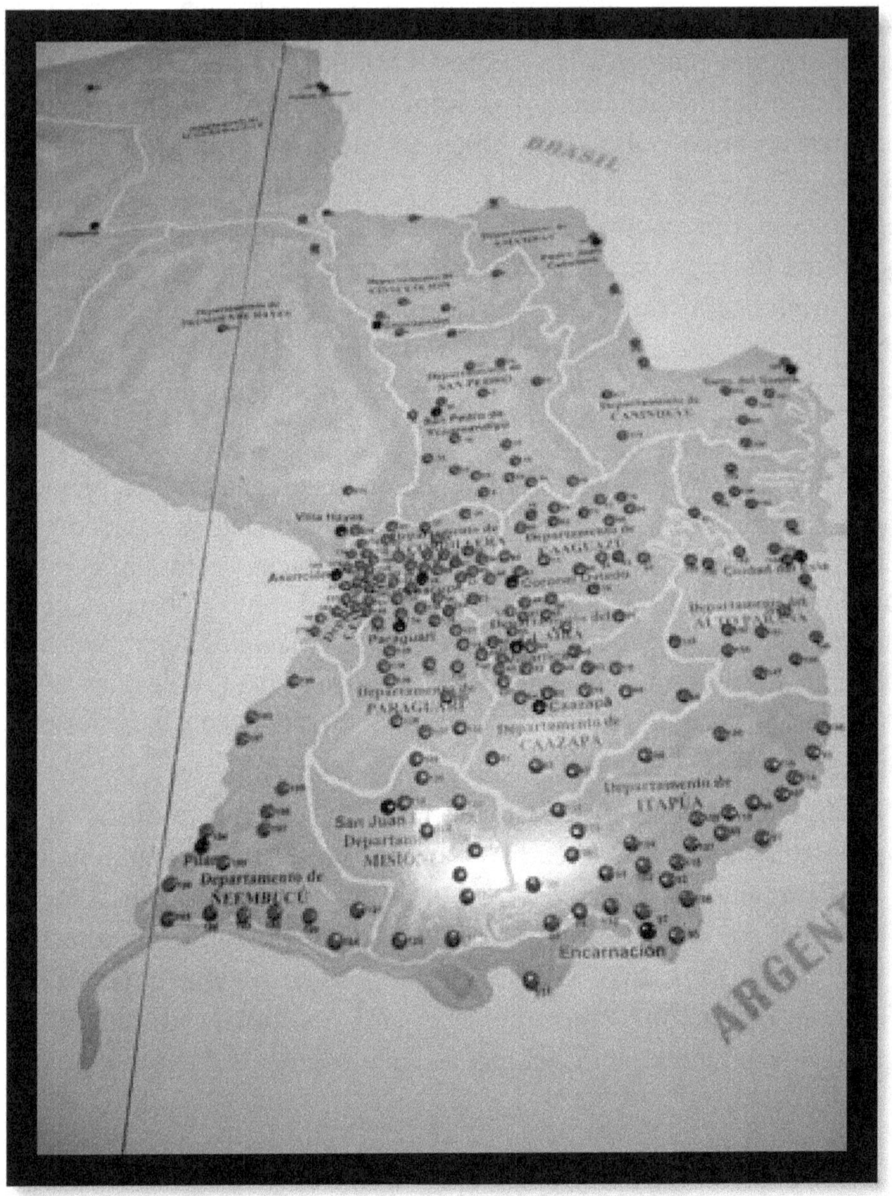

Fuente: Exposición Centro Cultural de la Memoria, tomada por Sonia Winer en 2009 en Asunción.

A su vez, la GR también priorizó las denominadas "acciones psicológicas", entendidas como el empleo de medidas vinculadas a la información o propaganda destinada a "los amigos" y a "los neutrales" (tropas y habitantes) (Péyres, 2009: 416), en su deseo por "ganar los corazones y las mentes"[24] de los sectores bajo su dominación y con el fin de impedir que organizaciones políticas "explotaran" el descontento popular abordando las causas reales de las injusticias ligadas en las estructura social. Entonces, se apeló al empleo de medios variados -como campañas de prensa y programas sociales- dedicados a influir en la opinión, en los sentimientos, en la actitud y el comportamiento de las personas que habitaban un país, con vista a que colaborara con la obtención de ciertos objetivos nacionales trazados en ese momento.

Esas operaciones de prensa, junto con los programas complementarios a la instrumentalización del terror (basados en las "técnicas" de secuestro individual y grupal, el interrogatorio, la desaparición forzada de personas, las ejecuciones extrajudiciales, etc.), confluyeron a favor del control poblacional para subsumir a los indecisos, convertir a los "reductibles" y abatir a los "irreductibles" en América Latina y, por supuesto, en Paraguay.

Influencia de la Guerra Revolucionaria y de la Doctrina de Seguridad Nacional

Las nociones acerca de la GR se integraron a los postulados de la Doctrina de Seguridad Nacional (DSN) promovida por Estados Unidos, incorporando la idea de que las condiciones de penuria material podían generar un ambiente propicio para el avance de regímenes de características radicales, por una parte, y de propuestas desarrollistas, por la otra.

Esta premisa operó como fundamento del gran programa norteamericano denominado Alianza para el Progreso, anunciado por Kennedy en 1961, quien en su primer discurso presidencial aseguraba:

---

[24] La idea fue puesta en esas palabras por el Mariscal Gerald Templer en 1951, quien en el marco de la denominada "guerra de liberación nacional antibritánica" de Malasia (1948-1960) sostuvo de manera textual: "la respuesta no está en introducir más tropas en la jungla, sino en los corazones y las mentes de la población".

A los pueblos de chozas y aldeas de media parte del globo que luchan por romper las cadenas de la miseria de sus masas (...) ayudarlos a ayudarse a sí mismos, por el período que sea preciso (...); ayudar a los hombres libres y los gobiernos libres a despojarse de las cadenas de la pobreza (...) Sepan todos nuestros vecinos que nos sumaremos a ellos para oponernos a la agresión o la subversión en cualquier parte de las Américas (Kennedy, 1961 citado en Pianetto, 2006: 44).

Los años sesenta inauguraron entonces el crecimiento de los aportes económicos percibidos con fines de Seguridad, proporcionales a la envergadura de las amenazas planteadas desde la perspectiva del Pentágono. Desde 1947, Paraguay ya recibía aportes equivalentes a 570 mil dólares anuales en armamentos, repuestos, municiones, etc., por parte del Programa de Ayuda Militar (Bouvier, 1988: 8); pero, ya entre 1961 y 1966, el régimen percibió un incremento de los aportes hasta 41 millones de dólares norteamericanos —claves en los primeros años para sostener al régimen-, a los que también se sumaron créditos de bancos e instituciones internacionales controladas por Washington, que le permitieron alcanzar los 73 millones de dólares. Incluso, durante ese período se elevó el monto de la ayuda militar directa y, según algunas investigaciones (Mora y Cooney, 2009: 215), llegó a cubrir el 5% del PBI de Paraguay.

Mientras tanto, alrededor de cuatrocientos paraguayos participaron en programas de formación militar en la zona del Canal de Panamá y en territorio continental a través del programa Educación y Entrenamiento Militar Internacional (IMET), y los aportes monetarios estadounidenses equipararon el 17% del presupuesto de Defensa del stronismo.

Kennedy contaba con naciones y regímenes internacionales en los que apoyarse y el régimen de Stroessner no solo no fue la excepción, sino que creyó encontrar su oportunidad para posicionarse como el mejor aliado de Washington en la región.

Además de ser el primero en presentar un proyecto de financiación ante la Alianza para el Progreso, Stroessner fue pionero en la incorporación del discurso doctrinario de la GR y de la DSN mostrando la evidencia de este hecho en la argumentación de su demanda. El general afirmó que el modo de combatir el comunismo era "resolver los problemas y elevar los estándares de vida de los pueblos" (Mora y Cooney, 2009: 188).

Al relacionar el comunismo con el subdesarrollo, el autócrata trataba hábilmente de incrementar el monto de la asistencia económica estadounidense fundamentándose en las premisas doctrinarias, constituyéndose sin saberlo en la expresión de un nuevo fenómeno: la consolidación continental de una creciente definición ideológica que fortalecía la concepción de América Latina como espacio de exclusiva influencia norteamericana.

En el marco de la guerra fría –y como manifestación operativa de los cambios teóricos operados desde los años cincuenta– se propició una suerte de división del trabajo en la cual Estados Unidos asumiría "la responsabilidad de la disuasión nuclear", mientras que los Estados suramericanos y caribeños deberían ocuparse de "la guerra revolucionaria en el interior de sus fronteras" (Pianetto, 2006: 45).

En esta sintonía, el Departamento de Estado duplicó la presencia de instructores estadounidenses en Paraguay, país que se alineó con este en las instancias internacionales, inaugurando una "tradición de colaboración" que perduraría en el tiempo y que sentaría las condiciones para ser nuevamente determinante en las décadas posteriores a la caída del régimen.

Un ejemplo de este vínculo estrecho se evidenció en 1965, cuando el stronismo envió doscientos soldados paraguayos para la ocupación de República Dominicana, mientras defendía la postura norteamericana en la Organización de Estados Americanos (OEA) sobre este conflicto y convocaba a una intervención internacional para "detener la agresión comunista en el Caribe".

Esta comunidad de intereses también se manifestó en las sesiones del Consejo de Seguridad de la ONU de 1968-1969, en las que Paraguay participó como uno de los representantes latinoamericanos. Ningún vecino de la región votó tan frecuentemente con los Estados Unidos en las cuestiones críticas de Medio Oriente, Europa del Este y el Sureste Asiático.

En marzo de 1964, Washington y Asunción celebraron al unísono el advenimiento de un régimen militar pro norteamericano en Brasil, reconociendo casi al mismo tiempo al nuevo gobierno mientras Stroessner se apuraba a estrechar lazos económicos y de seguridad con Castelo Branco. El derrocamiento de Joao Goulart fortalecería –a través de esta vía– de manera estratégica las relaciones paraguayo-norteamericanas habilitando una mejor triangulación con Itamaratí.

Lo cierto es que con el advenimiento de la bipolaridad y la difusión de la GR las novedosas "técnicas militares no convencionales" en contrainsurgencia habían cobrado un renovado interés, convirtiéndose en la prioridad de la Casa Blanca.

La doctrina Truman y el cambio en la política exterior norteamericana otorgarán un nuevo impulso a la Agencia Central de Inteligencia creada por el presidente Truman en 1947 (CIA). La misión de esta devino en la asistencia al Consejo de Seguridad Nacional, pero también en la coordinación de las actividades de información y en la conducción de operaciones secretas en el campo psicológico, político, militar y económico. Con su director, Allen Dulles, la CIA se encargaría de brindar apoyo a los elementos anticomunistas en los países que así lo requirieran, cimentando las experiencias para la posterior elaboración de la DSN.

Mientras dicha agencia conseguía sus primeras experiencias ligadas a especialistas en contrainsurgencia durante la guerra de Corea (1951-1953), el Estado Mayor ya incorporaba ciertas técnicas novedosas en guerra psicológica en las currículas militares, destacándose, en esta línea, la creación de la Oficina de Guerra Psicológica del Jefe del Estado Mayor (*Office of the Chief of Pshicological Warfare*) en 1951, desde donde se propició en 1952 la apertura del Centro de Guerra Especial (*Special Warfare Center*), cuya misión era "supervisar el entrenamiento de unidades en guerra psicológica y en operaciones de fuerzas especiales; desarrollar y testear la doctrina, los procedimientos, la táctica y las técnicas de la guerra psicológica y de fuerzas especiales; y testear y evaluar el equipamiento empleado en la guerra psicológica y en las operaciones de fuerzas especiales" (Paddok, 1982: 5).

Se encuentra documentado el interés de los oficiales de este Centro por la doctrina francesa (Péyres, 1999), a pesar de que durante la década del cincuenta se limitaran solamente a innovar en acciones psicológicas y antiguerrilleras.

Recién en 1961, la preocupación por la revolución cubana (y la breve visita a Argelia de Kennedy en 1958, cuando aún era senador), sumada al conflicto en Vietnam, influyeron para que se le reasignara la prioridad de otra misión ligada a constituir una versión estadounidense de la GR. Entonces, el Estado Mayor fue instruido en sus técnicas por uno de los protagonistas más siniestros de la experiencia argelina, el general Aussaresses (instructor de los cursos de *Fort Bragg* y de *Fort Bening*), el cual se hizo célebre por los relatos brindados por el coronel Carl Bernard y el general John Jonhs (alumnos norteamericanos de Aussaresses a inicios de los sesenta) a la periodista Marie Monique Rubin, referidos a las enseñanzas en tormentos recibidas cuando se preparaban como "fuerzas especiales" (luego devenidas como "boinas verdes") para la "guerra contra el pueblo". Este último aprendizaje Bernard lo aplicaría más tarde al diseño de la operación Fénix en Vietnam en 1966.

Ya para ese momento, los contornos de definición del adversario se habían esfumado mientras las técnicas de la GR incorporadas en la DSN se expandían y afianzaban alimentando la construcción de dispositivos estatales que, según el ideólogo del Colegio Nacional de Guerra del Paraguay, precisaban subordinar todas las actividades del país a la Seguridad, definida como:

> El grado relativo de garantía que, a través de acciones políticas, económicas, psicosociales y militares, un Estado puede proporcionar, en una determinada época, a la nación que jurisdicciona para la consecuencia y salvaguardia de los Objetivos Nacionales a pesar de los antagonismos internos o externos, *existentes* o *previsibles* (Littuma, 1975: 57. Destacado nuestro).

La síntesis teórico-práctico lograda por Estados Unidos suprimiría la distinción entre violencia y no violencia, entre los medios de presión violentos y los no violentos, entre violencia represiva y violencia preventiva, interpretando que la Seguridad necesaria tenía un precio, la inseguridad absoluta de los ciudadanos. Al no reconocer diferencias entre crítica, oposición política, subversión, guerrilla, todo quedaba englobado como expresión de un mismo fenómeno: la subversión (Comblin, 1977: 34). Este fue ligado a cualquier señal de descontento popular que debería ser destruido o neutralizarse lo antes posible.

La institucionalización de la DSN y de la GR arribó con cierto retraso a Paraguay[25], pero su cuerpo doctrinario encontró un terreno especialmente fértil debido a la influencia previa del régimen y a las prácticas transmitidas por la Misión Militar Brasilera instalada en el país —aunque pese a su desarrollo la misma no originó un nuevo tipo de profesionalismo como en Brasil (Stepan, 1988: 31)–, así como también gracias a la labor desempeñada por la Misión Militar de Estados Unidos[26] (Miranda, 1987: 45) por medio de la cual, entre 1947 y 1988, se enviaron a realizar cursos en la Escuela de las Américas[27] a 1064 oficiales de Paraguay.

---

[25] No así algunas de las prácticas destacadas por ella, en la que el país resultó precursor.

[26] Además, la CIA mantuvo estrechos contactos desde 1959 con la división de inteligencia de las Fuerzas Armadas -así como también con la sección política del Ministerio del Interior y las fuerzas de seguridad-.

[27] SOA (por sus siglas en ingles) fue establecida en Panamá en 1946 y luego trasladada a Estados Unidos (*Fort Benning, Georgia*) en 1984, estipulándose que allí fueron entrenados más de 61 mil soldados latinoamericanos en técnicas de tortura e inteligencia militar. En febrero de 2001, por presiones del movimiento social, la escuela aparentó cerrarse pero reabrió luego de un par de días con el nombre de Instituto del Hemisferio Occidental para la Cooperación de Seguridad (WHISC, por sus siglas en inglés), y aún continúa funcionado.

A diferencia de otras naciones del Cono Sur, el esquema conceptual planteado por la GR en Paraguay no se materializó en la creación de estructuras militares, policiales clandestinas o paralelas a las del Estado –como sí sucedió en Argentina–. Su tardía formalización fue explicada en parte por la capacidad del régimen stronista para legitimar su dominación apelando a elementos demoliberales, como también debido al desarrollo económico alcanzado con fondos extranjeros, sumado además al rápido y temprano proceso de eliminación de los insurrectos y la delegación específica de actividades contrainsurgentes en la Dirección Nacional de Asuntos Técnicos de Asunción y en los órganos del Partido Colorado.

Decíamos, si bien recién en la década del setenta los discursos y argumentos se desplazaron con mayor vigor en torno a la DSN –y las Fuerzas Armadas paraguayas asumieron oficialmente la misión de "garantizar la seguridad interna en coordinación con otras instituciones del poder nacional" y "organizar, equipar, adiestrar fuerzas para hacer frente a cualquier tipo de agresión" (según la ley número 832)–, su institucionalización definitiva incidió a favor de "racionalizar"[28] la orientación antidemocrática predominante en el estamento militar (proceso de desprofesionalización y colorización mediantes).

El papel pedagógico doctrinario acarreó consecuencias –como veremos en el segundo apartado–, incluso durante la apertura tutelada por las instituciones castrenses del período posterior.

Una de las manifestaciones más relevantes de la DSN apareció expresada en la orientación del Colegio Nacional de Guerra establecido el 26 de agosto de 1968 en Paraguay[29].

El Colegio estaba abierto a Jefes de las Fuerzas Armadas graduados de la Escuela de Comando y Estado Mayor, civiles con título universitario que fueran Directores o Jefes de Reparticiones, técnicos o especialistas en determinadas actividades del sector público, y representantes del sector privado. Según su reglamento, ingresaban por año 15 civiles y 15 militares nominados por el Estado Mayor paraguayo, quedando la selección final en manos del propio Presidente de la República. Los profesores

---

[28] En el sentido de brindar argumentos coherentemente organizados y legitimados por la doctrina imperial dominante en el plano internacional.

[29] Colegio del que hasta febrero de 1989 -cuando Stroessner fue derrocado- se habían graduado alrededor de 300 oficiales.

podían ser civiles o militares y se contaba, además, con asesores y conferencistas extranjeros[30] como el coronel Alfonso Littuma (ecuatoriano y autor de dos libros sobre seguridad nacional de lectura obligatoria[31]) o los coroneles Cristino Nicolaides y Francisco Silveira (Agregados Militares de las embajadas argentina y uruguaya).

Los archivos del Colegio de Guerra del Paraguay han demostrado que durante el curso de formación inicial (que duraba aproximadamente nueve meses) los temas recurrentes del programa, y de los trabajos realizados en equipo por las distintas promociones, giraban en torno a los siguientes puntos: a) la inminencia de una tercera guerra mundial entre oriente y occidente y el alineamiento incondicional de Paraguay con este último; b) el carácter global y total de dicha confrontación; y c) la incapacidad del sistema democrático tradicional para enfrentar el desafío de la subversión comunista (Riquelme, 1992: 64).

Esa visión de cruzada anticomunista entre las "fuerzas del bien" y las "fuerzas del mal" atravesaba además la política exterior de Stroessner[32] y la educación militar del régimen, como evidenció una evaluación de coyuntura planteada por la Directiva Académica número 8/82:

> *La guerra desarrollada por la Unión Soviética es total.* Occidente continúa con la táctica creada bajo viejos moldes que se maneja en base a reacciones y no a acciones concretas para desarrollar el comunismo. El Sistema Democrático tradicional es pernicioso para la Seguridad Colectiva. El comunismo y todas las corrientes de izquierda deben ser tenidos fuera de la ley, como lo establece la legislación paraguaya. *Hoy vale más que nunca la premisa Democracia sin comunismo* (Colegio Nacional de Guerra, 1982: 32. Destcado nuestro).

Bajo el paraguas conceptual de la DSN, no solo se negaron los orígenes socio-económicos de las protestas políticas -explicándolas en términos de "grupos antagónicos" o "subversivos" que se proponían destruir la propiedad privada y desestabilizar al stronismo-, sino que también se

---

[30] En sus comienzos se destacó la presencia de brasileños.

[31] Titulados *Doctrina de la Seguridad Nacional* (1974) y *La nación y su Seguridad* (1975). El coronel del ejército ecuatoriano Alfonso Littuma Izárraga se había especializado en Estados Unidos y en Brasil, actuando luego como verdadero ideólogo del Colegio Nacional de Guerra del Paraguay.

[32] Quien, en ese punto, se diferenció de orientaciones más pragmáticas como la de los generales brasileños y argentinos.

realizó una lectura distorsionada y ajena a la realidad del momento. Esto último salta a la vista al observar las temáticas de una elección de los trabajos estudiantiles donde los hechos más destacados del país y su entorno eran:

- Vigencia de los inmutables principios republicanos de la Democracia Representativa, inspirados en los más puros sentimientos de amor a la Patria.

- Permanente campaña de difamación a través de los medios de comunicación sobre supuesta violación de los Derechos Humanos.

- Atropello constante a las propiedades privadas por colonos, instrumentados y dirigidos por grupos antagónicos (ejemplo: Comité de Iglesias).

- *Constante aumento del poder militar de Bolivia.*

- *Permanente espíritu revanchista boliviano*, que sus dirigentes inculan al pueblo.

- Manifestaciones antidemocráticas de opositores al gobierno nacional en las fronteras de países limítrofes.

- Abierta y constante intención del comunismo internacional de desestabilizar al gobierno nacional (Colegio Nacional de Guerra, 1984. Destacado nuestro).

La pervivencia de la amenaza boliviana como hipótesis de conflicto llama poderosamente la atención, pues no existió en ese período ningún indicador real del supuesto riesgo que podía presentar dicha nación, mientras que la masiva ocupación brasileña en zonas limítrofes no suscitaba ninguna inquietud en el estamento militar encargado de defender la integridad territorial paraguaya.

La imagen distorsionada de la amenaza respecto de Itamaratí también se explicó por el vínculo estrecho entre las Fuerzas Armadas de ambas naciones, expresado por los trescientos oficiales paraguayos que habían tomado cursos de perfeccionamiento en la tristemente célebre Escuela de Mañaos de Brasil –especializada en GR–; y por la labor de asesoramiento permanente de más de veinte oficiales de la ya mencionada Misión Militar Brasileña y por la "asesoría ideológica específica" brindada por esta última para el establecimiento del Colegio Nacional de Guerra en Asunción.

Tanto Brasil como Argentina habían sido pioneros en la adopción de la doctrina de GR. Por el lado carioca, contaban con su propio centro de formación con asesores estadounidenses y franceses –donde encontraremos a Aussauresses en 1973–; mientras que por el porteño, desde 1959 existía una delegación de especialistas en GR contratados por las Fuerzas

Armadas para la formación de sus cuadros en la Escuela de Guerra de Buenos Aires –quienes organizaron en octubre de 1961 el "primer curso interamericano de guerra contrarrevolucionaria" en el país–.

Paraguay participó de dicho curso en Argentina desde donde estableció contacto con uno de los teóricos franceses, Georges Grasset –apodado "el soldado monje"–, quien luego visitaría en reiteradas ocasiones Asunción y Villa Rica interesándose en la articulación local entre los principios católicos y los de la GR –cuyas enseñanzas doctrinarias, en definitiva, arribaron desde múltiples institutos castrenses del continente, en una especie de avance silencioso y envolvente que devino en una nueva oleada represiva sobre su población–.

Ya en los noventa, el arsenal conceptual de la DSN y de la GR seguía calando profundo en la visión del mundo de la cúpula militar, tanto por militares simpatizantes, como críticos del stronismo. Esto pudo ser registrado mediante las entrevistas registradas por Marcial Riquelme a miembros de las Fuerzas Armadas entre 1989 y 1992 (Riquelme, 1992: 67).

Una de las razones de esta influencia, que perduró tras el derrocamiento de Stroessner y en los inicios de la apertura[33], se adjudicó no solo a la vigilancia de las Fuerzas Armadas[34] durante ese proceso, sino al involucramiento del Partido Colorado ligado a su formación anterior:

La estrategia utilizada por el comunismo busca crear la anarquía para llegar a la LUCHA DE CLASES. Pero, sigue un curso de acción que responde generalmente a las siguientes etapas:

d-1) INFILTRACION (acciones de inducir, inspirar, imbuir, PENETRAR).

d-2) INSUBORDINACION (acciones de indisciplina, de rebeldía y de desobediencia).

---

[33] Acordamos con Lorena Soler, quien apela al ejemplo del caso paraguayo para cuestionar la denominación centrada en el binomio dictadura-democracia (y su "transición") por considerarla ineficiente para pensar las transformaciones posteriores al orden stronista. Ver Lorena Soler, "La imbricación posible: Autoritarismo, Democracia y Dictadura en Paraguay", IV Congreso Interoceánico de Estudios Latinoamericanos.

[34] Por ejemplo, el general Lino Cesar Oviedo, Comandante del Primer Cuerpo del Ejército por entonces y actual líder del partido UNACE (quien ha sugerido su candidatura presidencial para las próximas elecciones), declaraba a la prensa la vigencia de la DSN y apoyaba la realización de acciones policiales-militares contra supuestas actividades subversivas. Ver *ABC Color*, Asunción, 16 de agosto de 1991, página 7.

d-3) INSURGENCIA (acciones de sedición, procedimientos concretos de ánimos sublevados, de pronunciamientos).

d-4) INSURRECCION (acciones de rebeldía, de rebelión, de sublevación, de alzamiento).

d-5) "GUERRA DE LIBERACION NACIONAL" (GLN) (la lucha de clases desatada en toda sociedad, hostilidades, combates, acción tendiente a la quiebra del orden legal y de la función de la autoridad) (ANR, 1976: 11. El destacado pertenece al original).

La división por etapas de la insurgencia y la mención —en el último apartado— dedicada a la "guerra de liberación nacional" evidencian la traspolación de los enunciados inscriptos en la DSN a una realidad paraguaya que se encontraba muy alejada de tales preceptos y posibilidades, revelando hasta qué punto la DSN atravesó los modos de concebir la política en el país y perduró, incluso, luego de finalizado el orden mundial bipolar.

A su vez, el texto advierte sobre la conducta persecutoria que debiera tener un ciudadano responsable frente a un potencial comunista[35] "en todos los terrenos y a todas horas":

> (…) Todo ciudadano responsable, y el colorado es el modelo de responsabilidad ciudadana, TIENE OBLIGACION DE SER CENTINELA DE ESA PAZ. Centinela en el sentido de estar alerta ante cualquier peligro, venga del interior o del exterior, venga con el disfraz que venga. NO ES MOMENTO PARA SER TIBIO O PARA SEMBRAR DUDAS. A la tradición imperialista que significa el comunismo totalitario, se lo combate EN TODOS LOS TERRENOS, y a TODAS HORAS y en TODAS LAS PERSONAS QUE EXPRESEN IDEAS EXTREMISTAS (ANR, 1976: 14 y15. Las mayúsculas pertenecen al original).

Es preciso mencionar que la conducción del Partido Comunista paraguayo había sido encarcelada en 1958, y era de conocimiento público que la misma permanecía prisionera desde hacía dieciocho años en el llamado "sepulcro de los vivos", ubicado en la Comisaría Tercera; sin embargo, se tildaba de marxista a cualquier actitud crítica de la ciudadanía y se promovía su delación por medio del terror.

---

[35] Hecho absurdo si se consideraba la supuesta peligrosidad de un partido izquierdista cuya capacidad de acción por entonces era prácticamente inexistente, como se explica en el párrafo siguiente a la cita.

La incidencia doctrinaria sobre el sector político-partidario stronista recibió un aporte curioso que sus vecinos no conocieron: el brindado por Taiwán.

Hacia mediados de la década del ochenta, gracias a los vínculos entre el sector más militante del Partido Colorado y la embajada taiwanesa —cuyo embajador, el general Wang Cheng, había escrito un libro sobre "guerra política"—, se entrenó a cerca de cincuenta oficiales, Ministros, funcionarios civiles y líderes colorados en cursos de lucha anti-comunista o "guerra política" en el Colegio Hsing Kang de Taipei[36] (Riquelme, 1992: 60).

De este modo, se reforzó la formación brindada tanto por Estados Unidos como por otros países, fortaleciendo, además, a los principios asociados a la GR y la DSN aprendidos por la oficialidad paraguaya y por un sector importante de la dirigencia civil. Los conceptos brindaron cierto maquillaje de racionalidad a la internalización de la amenaza subversiva, exacerbando una visión simplificadora que permitiría incluir en esa categoría cualquier tipo de actividad, distorsionando la percepción tanto del adversario, como de la realidad en su conjunto, desvirtuando de este modo el papel tradicional de las fuerzas y fundamentando la incursión en tareas policiales o políticas. Esto ayudaría a institucionalizar prácticas como la corrupción y la tortura, calando profundo en un estamento que ya se encontraba particularmente proclive a asimilar este tipo de enseñanzas debido a las conductas intra-militares promovidas desde mediados del treinta.

Los efectos más visibles de este proceso en el stronismo se expresaron, por una parte, en la consolidación de "mentalidades" antidemocráticas dentro de las Fuerzas Armadas, desde donde convivieron las hipótesis "ideológicas" de la GR con las tradicionales de defensa territorial, frente a una supuesta agresión estatal exterior; y por la otra, en la promoción y habituación de nuevas "técnicas" contrainsurgentes orientadas al disciplinamiento poblacional por medio del terror, las cuales facilitaron ciertas condiciones —operando además como centro de "experimentación" o "testeo" de las representaciones estratégicas de las amenazas— para la estrategia estadounidense del período posterior.

---

[36] También se donaron armas automáticas y equipos anti- motines entregados a las fuerzas de seguridad.

1.3. Técnicas de contrainsurgencia y cooperación regional en el operativo Cóndor

La operación Cóndor no constituyó un "plan" en sí misma como se ha difundido de forma errónea, sino que resultó ser una "operación secreta" más trascendente que otras, debido tanto a su dimensión transnacional como a la cantidad de víctimas que ocasionó. La misma fue organizada con el apoyo de agencias estatales estadounidenses en el marco de una estrategia de dominación continental.

A su vez, el operativo tuvo como sustrato una alianza entre las clases dominantes internacionales y las de América Latina de carácter imperialista y neocolonial (Boron, 2003), que encontró en grupos de derecha trasnacionalizados y en las fuerzas represivas estatales y paraestatales suramericanas su brazo ejecutor[37].

La operación Cóndor coincidió también con una mirada organicista de las Fuerzas Armadas locales sobre sí mismas, las cuales se auto-adjudicaron el derecho y el deber de erradicar la subversión "hasta los tejidos más profundos" de la región (O´ Donell, 2004: 107), y se tradujo en la acción coordinada de fuerzas militares, policiales y de servicios de inteligencia paraguayos, chilenos, bolivianos, uruguayos, brasileños y argentinos (entre otros participantes en menor medida[38]), junto con "la puesta en práctica de una jerarquía administrativo-militar" tal como lo había recomendado Lacheroy.

Cóndor implicó el intercambio de información y prisioneros -percibidos como subversivos o adversarios políticos en el Cono Sur- por intermedio de operaciones clandestinas que incluían secuestros, tormentos, desapariciones forzadas y ejecuciones de tipo extrajudicial.

Así, los Grupos de Tareas (GT) encomendados para realizar los secuestros tenían entre sus integrantes miembros procedentes de diferentes países[39], que actuaban con una modalidad similar y utilizando los mismos métodos.

---

[37] Como el movimiento italiano neonazi *Avanguardia Nazionale* dirigido por Stefano Delle Chaie, la organización paramilitar Triple A –Alianza Anticomunista Argentina- conducida por Ciga Correa y López Rega, los cubanos anticastristas organizados por el director de la CIA George Bush en el CORU –Coordinación de Organizaciones Revolucionarias Unidas–, y los franceses nucleados en la OAS –Organización Secreta del Ejército de Francia–.

[38] Como, por ejemplo, los servicios de inteligencia peruanos.

[39] Comprobándose también la participación de paramilitares extranjeros y ciudadanos estadounidenses, europeos y de otras nacionalidades.

Las acciones conjuntas organizadas por los GT requerían de la colaboración de los agregados militares de las respectivas embajadas de los regímenes estatales participantes y, por ende, entre las actividades de las sedes diplomáticas latinoamericanas se contaban: la provisión de identidades falsas para los encargados de detener a las víctimas; la liberalización de zonas[40] –con el fin de posibilitar el accionar de los GT–; el intercambio de presos en las fronteras nacionales y el envío de GT a otras naciones para sesiones de torturas a sus connacionales –o para sub-operaciones en el extranjero como los atentados realizados en Buenos Aires, Paris, Roma, Washington y Barbados–.

Si bien el Cóndor fue analizado por diferentes investigadores[41], decidimos poner el acento en el análisis de las innovaciones contrainsurgentes introducidas en Paraguay bajo su implementación (en especial las ligadas a la percepción del sujeto amenazante), y al papel jugado en materia de relacionamiento entre Washington y Asunción, con el objeto de realizar un aporte específico y complementario a los trabajos ya existentes sobre esta operación.

Nuevas "técnicas" contrarrevolucionarias

El análisis de contenido de los manuales y folletos de la Escuela de las Américas[42] demostró la afiliación francesa de la doctrina de la GR enseñada masivamente a la oficialidad latinoamericana mediante cursos, tanto en lo referido a conceptos e ideologías, como en lo relativo a cuestiones operativas.

Por ejemplo, el curso 0-6 "operaciones de contrainsurgencia" ofertado en *Fort Gulik* (para tenientes y capitanes, diez semanas de duración),

---

[40] Quiere decir "no actuación de la policía en esa zona en ese momento".

[41] Destacamos las siguientes: *El Paraguay de Stroessner*, escrito por Rogelio García Lupo; *Operación Cóndor, su rastro sangriento*, de Valentin Mahskin; *Paraguay en el Operativo Condor*, de la autora Gladys Mellinger de Sanneman; *Paraguay: la cárcel olvidada, el país exiliado*, de Martin Almada; *Es mi informe*, de Alfredo Boccia Paz (y otros); *Hidden Terrors New York*, de A.J. Langguth; *Los años del lobo. Operación Cóndor*, de Stella Calloni; *El asesinato de Juan José Torres y el Mercosur de la Muerte*, de Martín Sivak; *Los crímenes del Cóndor*, de Alejandro Carrió; *Operación Cóndor. Una década de terrorismo internacional en el Cono Sur*, de John Dinges; *Cuba: A New History*, de Richard Gott.

[42] Escuela que hasta 1961 había sido considerada destino de segundo grado por una oficialidad que prefería formarse en Europa.

que preveía una matrícula de cuarenta alumnos, tenía como propósito adiestrar oficiales al nivel de compañía para actuar como comandantes de unidades asignadas a tareas de defensa interna, guerra de guerrillas, operaciones psicológicas, acción cívica, inteligencia y técnicas de aerotransportes aplicadas a "operaciones de contrainsurgencia" –entendidas como la adopción organizada de elementos propios de la práctica insurgente en la acción militar de tropas regulares–. Además, se aclaraba que en el ramo "Introducción a la guerra especial" se incluirían temas como "doctrina comunista" y "actividades policiales".

El curso 06-A (para mayores, dos semanas) contenía, a su vez, un apartado sobre "Inteligencia y política militar" y la unidad titulada "Ideología comunista y objetivos nacionales".

El objetivo del curso de personal militar 0-11 se proponía "examinar el comunismo, la amenaza que supone y las medidas de inteligencia militar a emplear contra esa amenaza" (para oficiales con mando de tropas que hubieran pasado el chequeo de seguridad, diecinueve semanas), y explicitaba que cuando los alumnos regresaran a sus países de origen deberían actuar como instructores. Mencionando, también, que algunas de las materias de estudio serían: inteligencia de combate, técnicas de interrogatorio y seguridad militar –con realización de prácticas en el terreno–[43] (Rivas y Reisman, 1975: 103 y 104).

En "Conversación con un ex ´boina negra´" la periodista Stella Calloni preguntaba por las clases de interrogatorio y de inteligencia dictadas en *Fort Gulik*:

Periodista: ¿Qué les enseñan? ¿Qué técnicas de interrogatorio?

González: Cosas prácticas. Te aplastan los dedos, te meten palos de fosforo debajo de las uñas (…).

Periodista: A ustedes sus alumnos ¿él los torturaba? (en alusión al instructor -teniente Labbé-).

González: Claro, no solo él sino también los oficiales, y en las clases había varios instructores… nos tomaban, nos colgaban de los dedos con

---

[43] Para un estudio en profundidad sobre los planes de estudio en *Fort Gulik* se recomienda el trabajo de Rivas y Eisman, "Las Fuerzas Armadas de Chile". En *Geopolítica y Seguridad Nacional en América Latina*, Centro de Estudios sobre América Latina, La Habana, 1980.

un lienzo. Nos decían: *cuando hay un tipo rebelde y no quiere hablar*, no se puede perder tiempo golpeándolo sistemáticamente. *Hay que dejarlo que sufra bastante tiempo* y piense sufriendo. Entonces *¿cuál es el método? Si tu lo cuelgas con una lienza de esas bien delgadas, lo tomas por la coyuntura de los dedos y lo haces empinarse en la punta de los pies*, y haces que la lienza no le dé tiempo a apoyarse en los talones, y *lo cuelgas desde el techo de una viga*… bueno, el tipo queda colgado (…) *no le queda más que dos cosas: pensar y sufrir*. Buscar el camino para que se corte la lienza y, para cortar la lienza, *tiene que hablar* (…).

Periodista: ¿Cómo es eso de la inteligencia?

González: *Inteligencia militar (...) estaba basada en dos cosas: no entregar información y recibir información. Esto último es mediante el interrogatorio*. O sea, capturar un tipo *sin que se enteren los otros, interrogarlo, matarlo, eliminarlo, enterrarlo*, ¿entiendes tú? O sea, *interrogarlo mientras pueda hablar, y una vez que el tipo se muere, hacerlo desaparecer* para que los rojos no se enteren que hemos captado información. Eso es inteligencia militar (Calloni, 2005: 270, 271 y 272. Destacado nuestro).

A su vez, el general estadounidense John Johsn relataba:

Periodista: ¿Aussaresses les habló de tortura?

John: Sí, nos explicó para qué sirve. En Argel él tenía un equipo de una docena de personas encargadas de destruir la estructura adversaria… tomaba un prisionero y se trataba de convencerlo que destruir el terrorismo era de su interés y del de Argelia… *una de las técnicas era poner un prisionero al lado del que estaba siendo torturado para que comprendiera que después era su turno*… el problema suplementario era: *¿qué hacer después con los torturados?* La respuesta de Aussaresses era que había que *ejecutarlos* (Robin, 2004: 332. Destacado nuestro).

La investigación de la Comisión de Verdad y Justicia (2008) estimó que durante el régimen stronista diecinueve mil ochocientas sesenta y dos personas fueron detenidas en forma arbitraria o ilegal, y dieciocho mil setecientas setenta y dos fueron torturadas; cincuenta y nueve ejecutadas extrajudicialmente; trescientas treinta y seis desaparecidas y tres mil cuatrocientas setenta exiliadas.

Los testimonios de las víctimas (recabadas en el tomo I del Informe) llevaron a estipular que el 0,79 % de la población total –comparados con la población adulta del país– resultó detenida de modo arbitrario o ilegal, contabilizándose en trescientos sesenta mil la cifra aproximada de personas que pasaron por las cárceles del régimen. Además, un millón y medio de personas debió exilarse[44].

Habiéndose violado los derechos fundamentales al 0,80% de los habitantes de Paraguay, es imposible suponer que los únicos encargados de esta tarea pertenecían a la temida policía técnica –creada con la asesoría de la marina estadounidense, tomando el modelo del FBI y dirigida por el abogado Antonio Campos Alum entre 1957 y 1992– y a los grupos paramilitares colorados.

Con el descubrimiento de los archivos del stronismo realizado en Lambaré en 1992, se pudo comprobar que la mayoría de las decisiones eran coordinadas por el Segundo Cuerpo de Inteligencia del Estado Mayor General de las Fuerzas Armadas (ESMAGENFA), destacándose, por ejemplo, la participación documentada del Jefe del Estado Mayor de las Fuerzas Armadas y responsable de la Inteligencia Militar, Alejandro Fretes Dávalos, y del subjefe del Estado Mayor, general Guillermo Glebsch, entre otros miembros de alto rango en la fuerza.

Sin embargo, de los archivos también puede inferirse que hasta el arribo del Cóndor, el asesinato extrajudicial y, sobre todo, la desaparición forzada de personas todavía no se habían constituido en las "técnicas" represivas mayormente utilizadas:

> Las distintas estructuras del aparato político, militar y policial perpetraron graves violaciones a los derechos humanos de manera visible y publicitada. *Tampoco existieron centros de detención y tortura clandestina, usándose para ese efecto dependencias policiales, militares, gubernamentales y civiles bien conocidas.* (Comisión de Verdad y Justicia, 2008: 112. Destacado nuestro).

Hasta la llegada del Cóndor, el régimen liderado por el autócrata había preferido inclinarse por los correctivos públicos, siendo el exilio y la cárcel los castigos más utilizados para garantizar el orden. Por esa razón, siempre que fuera posible, se daba a conocer el destino sufrido por los

---

[44] Sobre este tema recomendamos la investigación de Gerardo Halpern *Inmigración, Etnicidad y Política. Representaciones y cultura política de exilados paraguayos en Argentina*, Prometeo, Buenos Aires, 2009.

prisioneros, para lo cual bastaba leer algunas publicaciones gráficas oficiales que exhibían como un éxito las fotos de los "guerrilleros" asesinados que intentaban desestabilizar el gobierno. El stronismo se había propuesto la tarea restitutiva de transformar a los cuerpos sociales enfermos en almas sanas, es decir, cristianas, nacionales y, de ser posible, coloradas (Soler, 2008: 80).

Uno de los hechos más significativos en este sentido se expresó en el bautismo público al que fueron sometidos, en 1965, los campesinos de la columna Mariscal López del Frente Unido de Liberación Nacional (FUN-LA)[45]. Los insurgentes debieron jurar ante Dios su renuncia al comunismo ateo, en los templos de Piribey y de Sapucai, el 13 de septiembre, en una especie de ritual sanatorio –pero también de exorcismo político– que aportaba visibilidad social y se presentaba como castigo ejemplificador.

Esta modalidad se modificó en los años siguientes, cuando el régimen comenzó a clausurar cada vez más el espacio para la participación partidaria[46], iniciándose un proceso de reorganización política durante los setenta cuya contraparte fue la gestación de un nuevo patrón de acumulación.

La consolidación de las relaciones con Brasil y la firma del tratado de Itaipú en 1966, sumado al apogeo de los precios internacionales de la soja y el algodón y a la promulgación de leyes bancarias, habían ido convirtiendo al país en un campo privilegiado para el arribo de capitales extranjeros (Borda, 1993). La nueva matriz de acumulación capitalista –que reconocía sus antecedentes en las modificaciones de la década anterior y en los cambios regionales e internacionales– había llevado a Stroessner a reorganizar al conjunto de la pequeña burguesía interna en

---

[45] Céspedes y Paredes (2004) proponen periodizar la resistencia armada al régimen en tres ciclos. El primero (1954-1958), protagonizado por liberales y ex militares, bajo la forma de golpismo urbano (Movimiento 14 de Mayo –M14–). La segunda (1959-1970), contenida por liberales, febreristas y comunistas mediante la guerrilla rural (FUNLA) y, por último (1974-1980), la izquierda marxista que combinó ambos tipos (Organización Política-Militar –OPM–). Así se pasó de una guerrilla hegemonizada por los liberales y exacciones de partidos tradicionales, a otra de izquierda revolucionaria - pero no vinculada al Partido Comunista Paraguayo- .

[46] Hasta que en julio de 1976 una enmienda constitucional finalmente habilitó la reelección indefinida de Stroessner.

torno al gran capital y a la clase política gobernante, sin que ello revirtiera una estructura económica con predominancia de campesinos y pautas arcaicas de producción para la subsistencia (Pastore, 1972).

En 1973 se realizó la última reelección stronista (1973-1978) con participación de partidos, mientras los discursos se desplazaban hacia la DSN. El incremento de intercambios económicos –y de "saberes" represivos– con Brasil y Estados Unidos había encontrado ahora su correlato en el campo doctrinal, en un contexto latinoamericano donde el autoritarismo iba en ascenso (Brasil gobernaba por medio de militares desde 1964, Bolivia desde 1971 y Perú desde 1975).

Paraguay, habiendo operado como base territorial de las operaciones de desestabilización norteamericana al gobierno de Allende en Chile, fue el primero en reconocer el golpe de Pinochet (1973-1990) –y el de Bordaberry (1973-1985) en Uruguay–, mientras gran cantidad de exilados políticos suramericanos se refugiaba en Argentina.

Con la llegada de la junta militar encabezada por Videla, Massera y Agosti en marzo de 1976, se impondría la universalización de las técnicas de contrainsurgencia amparadas por la institucionalización del Cóndor y, esta vez, los viejos y nuevos adversarios del stronismo padecieron un castigo más brutal y definitivo.

La historia narrada por el maestro Martín Almada, secuestrado el 26 de noviembre de 1974, da testimonio de lo sucedido:

> Yo no entendía nada. Pertenecía al Partido Colorado en una línea crítica. Los que estaban allí eran los que llamamos ´peces gordos´; entre ellos, el jefe de policía de la capital, general Francisco Fretes Dávila, el general Benito Guanes Serrano, jefe de inteligencia del ejército y otros. *Mucho tiempo después pude analizar que yo estaba metido en la Operación Cóndor, que ya funcionaba, aunque sin ese nombre, entre los servicios del Cono Sur* (...) Pastor Coronel ordenó que me llevaran a torturar (...) los torturadores se dividían el "trabajo". *Sapriza* (por Camilo Almada Morel) era el que pateaba y golpeaba duro; Ramírez el que lo hundía a uno en una pileta con aguas fétidas, con excremento y orina; Nicolas Lucilo Benítez, el que manejaba con gran destreza, como decían, el látigo. El comisario Obdulio Orguello me golpeaba la cabeza. Otro, que después supe se llamaba Agustín Belotto, me sujetaba en la pileta y ponía su pierna sobre el pecho para que yo no pudiera asomarme. (...) Como no pude decir nada ordenó otra sesión de torturas. Esta vez fueron golpe tras golpe y electricidad en los testículos (...). Esto le pasaba a todos los que caían en las manos del régimen… esa noche me pararon delante de una anciana. Después supe que aquella señora era Gilberta Verdún,

viuda de Talavera, cuyo esposo fue asesinado en forma terrible en 1961, cuando se realizaban las llamadas "operaciones antisubversivas". La habían detenido antes, liberado y estaba otra vez en prisión… decidieron torturarla a ella delante mío… *después entendí, atando hilos, que yo fui uno de los tantos que les servían para probar ante los argentinos, chilenos y otros torturadores que estaban allí que existía una "subversión regional"*… ellos querían hacer parecer como que había un gran complot internacional para mostrarle a Stroessner la necesidad de un pacto con los otros (Calloni, 2005: 143-146. Destacado nuestro).

Almada luego sería, como tantos prisioneros en Paraguay en esa época, trasladado en 1976 a un viejo fortín levantado a pasos del desembarcadero de Arecutacuá, sobre el río Paraguay, que el stronismo en los setenta había convertido en campo de concentración. Se llamaba Emboscada –por su cercanía con esa localidad–, y por allí se supo que pasaron aproximadamente dos mil personas de nacionalidad paraguaya, pero también uruguaya, chilena, y argentina, que al día de hoy continúan desaparecidas y se infiere fueron asesinadas o trasladadas a otros centros. Como menciona el relato, durante el Cóndor se recapturaron ex prisioneros que ya habían pasado por las cárceles en los sesenta, luego dejados en libertad pero "fichados", para ejecutarlos o enviarlos al centro de detención y luego hacerlos desaparecer, una especie de "solución final" *reaggiornada* a la metodología regional del momento.

El encargado de dirigir el centro de Emboscada era el coronel Félix Grau, un especialista en represión campesina (aspecto que retomaremos más adelante).

Una innovación "técnica" que nos interesa destacar fue precisamente la modalidad de secuestro grupal nocturno y el armado de centros clandestinos de detención, técnicas que habían sido probadas en África por los dos franceses que mayor incidencia tuvieron en la formación estadounidense: el coronel Trinquier y quien estuviera bajo su mando, el general Aussaresses. Ellos aconsejaban proceder con "multitudes inopinadas y *a priori* de los barrios sospechosos y hacer redadas" (Trinquier, 1963: 23), y se habían inspirado en la experiencia del campo de reeducación número 1 del Vietminh, por donde habían pasado miles de oficiales franceses luego de su derrota en la batalla de Cao Bang en 1950[47]. La

---

[47] Donde los aproximadamente 2500 oficiales fueron conducidos en marcha forzada por la jungla hasta los campos de reagrupamiento, permaneciendo unos cuatro años y sobreviviendo solo el 60 por ciento de ellos.

"guerra podrida" en Indochina también les había planteado las implicancias de la nocturnidad ligadas a la generación del terror, como explicaba el coronel Lacheroy en una entrevista realizada en 2002:

> Comprendimos tarde que para ganarle al Vietminh debíamos adueñarnos de la noche. Por suerte en Argelia no cometimos el mismo error (…) había que patrullar durante la noche… usted comprenderá. Cuando uno llega al punto que no puede mear sin que su adversario lo sepa, uno ya no sale más. De hecho, *la clave de la noche radica en la población que la domina,* lo que Mao llama las ´retaguardias´ (Robin, 2004: 37. Destacado nuestro).

Las acciones cometidas durante las horas de oscuridad viajaron desde Argelia a Paraguay, las semejanzas narrativas evidenciaron una transmisión de conocimientos represivos cuando se comparan los siguientes testimonios[48]:

> Por las *noches* se torturaba más, alrededor de cincuenta personas (Almada, detenido en 1974. Subrayado nuestro).

> A mí me llevaron a los diecisiete años porque mi hermano estaba fichado por pintar paredes contra la visita del alcalde de Nueva York, Nelson Rockefeller, en 1969. Es cierto que *por la noche siempre llegaban nuevos* (testimonio de Pablo Herken, secuestrado en 1974. Subrayado nuestro).

> En realidad, Stroessner hacía barridas nocturnas sistemáticas, al menos eso vi desde que me secuestraron en el mes de julio (testimonio de Jorge Canese, secuestrado en 1977. Destacado nuestro).

En Argelia se habían arrestado cerca de veinticuatro mil personas consideradas "sospechosas" en los seis meses que duró el operativo, las cuales fueron distribuidas en campos "provisorios" –como el de Béni-Messous o el de Ben-Aknoun– de los cuales el más conocido fue Villa Sesini. Frente a la denuncia del entonces procurador de la República de Argel, se decidió "legalizarlos" por decreto el 11 de abril de 1957. Pero, muchos jamás retornaron debido a otro experimento que se haría tristemente célebre en Suramérica: la técnica de los "camarones Bigeard", que consistía en meter los pies del "subversivo" en un depósito de cemento y, cuando este se afirmaba, tirarlos desde un helicóptero al mar.

---

[48] Entrevistas realizadas por la autora en Asunción durante 2010 a Martin Almada, Pablo Herken y Jorge Canese, cotejadas con otros registros testimoniales recabados por el Museo Virtual Memoria y Verdad sobre el stronismo.

Se analizó que esta técnica, además de la disimulación masiva de cadáveres creada por el nazismo alemán, operaba como un arma contrarrevolucionaria para aterrorizar a la población; de los veinticuatro mil arrestados durante la "batalla" desaparecieron cuatro mil.

Este tipo de prácticas también serían probadas luego por los estadounidenses en Vietnam, en especial durante la Operación Fénix (copiada del modelo de Argel), cuyo principal ejecutor –y posterior director de la CIA–, Willian Colby, fue quien organizó las estrategias de desestabilización del gobierno de Allende y los primeros vínculos de la operación Cóndor.

En las entrevistas realizadas, las víctimas de la represión stronista coincidieron en la descripción de diferentes instrumentos de tortura, en la manera que tenían los agentes de nombrarlos y ligarlos a Estados Unidos. Por ejemplo, les llamaban "derechos humanos tipo Carter" al sumergimiento en una pileta normal, "derechos humanos tipo John Foster Dulles" o "pileteada" al sumergimiento en piletas con excrementos. También, en que las imputaciones más frecuentes contra los presos, además de la acusación de comunistas, era responsabilizarlos por "producir subversivos mentales" (Winer, 2009).

Aunque se le atribuye a la Gestapo la difusión masiva de los métodos de la bañera y la electricidad, un informe sobre las torturas más utilizadas por la policía argelina remite a su utilización generalizada. Según el testimonio de los militares franceses, la "pileteada" le fue "enseñada" por la policía africana, pero recaló sobre sus hombros la tarea de "refinarla" en función de su eficacia, o de desarrollar "otras" que luego experimentaron en Argentina como la del caballete –que consistía en colgar a los prisioneros con los puños atados a la espalda, y que será muy utilizada en otro centro clandestino del Cóndor instalado en Buenos Aires y conocido como Automotores Orletti–.

1.4. Notas para pensar los escenarios bélicos desde la perspectiva de género

El relato de José Ramón Morales (secuestrado junto a Graciela Morales el 2 de septiembre de 1976), sobre las torturas aplicadas a su esposa en Buenos Aires, conjugó la utilización del caballete con otro aspecto "novedoso" aparecido en el marco del Cóndor, vinculado con el incremento de la violencia específica y sistemática sobre las mujeres acusadas de subversivas como "técnica" contrainsurgente:

La desnudaron y la colgaron de las manos a la espalda (de una viga). Regaron el piso con sal gruesa y comenzaron a aplicarle la picana eléctrica en forma intensa, especialmente en la cabeza, el corazón, la vagina, lo que produce vómitos de sangre... luego le introducen un palo en la vagina, con el que la levantan aplicándole la picana eléctrica (reproducido en Calloni, 2005: 290).

Las mujeres eran violadas en la sala de torturas (testimonio de Bernardo Tolares, 2011).

Si bien recién desde 2009 se abrieron investigaciones judiciales en Argentina sobre los sometimientos padecidos por las prisioneras durante la última dictadura militar (1976-1983), las agresiones sexuales sufridas durante el stronismo por las personas en cautiverio aún no han sido investigadas desde esta mirada en Paraguay.

La intención de judicializar a quienes ejercieron la represión ilegal, desde una perspectiva de género e interpretar algunas acciones específicas cometidas en escenarios de "guerra irregular" como delitos de lesa humanidad -es decir, imprescriptibles y subsumidos dentro de la categoría de tortura-, invitó a reflexionar sobre los fines bélicos que las mismas podrían tener, más allá de la satisfacción personal y los aspectos sádicos de aquellos soldados que las ejercen, debido a los registros hallados luego respecto de su sistematicidad.

La agresión sexual sobre el cuerpo humano en general —y sobre el femenino en particular–, interpretada como una especie de "instrumento" para lograr que otro detenido brindara información en medio de una supuesta contienda de carácter "total", reaparecería en la modernidad por intermedio de la doctrina de GR y la DSN con un característica llamativa de sistematicidad que nosotros vincularíamos a los fines de la contrainsurgencia.

La diferencia con los actos de agresión sexual de otras épocas radicaría en que, a pesar de que estos han sido tan antiguos como la historia de la humanidad, durante los episodios de "guerra regular" del siglo XX los mismos estarían concebidos como hechos aislados (violaciones o "excesos" producidos por el personal militar) en pos de la satisfacción personal de la tropa, o se los consideraría en relación a un "botín" obtenido por los miembros del Ejército vencedor para su beneficio individual luego de una contienda –puesto que las mujeres y los niños se anexarían junto con el territorio una vez finalizado el conflicto–; sin embargo, a partir de las experiencias autoritarias en el Cono Sur, el cambio en esta percepción vendría dado por sus efectos sobre la población o sobre una comunidad o grupo determinado, puesto que serían perpetrados específicamente con fines de desmovilización política y de disciplinamiento social.

Por ejemplo, durante el stronismo, en el marco de la lucha antisubversiva, encontramos las primeras señales de que la vejación del cuerpo femenino o infantil (entendido como la destrucción del cuerpo de sus mujeres y niños por medio de la tortura) podía operar como una especie de "mediación" bélica para la destrucción moral del enemigo "ideológico" intra-poblacional, donde los fines ya no se limitarían a la satisfacción individual de los represores sino que apuntarían (no necesariamente con consciencia de estos) a la desmovilización popular –por intermedio de hechos de humillación y terror orientado al disciplinamiento del conjunto de la comunidad–. De allí su sistematicidad, que incluiría cierta planificación y visibilidad.

En palabras del juez federal Sergio Torres:

> La finalidad por la cual los delitos sexuales se habrían cometido (durante la dictadura argentina) podría estar emparentada a *crear en las víctimas cierto estado de cosificación*, que eran propiedad privada de sus captores, que estaban libradas a sus designios, en definitiva como *una forma de reducción de la voluntad y método de dominación*.
>
> Podría pensarse, como otra hipótesis, que estos ataques sexuales pudieron haber servido además a los captores *para obtener información* de parte de una persona cercana a esa víctima a quien hacían presenciar el ataque (en *Página 12*, 3/9/ 2001. Destacado nuestro).

Durante la década del setenta, en Argentina se comprobó que casi todas las mujeres que estuvieron detenidas en los centros clandestinos de concentración habrían padecido de manera sistemática alguna forma de violencia sexual: desnudez forzada, manoseos de carácter sexual, penetración de objetos, picana en los pechos y genitales, violaciones, etc.

Esa "intervención" sobre los cuerpos por parte de los torturadores sería analizada como fracción de un dispositivo disciplinario cuya función domesticadora se hallaría ligada al terrorismo estatal –y a su justificación bélica en la doctrina de contrainsurgencia–.

Así, la inscripción sobre los cuerpos de la disputa política del contexto dictatorial habría resultado asimilada al cuerpo femenino violado como una "ocupación" del territorio enemigo donde, por medio de la agresión sexual, se guardaría registro de la "soberanía" del perpetrador[49] pero, además, de la desigualdad estructural en la relación de poder (elemento que en la conclusión de este trabajo analizaremos asociada a la Doctrina de Inseguridad Mundial).

Aunque en Paraguay las agresiones durante el stronismo aún no fueron investigadas desde la perspectiva de género, algunos testimonios recabados –como el de Julia Ozorio, Bernardo Torales, Guillermina Kanonnikof y Celsa Ramírez[50] que desarrollaremos en el punto siguiente– darían cuenta de la saña sufrida en la tortura por las mujeres y de un cambio de modalidad introducido (o quizás solo registrado) a partir del Cóndor. De este modo, hallamos un primer elemento que luego nos ayudaría a interpretar una serie de prácticas ubicadas con posterioridad –las cuales estimamos se realizarían al menos desde los años setenta sobre el trasfondo de una cultura machista retroalimentada por el capitalismo patriarcal en Paraguay– que, por lo general, encontraremos vinculadas a la representación de la amenaza sobre las poblaciones campesinas –las cuales decidimos mencionar pues abrirían futuras líneas de investigación que aquí nos han quedado pendientes–.

1.5. Efectos del terrorismo estatal

Campesinos, religiosos y estudiantes: las representaciones de la amenaza "ideológica"

La evaluación de la amenaza siempre dependió de diversos factores: de las actitudes y perfiles estatales, agentes o grupos que actúan en el

---

[49] A diferencia del cuerpo masculino violado, el cual resultaría destituido en su masculinidad. Sobre este tema recomendamos la lectura del libro compilado por María Sonderéguer *Género y Poder. Violencias de género en contextos de represión política y conflictos armados*, UNQ, Buenos Aires, 2012.

[50] Se puede acceder a una parte de sus testimonios, los cuales se encuentran publicados en http://www.meves.org.py/

sistema nacional e internacional (partidos políticos, lobbies, ideologías internacionales, corporaciones económicas, organizaciones criminales, etc.); del tipo de sistema político o de régimen; de la memoria histórica (amistad u hostilidad) nacional; del grado de contradicción entre sujeto amenazante y sujeto amenazado; y de los niveles en que sus intereses vitales se contradicen, etc. (Manero, 2004).

Sin embargo, las hipótesis de conflicto de la GR asociadas con las formas de penetración del comunismo se calificaron como "ideológicas", para diferenciarlas de aquellas planteadas por la defensa "tradicional" referidas a la posibilidad de una agresión estatal externa; aunque ambas convivieron dentro de la DSN.

Entonces, las representaciones de las amenazas de la GR se asociaron a determinados segmentos poblacionales –percibidos como potenciales "comunistas"– desde los años sesentas, reflejadas en torno de tres imágenes centrales sobre los peligros "ideológicos" en Paraguay.

Las primeras de estas se ligaron a los campesinos y los religiosos, quienes multiplicaron la expansión de las Ligas Agrarias Cristianas (LAC)[51] en el país, expresando una tentativa de organizar cooperativas y organizaciones de base en el campo para defenderse de la represión estatal y sobrevivir a la política agraria del régimen stronista.

Consideradas por el general-presidente como una amenaza para la influencia del Partido Colorado en el interior del territorio nacional, las LAC resultaron brutalmente reprimidas por una serie de operaciones de carácter policíaco-militar –por ejemplo en Caguazú–.

Si bien se había perseguido a la dirigencia liguista desde los inicios de su conformación –apresando, torturando y expulsando a sus referentes–, el grado de la punición alcanzó su punto álgido en abril-mayo de 1976, cuando Stroessner apelara a un atentado adjudicado a la Organización Político Militar (OPM) para amplificar los niveles de represión. Así, cerca de dos mil personas secuestradas anunciaron la institucionalización del Cóndor, enmarcando otras "innovaciones" contrainsurgentes aplicadas al movimiento campesino –junto con la multiplicación de los tormentos y las ejecuciones de orden extrajudicial–.

---

[51] Para una investigación en profundidad sobre las ligas recomendamos el libro de Ignacio Telesca, *Ligas Agrarias Cristianas 1960-1980. Origen del movimiento campesino en Paraguay*, CEPAG, Asunción, 2011.

Según el Informe de la Comisión Verdad y Justicia, por el centro de torturas que se montó en la sede de la Delegación de Gobierno de Misiones en 1976 –operado por militares de la división de Infantería (con sede en San Juan Bautista de Misiones) y por policías que respondían al Comisario Almada Morel–, en apenas unos días pasaron casi cien vidas –de las cuales 84 luego fueron enviadas a otros centros para nuevos "interrogatorios"– y se ejecutó a seis de manera ilegal. Durante ese período, la Comisión de Verdad y Justicia también denunció la conducta del Comando de Artillería en Paraguarí el cual, en el transcurrir de una "acción policial", sitió a un poblado que dejó como saldo más de cien víctimas de violaciones a los derechos humanos –solo entre los adultos e infantes detenidos durante ese operativo[52] (entre los cuales se cuentan las ejecuciones ilegales de los dirigentes Dionisio Rodas, Elixto, Adolfo y Francisco López)–.

El ensañamiento y la crueldad sobre los miembros de las LAC fueron relatados por algunos de sus integrantes a la doctora Gladys Mellinger de Sannemann (secuestrada en 1976 en Argentina y luego trasladada a Paraguay), en el campo de concentración de Emboscada, a donde terminaron conducidos algunos con sus pequeños[53]. La médica relató los casos que más le llamaron la atención, como el de 29 detenidos de una sola familia que estaban en el lugar, ejemplificando la modalidad del secuestro del grupo familiar mencionada anteriormente:

> *Tres generaciones juntas* formaban parte de la población del campo de Emboscada (...) los 29 habían sido detenidos en abril de 1976 en el Departamento de Investigaciones (...) La *familia* estaba formada alrededor de doña Ascensión Maidana de López, de 73 años, cuyos cuatro *hijos mayores* –Adolfo, Policarpo, Edicto y Francisco López– desaparecieron (que era sinónimo de "asesinato") durante la represión (...) En prisión estaban su *nuera* y sus *nietos*, uno de los cuales nació allí mismo (Sannemann, 1993: 60 y 61. Destacado nuestro).

Unos años más tarde se intensificó la brutalidad del régimen, llegando hasta el sitio donde se habían creado las LAC, en Costa Rosado. Allí,

---

[52] A su vez, se calcula que durante el stronismo se realizaron 120 operativos ilegales como este.

[53] Esta médica vio en el campo a 14 adolescentes de ambos sexos y a 18 niños, casi todos lactantes y algunos nacidos en cautiverio, de los cuales dio cuenta en su libro autobiográfico.

militares y policías ingresaron a la comunidad secuestrando y torturando a miembros de la población mientras acusaban a los habitantes de ser comunistas e intentar desestabilizar al gobierno de Stroessner. En el relato de ese episodio pensamos la hipótesis de la agresión sexual como forma de desmoralización hacia un grupo, o "innovación" o práctica contrainsurgente:

> En el año 1980 un pelotón de militares de la II División con asiento en Villarrica tomó la escuelita de nuestra comunidad, se suspendieron las clases y fuimos obligados a darles nuestros animales y nuestra producción para consumo de ellos. Nos saquearon, humillaron, maltrataron y torturaron. Llevaron a varias niñas al arroyo y las violaron (testimonio de Alfonso Cano, 2008).

Aunque aún no pudimos corroborar la premeditación de estas acciones para fundamentar mejor su sistematicidad, lo consideramos muy probable en vista de que la Comisión documentó la violación infantil dentro de los tormentos aplicados a treinta y ocho niñas y niños durante ese episodio en Costa Rosado (de los cuales siete murieron por falta de atención médica). El relato de Cano, que antepone la palabra "humillación" a la palabra "tortura", da cuenta de la forma especial en que la agresión sexual habría podido operar como forma de exhibición del poder –por parte de los perpetradores– de destrucción sobre una comunidad.

La privatización del cuerpo femenino para uso discrecional de los militares durante el stronismo se desprendería también del testimonio de Julia Ozorio[54] –referido al secuestro de niñas vírgenes de entre 10 y 13 años en Asunción–:

> A los encargados de buscarlas se les decía ´cazadores´, eran militares de menor jerarquía –por ejemplo capitanes– que secuestraban *mujeres* que luego éramos violadas por sus superiores (…) entraban directamente en las casas y elegían a las que les gustaba (…) a mí me llevaron porque no les atrajeron mis otras hermanas y estuve dos años encerrada en la quinta del coronel Miers con otras chicas (…) ´campesinas brutas´ nos decían, ´negra llorona´… hasta ahora recibo amenazas que no nombre las nenas que estaban allí (testimonio de Julia Ozorio, 2011. Destacado nuestro).

---

[54] Quien además menciona la existencia de dos sitios de encierro destinados solo con ese fin: la quinta del coronel Miers y un lugar del Barrio Obrero.

La dimensión instrumental y comunicativa de la violencia terrorista estatal desplegada en el caso de Costa Rosado nos permitió contextualizar e interpretar de otra manera, a partir del análisis de ese y otros precedentes, los testimonios sobre las prácticas realizadas por militares paraguayos y estadounidenses sobre el cuerpo de mujeres y niñas campesinas del departamento de San Pedro y de Concepción entre 2006 y 2010 –especialmente en 2005 y 2006, y en 2009 durante el operativo denominado *Jerovia*–.

Aunque en los archivos del Cóndor consultados no se mencionara la violencia sexual como práctica contrarrevolucionaria (lo que no quita que esta no se implementara de hecho –con o sin consciencia de quienes la perpetraban–), hemos querido dejar planteados los antecedentes registrados durante ese período, los cuáles podrían ayudar en la reflexión sobre el papel jugado por los cuerpos femeninos en los escenarios bélicos contemporáneos.

Por intermedio del Cóndor no solo se habrían afirmado y masificado las "técnicas" del secuestro y de la desaparición forzada –incrementándose las ejecuciones extrajudiciales–; sino que también se habrían sistematizado métodos de tortura sociabilizados trasnacionalmente por los GT. Además, se anunció la constitución de una nueva representación de la amenaza ligada al campesinado, representación que se desplazaría también hacia universitarios, periodistas y religiosos.

Entonces, las modalidades aterrorizantes sobre los sectores pobres del campo paraguayo demostraron que se pretendía dar una lección terrible a quienes habían osado organizarse a nivel nacional para mejorar sus condiciones de vida:

> Les molestaban las ligas porque estábamos estudiando (...) *planteábamos otro modelo de sociedad* (...) el plan era *aniquilarnos* por lo que, durante la tortura, no nos hacían tantas preguntas. Solo algunas para dar a sus jefes como ¿ustedes son comunistas? ¿A qué partido pertenecen? Pero no era importante porque nos iban a matar (testimonio de Bernardo Tolares, 2011. Destacado nuestro).

A partir de la experiencia de las LAC, el sector de la población rural fue considerado particularmente proclive a la insurgencia, fortaleciendo la representación del campesinado como sujeto amenazante en los aprendizajes intra-fuerzas, los cuales trascendieron las fronteras temporales del régimen y llegaron hasta nuestros días.

Las enseñanzas de textos estadounidenses hallados en los archivos del stronismo coincidieron con las palabras vertidas por el general Kermit C. Kaerichter a sus alumnos latinoamericanos del Colegio Interamericano de Defensa en Washington, cuando promocionaba el modelo del Paraguay de Stroessner asegurando "nunca vi un país tan pobre donde la gente parezca tan feliz" (Stein, 1977: 621).

El Pentágono sabía que estaba formando personal para defender un sistema socioeconómico capitalista que enriquecía a una pequeña elite mientras empobrecía a las mayorías y, para ello, la Escuela de las Américas distribuía manuales redactados bajo el Programa del Ejército para la Asistencia de Inteligencia al Extranjero inspirados en el libro de Trinquier. Estos textos habían transferido las situaciones que debían considerar sospechosas de subversión:

> El rechazo de los campesinos a pagar el alquiler, los arrendamientos, los impuestos o toda dificultad para pagarlos puede indicar la existencia de una insurrección activa que convenció a los campesinos sobre las injusticias del sistema y que los incita a desobedecer las leyes vigentes (Lernoux, 1980: 180).

Mientras, el Partido Colorado advertía que "algunos pocos utilizan las ideas cristianas al servicio de objetivos extremistas y comunistas" (ANR, 1976: 9), y detallaba en un apartado titulado "El caso de unos sacerdotes Aspirantes a Guerrilleros" una lista de nombres a quienes se culpaba –en el ítem c-2)– de "organizar las 'comunidades de base' y las LAC en el medio rural" (ANR, 1976: 15, 16 y 17[55]).

De este modo se interpretaba el trabajo pastoral efectuado por un sector de la Iglesia[56], el cual –junto con otros segmentos- era acusado de

---

[55] Ver Anexo n° 1.

[56] Entre finales de los sesenta y el año 1973, la Iglesia había adoptado medidas de abierto enfrentamiento con el régimen –debido a la radicalización de sus cuadros- (llegando a excomulgar a un Ministro del Interior y a un Jefe de Policía). A partir de 1976, la Conferencia Episcopal se llamó a silencio y pasó a tener un papel más marginal. Ese mismo año, ochenta sacerdotes se retiraron del clero mientras otros dieciséis eran expulsados. Pero, al tiempo que la cúpula eclesiástica se llamaba al silencio, se creaba el Comité de Iglesias para la Ayuda de Emergencia -CIPAE-, impulsado por sectores católicos y protestantes (sumado al trabajo producido por la Iglesia Católica de Misiones, *Koága Roneeta*, que documentaba la represión de los activistas de las LAC y de la Juventud Agraria Cristiana). El CIPAE, con el apoyo del Consejo Mundial de Iglesias de Ginebra y siguiendo el modelo de la vicaría de la solidaridad chilena, comenzó a brindar ayuda jurídica y protección humanitaria a los presos políticos. Desarrollando también un sistemático proceso de registro y documentación de los hechos de violencia, justo cuando se intensificaba la virulencia sobre los campesinos, en beneficio de los terratenientes, las grandes inmobiliarias, y las multinacionales que se radicaban en el país.

promover el descontento en la población en lugar de prevenir la insurgencia.

A la luz de la historia posterior, la representación del campesinado como sujeto de la amenaza fue una de las lecciones mejor "aprendidas" por las Fuerzas Armadas (y policiales) en Paraguay —exceptuando entre quienes buscaron revitalizar la corriente institucionalista dentro de las fuerzas—. Sin embargo, no podemos dejar de asombrarnos cuando algunos de los entrevistados pertenecientes a las mismas nos aseguraron que las lecciones de Vietnam se aplicaban perfectamente a su país, puesto que el movimiento campesino paraguayo era el único que podría poner en práctica las lecciones de Mao y de Ho Chi Minh.

Herencias histórico-culturales y consecuencias del stronismo en la subjetividad

Hay un aspecto que refiere a una identidad guaraní potenciada por la fusión aborigen-colonial, la cual operó como principal fuerza unificadora de la nación y jugó una función integradora en Paraguay. Esta, junto con otros factores que predominaron en el país —como el carácter aislacionista y defensivo—, abrevó en un nacionalismo introvertido que podría ser explicado antropológicamente a la luz de sus orígenes, pero que utilizaremos para pensar posibles impactos en la construcción política y organizacional de las clases subalternas.

De acuerdo con algunas hipótesis (Meliá, 1997), la "cultura autoritaria" preponderante en Paraguay —o al menos cierto aspecto de la subjetividad— descansó en gran medida sobre el silencio impuesto por encima de la cultura autóctona —elemento que luego habría de combinarse con los efectos del terrorismo estatal operado durante el stronismo—.

Uno de los valores más trascendentes de este legado fue la pervivencia del uso del idioma guaraní en la parte mayoritaria de la población —alrededor del 87%—, que reflejaba en una particular "voluntad de ser" (*ñande reko*), una actitud de prolongar y enriquecer, y un modo particular de comprender la vida, que se correspondía con una forma de vida indígena y actuaba como articulador poblacional.

Mientras, otros organizadores de la identidad nacional serían su carácter campesino (*koygua*) y su pobreza (*ñande mboreaju*), los cuales aparecían estrechamente vinculados al pasado autóctono y a una noción de tiempo no lineal, de espacio difuminado y sin límites, y de pertenencia más que de propiedad (Meliá, 2001); en tanto proyección de un espacio que rebasaba las fronteras y rechazaba el principio de propiedad[57].

Así, la herencia cultural y las transformaciones provocadas por el paso de la propiedad comunitaria a la propiedad privada podrían ayudar a comprender (y complementar, desde otro punto de vista al desarrollado hasta aquí) las dificultades y obstrucciones para un desarrollo capitalista a la manera "clásica" o "tradicional" en Paraguay (junto con la necesidad de apelar a lo bélico para imponer el ideario liberal), y la percepción de legitimidad ligada a la ocupación de tierras por lo movimientos campesinos -especialmente frente a su distribución desigual- (Meliá, 1997: 15-19).

Si el universo guaraní (que resultaba eco lejano de la influencia de la encomienda hispánica, de las misiones jesuíticas, o de tradiciones migratorias al interior y fuera de Paraguay) fue analizado como parte de reglas de comportamiento, valores y sistemas simbólicos que "congelaron" la experimentación y los procesos de aprendizaje institucionales "modernizantes" y resultaron funcionales a un "tradicionalismo" afín al Partido Colorado y a estructuras políticas de tipo dictatorial —según la línea politológica institucional (IIGB, 2003: 123)—, también podría operar potenciando el sentimiento de pertenencia a un colectivo con un rol unificador dentro del campo popular.

Precisamente, la percepción militar durante el stronismo respecto de su papel modernizante en Paraguay entró en conflicto con esa lengua materna y con el sentir "nacional" recuperado por el revisionismo histórico y colorado. Por el contrario, las ligas agrarias y los sectores eclesiales, influenciados por la teología de la liberación, asociaron el idioma a una "identidad en movimiento" que resistía a la dominación y re-significaba las luchas históricas de los oprimidos en la sociedad, y a la construcción de una alternativa emancipadora política, económica y cultural, acompañada por la demanda de reforma agraria integral:

> La historia del Paraguay, como la de todos los países de América Latina, es la de un divorcio constante entre identidad y modernidad, consecuencia de un cúmulo de malentendidos que no permiten lograr la armonía entre tradición y progreso, entre identidad y cambio (...) Hasta ahora, la cultura autoritaria y paternalista predominante en Paraguay

---

[57] Heredados de los rasgos típicos de las sociedades cazadoras-recolectoras que poblaron estas tierras antes de la conquista española.

(como muchas otras cosas negativas) se ha nutrido tanto de una apelación insincera a la cultura autóctona y sus derivados –con el objetivo de manipularla–, como de un rechazo hacia ella que no se corresponde con un interés real por disolver las estructuras premodernas de la desigualdad y la dominación. Sin embargo, la historia futura está abierta (Meliá, 1997: 21).

Según las ligas agrarias, solo apelando al universo guaraní se podrían montar proyectos alternativos de poder y potenciar lógicas de tolerancia y cooperación al interior de las clases subalternas paraguayas, lo que no necesariamente implicaba cuestionarse sobre otros elementos instalados en el imaginario del conjunto poblacional (y no solo en las clases dominantes) ligados al sentimiento de amenaza vecinal y a un aislacionismo[58] determinado –o marcada autosuficiencia– (actitudes que tenían como contraparte la desconfianza, el recelo, la valoración exagerada del camino propio e incluso a veces suicida), los cuales excedieron el campo de la lengua originaria y dificultaron la articulación con otros oprimidos de la región.

Cierto rechazo hacia todo lo proveniente del ámbito vecinal –debido al papel de los países suramericanos en las guerras del pasado– aparecía complementado por la percepción de que las miradas contiguas no comprendían, subvaloraban o criticaban injustamente los modelos de organización nacional.

Además, la percepción poblacional de que era necesario estar preparándose permanentemente para enfrentar la amenaza exterior posibilitó el que algunos autores se sirvieran de ello para intentar explicar el perfil personalista del stronismo y la militarización de la política.

Desde mediados del siglo XVII, cuando la notable prosperidad económica de los jesuitas en territorio de *tupi-guaraní* había colisionado con los poderes locales portugueses y con las colonias españolas en Paraguay, esta actitud hiper-defensiva logró trasmitirse de generación en generación. Por entonces, hordas de *bandeirantes* lanzadas desde Sao Paulo invadieron, destruyeron y saquearon las misiones, esclavizando y trasladando poblaciones hacia Brasil.

Por ende, desde ese período en adelante, la facilidad con que el territorio paraguayo era invadido dejó huellas en la memoria popular, las

---

[58] Características funcionales a la consolidación de redes clientelares y de relaciones de patronazgo promovidas por el Partido Colorado y por otros sectores asociados a él.

cuales se reafirmaron después, por ejemplo (realizando un salto temporal), durante casi toda la primera mitad del siglo XIX.

La supervivencia paraguaya como Estado independiente se había sostenido gracias a las constantes guerras civiles de las provincias argentinas entre sí y no a un Ejército nacional, sumado al bloqueo del río Paraná realizado por Buenos Aires, el cual logró que la decisión de Asunción de recluirse de manera total se tornara definitiva.

Esta decisión fue la base de una tradición aislacionista-defensiva, en un país en el que no existía ni un grupo mestizo mayoritario, ni una fuerte integración de los mercados locales y regionales, ni nada parecido a un proceso incipiente de urbanización.

Desde 1814 hasta 1840, los poderes absolutos otorgados al doctor Gaspar Rodríguez de Francia (quien construyó una extensa red de espías para controlar la población) cristalizaron una solución institucional que profundizó la reclusión nacional frente a la vulnerabilidad de la joven república ante las amenazas de Rosas, quien desde Buenos Aires había prometido recuperar el Paraguay.

Por lo que fue prioridad afianzar la amenazada soberanía mucho antes que diseñar una constitución jurídica y liberal acorde con las tendencias de la época. Esta prioridad se halló manifestada por un programa económico donde los objetivos eran la autosuficiencia y la autarquía (basada en la idea de que se podría obtener ingresos adicionales a partir de un comercio completamente tasado por el sector gubernamental frente al contrabando consagrado por la tradición colonial), fortalecido por la percepción de Brasil y de Argentina como naciones hostiles y deseosas por anexar a Paraguay (IIGG, 2003: 23).

La Guerra de la Triple Alianza contra Brasil, Argentina y Uruguay (1865-1870) no hizo sino consagrar este sentimiento aislacionista, reforzando en la imaginación popular que la agresión externa era un peligro real, al tiempo que actuó como una profecía auto-cumplida en la mente de los dirigentes políticos, quienes cultivaron en exceso una actitud defensiva.

A pesar de que la guerra casi aniquiló a los hombres en edad de trabajar[59] –dejando pocos vivos y un Paraguay ocupado, arrasado y a punto de desaparecer repartido entre Argentina y Brasil–, esa situación no se llegó a concretar por falta de acuerdo entre los vencedores.

---

[59] Que pasaron de 406.000 en 1864 a 231.000 en 1872.

Se debe remarcar que Asunción no logró articular una acción diplomática permanente destinada a aprovechar las rivalidades entre sus vecinos y tampoco buscó aliarse con uno de ellos a fin de repeler la amenaza del otro.

Esta "irracionalidad diplomática" fue explicada como el resultado de una vida republicana que solo conocía largas dictaduras personalizadas como fórmula de orden ante las divisiones internas y los temores al exterior.

Entonces, la derrota en el campo de batalla pasó a alimentar con renovados bríos el mito nacional y heroico de la nación guaraní, capaz de los mayores sacrificios, odiada y envidiada por los demás países de la región, envilecida por la ocupación, pero siempre dispuesta a recuperar su sitial una vez que el mal momento pasara y apareciera un nuevo sucesor digno del osado presidente Francisco Solano López, muerto en combate.

Otro episodio histórico que vino a reforzar esta percepción fue la Guerra del Chaco[60] contra Bolivia. Aunque la nación resultó vencedora (a pesar de su inferioridad en equipamiento militar), los costos fueron inmensos y el territorio quedó abandonado.

Sin embargo, el impacto quedó grabado a sangre y fuego en la memoria popular de Paraguay, simbolizado por uno de los principales parques nacionales del norte del país, que recibió el nombre de "Defensores del Chaco", y por uno de sus grandes estadios de fútbol al que se denominó de igual manera.

El episodio de la Guerra del Chaco, por tanto, vino a involucrar a Paraguay en un conflicto armado con el único país vecino con el que aún no había luchado y terminó en una especie de profecía auto-cumplida de la amenaza exterior, aglutinando, además, en un solo conjunto el temor a la agresión, el orgullo nacional, el rol de los militares y la validez de los gobiernos fuertes.

Desde entonces, el auto-retraimiento colectivo y la actitud aislacionista se consolidaron como basamento social, incidiendo no solo en la mentalidad de las fuerzas estatales, sino en toda la dirigencia social tradicional. El stronismo construyó, además, como señala Lorena Soler, sobre la pervivencia de esto, la resignificación de los "padres fundadores" de la patria y de *un* pasado heroico militar con el fin de legitimarse, reforzando

---

[60] Donde hacia 1920 se había descubierto petróleo y ahora se estima nuevamente que en sus subsuelos se encuentran recursos energéticos y acuíferos, sospechas que aún no han sido corroboradas de manera contundente.

así la asimilación de la nación con lo colorado, la fusión de lo público con lo privado (Soler, 2012), fortaleciendo un anticomunismo aislacionista y autoritario, un nacionalismo cuasi paranoico subyacente en la subjetividad al que apelan las operaciones psicológicas cada vez que buscan construir el consenso para un movimiento conservador que entorpezca y aborte los procesos de democratización.

Durante el auge de la DSN y ya en el marco del operativo Cóndor, a pesar de las redes de colaboración y cooperación establecidas con el resto de las dictaduras institucionales del cono sur, la hipótesis del enemigo externo y de la amenaza vecinal no consiguió perder vigencia.

Si bien las Fuerzas Armadas paraguayas, como en otros países de la región, operaron como constructoras del Estado, defensoras del territorio nacional y, al mismo tiempo, garantes del orden social interno (Gras, 2006: 4-6), estas características se hallaron particularmente potenciadas por el recuerdo de las guerras internacionales, la experiencia stronista y el proceso de adoctrinamiento policíaco-militar (junto con la partidización castrense), el tipo de tutela durante la liberalización y, de acuerdo con Meliá (1997), cierta herencia cultural, generando condiciones para una rápida fusión en materia de Defensa y Seguridad.

A su vez, las políticas públicas vendrían a apoyarse sobre una subjetividad influenciada por los efectos del terrorismo estatal, el cual abordamos desde una perspectiva psicoanalítica particular[61].

Centrado en un mensaje que buscaba el silencio poblacional, bajo el argumento de que este era defensa y condición necesaria para sobrevivir, el sistema de terror estatal funcionó durante el stronismo propiciando que personas y grupos excluyeran percepciones y nociones que no coincidían con ese brutal mandato de sometimiento y muerte retransmitido una y otra vez dentro de Paraguay.

El terror de los hechos que los sostenían dejaron de ser hablados y pensables, y quienes los verbalizaban actuaban rompiendo una especie de pacto social:

---

[61] La cual analiza los efectos del terrorismo estatal y de la violencia política en la estructuración del psiquismo individual, a partir de la noción de situación traumática y de estudios sobre desestructuración de la personalidad y de despersonalización. Para ampliar el siguiente enfoque se recomienda el libro de Janine Puget y René Kaes (ed.) *Violencia de Estado y Psicoanálisis*, Buenos Aires, Centro Editor de América Latina, 1991; y el coordinado por Oscar Abundara y Silvia Amati, *Psicoanálisis y represión política*, Buenos Aires, Kargieman 1986.

Lo más doloroso es reconocer que la fuerza del poder genocida-enajenante reside tanto en la efectividad del poder mortífero, como en su capacidad de reproducirse en todas las relaciones sociales. No solamente los opositores o los que detentan el poder corren peligro de muerte; en la misma organización familiar, así como en las otras organizaciones sociales, circula un poder de muerte y un riesgo de condena a muerte *que cada uno corre como peligro propio y como amenaza hacia los demás* (...) Un pariente o vecino puede ser delator potencial, o viceversa. Toda persona es así simultáneamente víctima y asesino potencial (Puget, Kaes, 1991: 5. Remarcado nuestro)

Según los estudios realizados, cuando el horror se tornaba insoportable, frente a situaciones traumáticas como las experimentadas durante el período "arqueo-militar" en Paraguay (Rouquié, 2003: 8), la psiquis ponía en funcionamiento mecanismos de rechazo de su reconocimiento. Entonces, cuando un episodio tremendo invadía el psiquismo personal, se disparaban mecanismos de defensa automáticos como la negación y el silencio, cuya función consistía en proteger la mente humana de esa agresión externa e inaguantable de la realidad[62].

En este sentido, horror y terror se aliaban para que, por razones de supervivencia –y con el fin de evitar angustias intolerables–, el grupo familiar y los sujetos enajenaran pensamientos cuestionadores del orden establecido a nivel poblacional (Abudara, Amati, 1986: 36).

Este fenómeno devino en la dificultad para construir reflexiones teóricas críticas, prácticas democráticas, y en la parálisis en la actividad imaginativa con claros descensos de los niveles creativos constituyendo un trauma característico de las dictaduras del Cono Sur.

Estos mecanismos de supervivencia se transmitieron de manera intergeneracional,

---

[62] "Parecido a lo que hacemos cuando alguien nos va a pegar y, entonces, de inmediato levantamos los brazos para protegernos. Así como los brazos protegen al cuerpo, la negación, el silencio, y el cambio de códigos protegen la mente de la agresión, que se torna mucho más terrible y traumática cuando proviene de aquellos que supuestamente deben cuidarnos, como ser los padres o el Estado. De esta manera se intensifica el padecer de la víctima [en referencia al cuerpo social en su conjunto]". Para ampliar recomendamos nuestro articulo titulado "Los hijos y los hijos de hijos de los no-desaparecidos en el tiempo de los desaparecidos", publicado en el libro *Construcción de la memoria colectiva*, Buenos Aires, Eudeba, 2003.

a partir de la noción de "Nachtraeglicht", solidaria de las nociones de temporalidad, causalidad y memoria en sentido psicoanalítico, [las que] nos han servido como puente para pensar la transmisión generacional del trauma (…) desplegándose, "trabajando a través de" las generaciones (Haesler, 1994: 110).

Así, atravesando todas las relaciones sociales se dificultaría la construcción política durante el período posterior.

La elaboración popular resultaba entonces indispensable para no olvidar ni repetir experiencias de terrorismo estatal. De ahí que la traducción de la historia "pasada" permitiría "apropiarse" de ella —en tanto creación de lo nuevo a partir de lo viejo–, para lo cual la misma debía producirse con un trasfondo apoyado en la certeza de que los culpables de las violaciones cometidas durante décadas serían juzgados y castigados por sus crímenes (debido a su inprescribilidad) de "lesa humanidad".

Sin embargo, las dimensiones de la impunidad y la forma en que se dio la apertura en Paraguay impactaron sobre la patología social, promoviendo una denegación –o prohibición de una traducción "propia" de la historia– que se expresaría en un espectro de modalidades negativas entroncadas. Por ejemplo, con el desconocimiento de un texto ligado a la ajenidad, es decir, apoyado sobre una conducta política pasiva, apática y "no concerniente a mi persona", o la repetición inmodificada sin traducción ni actualización posible, cuya peligrosidad residiría en la posible reaparición del trauma re-actualizado y en sus consecuencias como habilitante de conductas paranoides y delatorias poblacionales, las cuales se constituirían en un basamento de una subjetividad afín a la re-militarización de las relaciones sociales y al ejercicio del terrorismo en la reorganización de la dominación estatal.

Ya la filosofía clásica había advertido que, para conservar el poder público en momentos de gran conflictividad social, resultaba conveniente desarticular los ámbitos de comunidad e:

Impedir a los que sobresalen y eliminar a los sensatos, *no permitir ni banquetes comunitarios ni asociaciones (...) facilitar cuanto esté orientado a que todos se desconozcan lo más posible unos a otros* (...) empobrecer a los súbditos (...) promover guerras (...) con el fin de que sus súbditos estén ocupados y vivan en la necesidad de un dirigente (Aristóteles, 1993: 218-219. Subrayado nuestro).

De acuerdo con Freud (1988: 80), la elaboración del trauma provocado por la violencia política se encontraría ligado a la "la sustitución individual por la comunidad" como "paso cultural decisivo" y, sobre todo, a la garantía de "reparación" judicial.

A pesar del informe realizado por la Comisión de la Verdad y los organismos de derechos humanos en Paraguay, y pese a la incorporación de varios tratados internacionales en la reforma constitucional de 1992, la ausencia inicial de políticas públicas de "memoria, verdad y justicia" respecto del período stronista y la negación de responsabilidad institucional asumida por algunos de sus principales gestores (como el Partido Colorado y las Fuerzas Armadas, más allá de los pocos represores que enfrentaron un proceso legal) abrevaron en la conformación del tipo de subjetividad planteada que, sumada a otras reminiscencias bélicas del pasado y a la construcción y lectura particular de este por parte del stronismo, generó condiciones para el fraccionamiento intra-poblacional (o los efectos de "despersonalización" y delación en el plano social) reforzando también una actitud aislacionista defensiva político-dirigencial.

Estas "herencias" ligadas al terrorismo estatal y los efectos de la impunidad se conjugaron durante los noventa con la pervivencia de sectores stronistas, con la continuidad de representaciones e imaginarios de larga duración en torno de *un* pasado que aún no fue realmente interpelado por la sociedad en cuanto al papel de las "familias fundadoras" y de "los héroes de la patria" (Soler, 2014), con la continuidad de prácticas de policiamiento dentro de las fuerzas represivas y con los confusos vaivenes del discurso militar.

1.6. Breves apuntes finales sobre stronismo

Una de las variables instauradas durante el stronismo fue la consolidación de una conducta que osciló entre el "síndrome de país amenazado por sus vecinos" (Labatut, 2006: 19) y una alianza estratégica con Estados Unidos (sustentada en la ilusión de que esta le brindaría mayor autonomía dentro de la dinámica regional del Cono Sur), la cual alimentó la noción de "tradición diplomática pro-norteamericana" en las relaciones exteriores paraguayas.

A su vez, el hallazgo de los archivos del stronismo y la posterior desclasificación de textos del Departamento de Estado norteamericano a comienzos del nuevo milenio (junto con el impulso brindados por las causas judiciales iniciadas en tribunales internacionales), colocó en la escena pública una serie de vínculos binacionales entre agencias de inteligencia que ya habían sido reconstruidos, en parte, a partir de los relatos de las víctimas del Cóndor, pero que actualmente se podían documentar.

La red de alianzas y compromisos interestatales (para rastrear, intercambiar y eliminar adversarios políticos sin cuidarse de las fronteras), por parte de las dictaduras suramericanas y grupos extranjeros, demostró la capacidad de las agencias norteamericanas para organizar y universalizar de modo ilegal –a través de "operaciones especiales"– los aparatos seguritarios en el hemisferio cuando sus intereses así lo requirieron; y, también, dejó un interrogante abierto sobre el verdadero papel de instituciones como la CIA y el FBI en la implementación y financiación de operaciones propagandísticas destinadas a construir el clima social de opinión favorable a las acciones contrainsurgentes (aspecto que se retomará en el tercer apartado del libro).

Si en Argel se aseguró que el poder civil abdique ante el poder militar francés –y se exigió por primera vez una legislación de singular para los crímenes cometidos en la lucha contrarrevolucionaria–, la temporalidad de la experiencia stronista manifestó que ese país igualmente podía operar como una especie de laboratorio ante el poder norteamericano respecto de prácticas e institucionalización contrainsurgente en el Cono Sur. Por ejemplo, a través de la asunción de tareas específicas para el montaje de un banco de datos regional sobre subversivos y adversarios políticos comunes.

Postulamos que este "laboratorio" fue facilitado por el aparato seguritario y las redes de espionaje stronistas (en tanto la vigilancia regular de los opositores al régimen era realizada por una extensa red de informantes llamados *pyrague*), pero también por otros factores como el vínculo de Stroessner con las ligas internacionales anticomunistas (donde participaban muchos de los grupos del Cóndor) y el posicionamiento geoestratégico regional que el autócrata destacó frente a Estados Unidos.

Los gobiernos posteriores no asumieron la tarea de desmontar ni la infraestructura, ni los lazos orquestados durante el stronismo, sino más bien todo lo contrario. Se estableció una continuidad y profundización de la modalidad de relacionamiento con Estados Unidos y se restituyó el flujo constante entre Washington y Asunción que había caracterizado el período anterior (a pesar de algunas rispideces durante la última década por la poca predisposición de Stroessner para responder a las demandas antinarcóticos o las breves interrupciones ocurridas a propósito del "*affaire* Ricord"[63]), rehabilitándose un nuevo papel a la embajada norteamerica-

---

[63] Sobre este *affaire*, el cual desarrollaremos en el siguiente apartado, recomendamos la lectura del libro *Paraguay: Represión. Estafa. Anticomunismo*, escrito por Domingo Laino, Intercontinental Editora, Asunción, 1989.

na que quedó colocada –una vez más– como garante imperial de la estabilidad gubernamental del Paraguay.

Si bien el involucramiento político de las Fuerzas Armadas en Paraguay había comenzado en los tiempos del franquismo[64], desarrollándose durante la dictadura del general Morínigo, Stroessner pasaría a la historia como el principal responsable de formalizar la partidización del estamento militar (y policial) exterminando los resabios del Ejército profesional creado en la década del veinte.

Su régimen consagraría la colorización de las Fuerzas Armadas y del funcionariado público apelando a la combinación de premios y castigos, instaurando prácticas corruptas, trastocando la subordinación del poder militar al civil y modificando los roles tradicionales de Defensa territorial mientras promovía las tareas policiales al interior de la frontera nacional, para sostener un patrón de acumulación capitalista –modernización conservadora mediante– extremadamente desigual.

El proceso de adoctrinamiento recibido desde los años sesenta promovió, en consecuencia, la institucionalización de la tortura y de "técnicas" contrainsurgentes violatorias del derecho internacional y de la dignidad humana, que contribuyeron con una percepción deformada de la amenaza, con el trastrocamiento de las hipótesis de conflicto, y con un cambio de la cosmovisión militar sobre su rol corporativo y sobre el mundo en general, el cual instaló parámetros autoritarios y operaciones de sentido ajenos a la realidad de Paraguay. De esta manera, los saberes en GR en el marco de la DSN calaron hondo en el estamento civil y en el militar, fortaleciendo una orientación antidemocrática dentro de las Fuerzas Armadas que aportó cierta "racionalidad" al esquema de seguridad dictatorial.

El Cóndor, a su vez, introdujo la nuevas "técnicas" contrainsurgentes ligadas al terror, masificando otras como los asesinatos extrajudiciales y la tortura, la detención arbitraria, la desaparición forzada de personas, la agresión sexual como estrategia bélica; también apuntaló la representación de nuevos sujetos amenazantes al interior de las fuerzas –destacándose la figura del campesinado– y expresó la capacidad de Paraguay para operar como banco de datos sobre subversivos y adversarios comunes en el plano regional.

---

[64] En alusión al golpe de Estado comandado por el coronel Franco en Asunción.

En este sentido, la instauración de una "tradición de colaboración" con Estados Unidos y con Brasil aceitó relaciones entre agencias de inteligencia, impidió el desarrollo de una escuela propia de pensamiento en materia militar, habilitó la injerencia extranjera en los asuntos políticos del país y reestructuró los lazos materiales y las alianzas entre las clases dominantes locales e internacionales (logrando, incluso, que militares devenidos empresarios y latifundistas consideraran la defensa del patrón de acumulación como una cuestión personal estrechamente relacionada con sus propios intereses).

A su vez –y un dato no menor al momento de medir responsabilidades estatales–, la financiación económica brindada al régimen stronista, así como su legitimación promovida por las primeras cinco administraciones estadounidenses en el ámbito internacional –fundamentada en el anticomunismo, la estabilidad regional y el desarrollo material del "progreso" capitalista–, posibilitó también la participación de las fuerzas en la gestión del tráfico ilegal de mercancías y ayudó a consolidar un esquema patrimonialista de dominación gubernamental, asociado al contrabando y a representaciones nacionalistas coloradaras y aislacionistas en materia regional.

Segunda parte
Herencias e incidencias intra-fuerzas post dictatoriales

En el siguiente apartado se analizan los elementos de crisis y de continuidad entre el período stronista y el post stronista (durante la apertura "tutelada" por los militares de la década del noventa) -especialmente en las Fuerzas Armadas, el Partido Colorado, etc.-, poniendo el acento en las modificaciones producidas en torno de las representaciones estratégicas de post guerra fría y en la incidencia de las agencias de Estados Unidos y del Sistema Interamericano de Defensa en Paraguay.

2.1. Tradición de *putsch* y "purgas" dentro de las Fuerzas Armadas

En el siguiente apartado nos interesa exponer cómo la oposición a la institucionalización de las Fuerza Armadas, y la promoción que se dio luego al papel de Estados Unidos en las disputas en su interior, ocurrieron aun pese a la ruptura dentro del bloque dominante stronista y a la liberalización del orden político bajo la tutela militar (1989-1993) y de agencias extranjeras.

Para explicar el fortalecimiento de la relación partidaria-militar apelamos al entramado de intereses económicos compartidos y a la percepción castrense sobre el peligro de una derrota electoral en 1993 por parte de la Asociación Nacional Republicana (ANR) (Lezcano, Martini, 1994; Arditi, 1992). A ello hemos sumado el estudio de otros factores relevantes con el fin de lograr una mejor integración de la dimensión política con el conocimiento de las transformaciones producidas en la estructura social; tales como la actividad de funcionarios norteamericanos, la representación de la amenaza de post guerra fría y la percepción de la protesta campesina, entre otros.

Si bien el protagonismo y la continuidad adquiridos por los principales actores del stronismo[65] fueron abordados por investigaciones que sustentaron la redacción de este apartado (Lara Castro, 1992; Riquelme, 1992; Lambert, 1997; Borda y Massi, 2002; Di Tella, 2003; Abente, 1993; Rivarola, 1991; Soler, 2012), nosotros asentamos nuestras diferencias tanto con la perspectiva institucionalista (respaldada por el revisionismo histórico) –la cual promovió una definición discursiva en torno de la "excepcionalidad latinoamericana"[66] (Soler, 2009)–, como con otras publicaciones edificadas en torno del eje dictadura/democracia[67] (Rouquié, 1980) –pues entendieron el momento de la apertura como una etapa opuesta al autoritarismo y festejaron el restablecimiento de regímenes de corte liberal-burgués (Soler, 2010)–. Por ende, las explicaciones de aquellos de quienes nos distanciamos (Rouquié, 1980) resultaron limitadas y más bien circunscriptas a un sentimiento de época, en tanto que las obras de la "transitología" terminaron operando como formalización negadora de la desigualdad estructural contenida en los "capitalismos democráticos" latinoamericanos (Boron, 2007), cuyas "reglas de juego" se mostraron insuficientes para una verdadera democratización.

Crisis final del stronismo: problemas al interior de las Fuerzas Armadas

Durante el stronismo, dilemas como la sucesión intra-partidaria y los problemas institucionales en el interior de las Fuerzas Armadas fueron convergiendo en la crisis final del régimen (que ya había comenzado a inicios de los ochenta). En especial cuando las condiciones económicas de reproducción comenzaron a contraerse[68], junto con la pérdida de la capacidad de control y gestión del general-presidente. A lo anterior se

---

[65] Fuerzas Armadas y la Policía, el Partido Colorado, los empresarios agro-ganaderos, entre otros.

[66] Sometiendo a Paraguay y al período que nos ocupa a tratamientos singulares por no circunscribirse a los modelos o categorías en boga con los que se problematizaban dichos procesos en América del Sur.

[67] Como binomio conceptual construido en el marco de la crisis del marxismo occidental y de la derrota de las organizaciones guerrilleras.

[68] A partir de 1981 (y durante siete años), el país estaba en crisis debido a la caída de los precios internacionales de sus productos exportables -como la soja y el algodón-, poniendo fin al ciclo de crecimiento ligado a las represas binacionales de la década anterior.

sumó el problema de la deformación estructural del escalafón militar y el intento de copamiento de la corriente "militante" cercana al dictador[69].

Los miembros del llamado "cuatrinomio de oro", a mediados de los ochenta y frente a la preocupación por la avanzada edad de Stroessner, lo convencieron de "purgar" a los oficiales contrarios al régimen para clausurar los conflictos y gestionar así la autoridad en Paraguay.

Esta metodología para la resolución de los conflictos venía siendo utilizada desde los orígenes de la partidización militar, remontándose al golpe del diecisiete de febrero de 1936 y a la guerra civil de 1947. Como mencionamos en el apartado anterior, dicha estrategia había sido formalizada y reproducida entre 1955 y 1959 por el autócrata al excluir a los "populistas" epifanistas de las instituciones castrenses y del Partido Colorado[70], y terminar destituyendo al único dirigente político capaz de enfrentarlo en aquel entonces, Edgard L. Insfrán, su ministro del interior, garantizándose así el control del aparato partidario y militar.

La corriente stronista, autodenominada "combatiente", inició entonces una ofensiva sobre diversos espacios con el fin de imponer al coronel Gustavo Stroessner Mora en la sucesión presidencial. Cuando estos sectores lograron apoderarse exclusivamente de la dirección partidaria en la Convención del 1 de agosto de 1987, alejando a sus adversarios "tradicionalistas" de la junta —quienes pretendían diferenciar los ámbitos de la ANR y del gobierno y promover un proyecto de sustitución del titular del ejecutivo—, el nivel del conflicto se incrementó.

El plan de los "combatientes" produjo un profundo malestar en las Fuerzas Armadas porque los "tradicionalistas" excluidos del Partido Colorado habían "apadrinado" a la mayoría de los jefes militares en Paraguay, resultando además parientes y socios empresariales de los mismos (Abente, 1993: 147).

---

[69] Representada por los miembros del llamado "cuatrinomio de oro": Sabino Montanaro (ministro del Interior), Mario Abdo Benítez (secretario privado de Stroessner), José Eugenio Jacquet (ministro de Justicia y Trabajo) y Adán Godoy Jiménez (ministro de Salud Pública y Bienestar Social). Además del importante ideólogo del stronismo, Ezequiel González Alsina

[70] Los miembros desplazados de la Junta de Gobierno de la ANR -junto con los expulsados de la convención partidaria de 1959- más tarde formarían el Movimiento Popular Colorado (MOPOCO), proponiendo la "libertad dentro y fuera del partido".

Paralelo a esto, la embajada estadounidense en Asunción enviaba señales de apoyo a los dirigentes de la corriente desplazada dentro del Partido Colorado y multiplicaba reuniones con líderes de la oposición pues, según testigos de la época,

> La victoria militante polarizó la situación política y provocó problemas crecientes con Estados Unidos. Los militantes (…) emprendieron una campaña pública para desacreditar al embajador americano y expresar el compromiso del Paraguay con el anticomunismo y la democracia real (…) y proponían tratar con Estados Unidos distinguiendo entre Taylor (el embajador) y Washington, aumentando la confrontación con el embajador mientras trataban de apaciguar a Washington con manifestaciones públicas de apoyo a su política en América Central, y adoptando ciertas medidas conciliatorias en la lucha contra el narcotráfico (Mora y Cooney, 2009: 282 y 283).

En consecuencia, para contrarrestar el humor adverso proveniente de la sede diplomática, el Palacio de López prometió su colaboración en el combate contra las drogas reclamada por Washington en su política exterior.

Durante la visita del subsecretario de Estado para Asuntos Internacionales de Narcóticos, Mark Dion, quien viajó al país para advertirle a Stroesner sobre el auge de la marihuana, sobre el problema del lavado de dinero y sobre el tránsito de cocaína a través del territorio nacional, el general-presidente, al recibirlo, aparentó interesarse en esos temas mediante la aprobación de las medidas solicitadas y de la reapertura de las oficinas de la DEA en Asunción.

Pese a las señales para menguar las tensiones con la Casa Blanca, los intentos desde el sector "militante" —en pos de aprovechar su posición privilegiada— no cesaron en la búsqueda de negociar, con las Fuerzas Armadas[71], un nuevo pacto de dominación que proyectara la continuidad del modelo stronista y no acatara el mandato norteamericano de liberalización:

> Los militantes fueron acumulando fuerzas, inclusive se prepararon para la confrontación armada gracias a sus vinculaciones con el tráfico de armas; su objetivo era claro, desalojar al general Rodríguez por cualquier vía. Se confiaron demasiado en que este no se levantaría en contra

---

[71] De los que muchos de sus altos oficiales no eran del agrado de la embajada estadounidense debido a sus vinculaciones con el contrabando.

de Stroessner por falta de apoyo de mandos militares importantes y de la autoridad partidaria. Esta fue su perdición, sobre todo al no calcular que una fuerza poderosa al notar el cerco intentaría romperlo... esta fue la determinación del equipo de leales a Rodríguez ante el acoso y sin ninguna otra posibilidad (Lezcano, 1989: 8).

En diciembre de 1988, paradójicamente, los propios "militantes" terminaron por darle al régimen su empujón final cuando concretaron el ascenso de cincuenta y cinco coroneles —entre los que se encontraba Gustavo Stroessner[72]—, con el fin de restarle fuerzas al grupo opositor que controlaba geográficamente la capital y que contaba con equipos y armas suficientes para avanzar sobre Asunción.

Además, en enero de 1989, el autócrata dictaminó la rotación más importante de su historia como Comandante en Jefe de las Fuerzas Armadas, modificando diecisiete puestos de comando de grandes unidades o jefes de Estado Mayor (Lezcano, 1989: 42-46), y forzando a los militares perjudicados a declarase en rebelión.

Los insurrectos contaron con una masiva adhesión dentro de las Fuerzas Armadas, debido a la incertidumbre y frustración que había entre los coroneles, producidas por el inmovilismo en el tramo superior del escalafón militar que pone en evidencia los cuadros presentados a continuación.

Tamaño de las Fuerzas Armadas de la Nación

Tropa	19.500
- Conscriptos	14.947
- Sub-Oficiales y Sargentos contratados (combatientes)	1.962
- Sub-Oficiales y Sargentos contratados (servicio)	2.591
Oficiales	2.339
- Oficiales, combatientes	1.457
- Oficiales, servicio	720
- Oficiales, reserva	162
Total	21.839

---

[72] Resultando esta medida el último intento (fallido) por saldar la confusa situación que se había creado durante el stronismo dentro de la jerarquía militar.

Número de Oficiales por rango de las Fuerzas Armadas 1987

Gral. de Ejército	1	0,04%
Gral. de División	13	0,59%
Gral. de Brigada	30	1,36%
Coronel y Capitán de Navío	398	18,11%
Tte. Coronel y Capitán de Fragata	219	9,96%
Mayor y Teniente de Navío	300	3,65%
Teniente 1°	371	16,88%
Teniente	366	16,65%
Subteniente	314	14,29%
	185	8,42%
	2197	100,00%

Fuente de ambos cuadros: Comando en Jefe de las Fuerzas Armadas, III Departamento, Asunción.

De los mismos se desprende el principal problema de fondo, la deformación en el escalafón militar como consecuencia del "taponamiento" producido a nivel de los generales –quienes formaban parte del entorno presidencial y permanecían de manera indefinida en dicho rango, bloqueando la posibilidad de ascenso a los oficiales de las demás jerarquías–. Por lo tanto, ante la ausencia de una política de administración del personal meritocrática, la cual sobredimensionaba la ordenación intermedia de la carrera dentro de las Fuerzas Armadas y condenaba a sus integrantes al arbitrio de Stroessner y de la cúpula partidaria o militar, facilitaron las condiciones para que quienes tuvieran intenciones de realizar un golpe estatal pudieran convencer a sus camaradas[73] de sumarse a una revuelta contra el dictador.

La Embajada de Estados Unidos y la crisis: el viraje de Washington en política exterior

Otro elemento importante para comprender los niveles de debilitamiento alcanzados por el stronismo durante el período abordado se ligó al viraje en la política exterior de Washington para la región. En la década del ochenta las prioridades estadounidenses se habían modificado y las viejas alianzas de alineamiento automático entre el Palacio de López y la Casa Blanca se habían desgastado, al igual que el vínculo entre una y otra nación, otrora excelente y basado en la conocida "tradición de colaboración" con el imperio.

Entre 1954 y 1977, Stroessner elogiaba el sostén norteamericano considerándolo la base de su supervivencia política, mientras que la relación entre Paraguay y Estados Unidos se planteaba en términos de "una amistad más fuerte que cualquier otra del hemisferio" (Mora, 1988: 464). Sin embargo, la legitimidad conferida a ese mismo apoyo terminó por volverse en contra del régimen y del dictador.

Los primeros síntomas de ese distanciamiento ya se habían advertido durante la administración de Richard Nixon (1969-1974) a causa del "*affaire* Ricord"[74].

Aunque desde los años sesenta Paraguay venía ganando reputación como centro de distribución de narcóticos[75], recién a partir de la década

---

[73] Como sucedió, por ejemplo, con el coronel Eduardo Ramón Sosa, comandante del regimiento de paracaidistas, a quien Andrés Rodríguez y otros oficiales afines a los "tradicionalistas" convencieron de que les habilitara un espacio dentro de la Fuerza Aérea desde el cual iniciaron la sedición.

[74] Agentes de Washington habían infiltrado la pista del francés Augusto Ricord -quien en 1967 arribaba a Asunción para coordinar el transporte de heroína hacia Estados Unidos por medio de Paraguay-, tratando de evidenciar que el territorio stronista funcionaba como sitio de asilo y de escala privilegiada del contrabando en América del Sur. Los funcionarios comenzaron a seguir de cerca la actividad de Ricord y así descubrieron que ese personaje recibía protección militar de Andrés Rodríguez. Para ampliar conocimientos sobre el tráfico internacional de drogas en Paraguay recomendamos la lectura de Frank Mora, "Paraguay and International Drug Trafficking" en el libro *Drug Trafficking in the Americas*, Bruce Bagley y WilliamWalker (ed.), Coral Gables, Florida, 1994, p. 62-99.

[75] Agentes federales transmitieron en los sesenta a la Casa Blanca sus sospechas sobre la participación de miembros de las Fuerzas Armadas y del Partido Colorado en negocios ilícitos.

siguiente los rumores se pudieron corroborar. En 1970, gracias a información de los empleados estadounidenses infiltrados en una red ilegal enviados a Washington, se logró confiscar más de 100 kilogramos de heroína en el Aeropuerto Internacional de Miami procedentes de Paraguay. Hecho que generó un escándalo mediático y por el que Washington presionó al autócrata para que entregara a la justicia norteamericana al principal sospechoso, un francés llamado Augusto Ricord[76], al que se vinculaba con el general Andrés Rodríguez –concuñado de Stroessner– en una serie de negocios turbios manejados desde Asunción.

En 1973, tras la publicación de un artículo del periodista Jack Anderson que utilizaba como fuentes memorándums de la CIA[77], la cuestión del narcotráfico pasó a dominar la relación entre Estados Unidos y Paraguay. Nixon amenazó con cortarle la ayuda a Stroessner si no accedía a entregar a Ricord, generando una crisis dentro del propio entorno gubernamental, pues aunque el canciller Sapena Pastor y el ministro Sabino Montanaro deseaban evitar una confrontación con Washington, Rodríguez y Colmán insistían en proteger a Ricord.

Luego de tensas marchas y contra marchas, gracias al sorpresivo deceso de Colmán, Stroessner permitió la extradición y el Palacio de López se apresuró a adherir a una serie de acuerdos y medidas bilaterales y multilaterales[78] que mostraran compromiso en la lucha antinarcóticos con la esperanza de que pronto se olvidara el molesto incidente (Simón, 1992: 155 y 156).

Sin embargo, luego del caso Ricord la imagen internacional de Paraguay quedó dañada y los artículos periodísticos que hablaban sobre la "conexión stronista" con el floreciente narcotráfico internacional se propagaron por todo el continente. La mala fama del régimen incluso apareció en *Selecciones* –la versión española del *Reader´s Digest*, por entonces la revista de mayor circulación en el mundo–, la cual tradujo una investigación de Nathan Adams sobre el tema, publicada bajo el título original "The Hunt for André".

---

[76] Acusado de dirigir el contrabando de 5000 kilos de heroína entre 1965 y 1970 a Estados Unidos (lo que equivalía al 50% del ingreso total a Estados Unidos durante ese período).

[77] El artículo mencionaba nombres y una descripción detallada de las actividades relacionadas con el tráfico de drogas de militares stronistas -como Andrés Rodríguez, Pastor Coronel y el general Germán Martínez-.

[78] Una reseña de las convenciones y acuerdos contra las drogas firmados por Paraguay puede ubicarse en el artículo escrito por José Luis Simón, "Drug Addiction an Traffic in Paraguay: An Approach to the Problem during The Transition", *Journal of Interamerican Studies and World Affairs* 34, n°3, 1992, p. 155-200.

Si bien las relaciones con la Casa Blanca se normalizaron después de un tiempo prudencial, desde entonces ya no volvieron a ser las mismas.

El *affaire* resultaría la primera de las muchas señales –operaciones de prensa incluidas– enviadas por la Casa Blanca advirtiendo que modificaba las prioridades de su política exterior a medida que iba perdiendo intensidad la guerra fría, pero pareciera que Stroessner no les prestó la suficiente atención.

El viraje estadounidense se debía a las presiones ejercidas por el movimiento social norteamericano sobre Washington, las cuales habían logrado instalar la cuestión de la democracia y los derechos humanos en el discurso gubernamental, cuestionando la asistencia económica, militar y financiera del país a los regímenes dictatoriales del Cono Sur. Hasta Henry Kissinger –uno de los responsables de la operación Cóndor en la región– comprendió que era necesario descomprimir la tensión generada por las protestas sobre el congreso de Estados Unidos y advirtió públicamente a los regímenes latinoamericanos que "la represión sistemática tenía ciertos límites", incluso para él (Kissinger, 1979: 545).

Con la llegada de Jimmy Carter al gobierno (1977-1981), Paraguay se presentó como una "apuesta segura" para que la nueva administración publicara su preocupación por la democracia y los derechos humanos. La Casa Blanca decidió aprovechar la oportunidad definiendo el giro de su política exterior en detrimento del stronismo, el cual pagaría las consecuencias del período de "distención". Washington sentía que podía presionar al Palacio de López sin temor de que se produjera una revolución –porque la izquierda local se encontraba muy debilitada– y dio órdenes a sus operadores de emprender la ofensiva contra el régimen, amenazando con sanciones y aislamiento si no se liberaba a los presos políticos y se accionaba a favor de una liberalización post dictatorial.

El embajador de ese período, Robert White, llegó a ofrecer su residencia diplomática en Asunción para que los líderes anti-stronistas pudieran reunirse a conversar, lo que enfureció al autócrata y a los miembros de su entorno, quienes apelaron a la prensa colorada para denunciar la injerencia sobre la soberanía nacional y atacaron a la figura de White.

Así surgía en 1979 el célebre Acuerdo Nacional, que reunía a los sectores políticos opositores al general-presidente, mientras que también bajo el amparo norteamericano se promovían informes estatales y de organismos no gubernamentales que acusaban al stronismo de torturar y asesinar estudiantes, funcionarios de la iglesia y campesinos durante la dictadura militar –en contraposición con la posición adoptada por Estados Unidos en la década anterior–.

El Departamento de Estado, al dejar de proteger a su otrora aliado estratégico en la región, propició que durante los ochenta se difundieran públicamente las violaciones a los derechos humanos cometidas por el régimen. Si bien Stroessner aún resistía las presiones liberalizantes aferrándose al *status quo*, con el esparcimiento de las denuncias en su contra y con el regreso de sus vecinos al sistema de democracias representativas[79], el clima hemisférico se le tornó definitivamente hostil.

Por ende, la habilidad política del general-presidente para defenderse se halló debilitada por la misma estructura continental que lo había amparado tiempo atrás, empeorando su situación.

Para la segunda administración de Ronald Reagan (1981-1989), la Casa Blanca ya había decidido "sacrificar" los últimos vestigios dictatoriales gubernamentales que subsistían en América del Sur (Chile y Paraguay), para presentar una moneda de cambio a los parlamentarios estadounidenses que criticaban la renovación de los fondos destinados a la política anti-sandinista en América Central –evaluando que el canje no le significaba un peligro de Seguridad importante, ni una pérdida económica vital–. El imperio necesitaba relocalizar el foco de la estrategia contrainsurgente en el Caribe.

Washington aumentó las presiones sobre el stronismo y este respondió a los descontentos externos y a la pérdida de legitimad interna incrementando los niveles de represión, al tiempo que se esforzaba por diversificar los contactos con otras naciones raleadas por Estados Unidos como Sudáfrica y Taiwán.

En este contexto, la clausura del periódico *ABC Color* y de Radio *Ñandutí* en Asunción y los enfrentamientos con diplomáticos estadounidenses fueron respondidos por una campaña masiva de desestabilización orquestada a través de empresas norteamericanas de comunicación. En consecuencia, entre mayo de 1984 y septiembre de 1985 aparecieron en jornales del norte más cantidad de artículos sobre el régimen paraguayo que los publicados en los treinta años precedentes[80], cuyos textos abor-

---

[79] Stroessner también debió enfrentar acusaciones por parte de las organizaciones de derechos humanos en Argentina, pues muchos de los juzgados por delitos de lesa humanidad huían hacia su territorio (en parte porque el autócrata los recibía pues estaba enfrentado al gobierno de Raúl Alfonsín).

[80] Sobre la cobertura de la prensa norteamericana durante este período recomendamos la lectura de Mlanden Yopo, "Paraguay ¿Transición o Reacomodo?", 1987, en *Cono Sur* 6, n°3: 1-6.

daban sistemáticamente la cuestión del contrabando y la corrupción gubernamental[81] (Fernández Estigarribia y Simón, 1987: 100-102).

Los Ángeles Times, por ejemplo, detallaba la naturaleza cleptocrática del stronismo destacando que los militares se habían convertido en una "banda de buscavidas corruptos" (*Los Ángeles Times*, 4/6/1984); o *The New York Times* publicaba un relato de los materiales químicos confiscados y del desaire de Stroessner al embajador Arthur Davis[82] (*New York Times*, 30/1/1985); o la sensacionalista *New Republic* titulaba "Paraíso de contrabandistas" a una investigación especial sobre Paraguay (*Smugglers´s Paradise* en el original, *New Republic*, 8/6/1987), mientras el famoso programa del canal CBS *60 minutes* (60 Minutos) proyectaba a Mike Wallace preguntándole a la audiencia televisiva cuál era el precio de la libertad, en alusión a "un país del tercer mundo gobernado durante treinta y un años por el hombre más despreciado y el dictador más odiado del mundo con afición a los sicofantes y a las jóvenes" (Wallace en Yopo, 1987: 5).

En palabras del embajador Timothy Towell,

> Estados Unidos intervino para aislar al Paraguay hasta el punto de convertirlo en la Mongolia de América Latina (Estigarribia, Simón, 1987: 264).

De este modo, y como dato a resaltar, el Pentágono ponía a prueba sobre el "laboratorio" paraguayo una práctica característica de la post guerra fría: la combinación de operaciones de prensa sobre la población con la financiación de grupos políticos opositores y fundaciones de la sociedad civil para la deslegitimación de un adversario, incluida dentro de una modalidad complejizada de intervención luego denominada "guerra difusa"[83] (Nievas, 2006: 57).

El rol jugado por la *National Endowment for Democracy* (NED) en Asunción entre 1985 y 1988 se convertiría en un factor clave de esta modalidad, en tanto fue una de las principales encargadas de financiar a refe-

---

[81] Vinculando el rol de los funcionarios públicos corruptos del stronismo con el tráfico de drogas en Paraguay.

[82] En 1984, funcionarios norteamericanos confiscaron mil litros de éter, acetona y ácido clorhídrico suficiente para producir ocho kilos de cocaína en la aduana paraguaya y exigieron su destrucción. El gobierno se negó y Davis solicitó una audiencia con Stroessner que le fue negada. Era la primera vez que un embajador de Estados Unidos no era recibido en el Palacio de López de Asunción.

[83] En alusión a la indeterminación temporal y de espacios planteada por los conflictos contemporáneos.

rentes sociales e intelectuales anti-stronistas por medio de organizaciones no gubernamentales como Radio *Ñanduti*, Mujeres por la Democracia, el Centro para la Democracia, entre otros.

El objetivo consistía en alentar ideologías y valores afines a las prioridades estadounidenses, promoviendo la cultura norteamericana en la misma línea que los Cuerpos de Paz, el Centro Cultural Paraguayo-Americano o los programas de intercambio universitario entre las universidades de Kansas y la Universidad Católica de Asunción y la Universidad Nacional[84], además de ir preparando las condiciones necesarias para la instauración de un gobierno post stronista luego de la caída del dictador.

Pero, a pesar de las coacciones diplomáticas y de la crisis económica, el régimen continuaba intransigente y pese a la victoria de la corriente "militante" en la convención colorada de 1987, la situación terminó por detonar en un golpe estatal dando comienzo a un proceso que algunos llamaron como de "transiciones circulares" (Morínigo, 2002).

En la embajada estadounidense se venía montando una conspiración a través de los contactos con los anti-stronistas. Desde allí se enviaban señales a los referentes "tradicionalistas" del Partido Colorado para incitarlos a la rebelión. Sin embargo, el vertiginoso desenlace casi no dio tiempo para que la sede diplomática montara un plan de sucesión presidencial.

A fines de 1988, los rumores sobre la salud de Stroessner y el acceso del embajador Towell al historial médico del dictador[85] confirmaron el cáncer de próstata del autócrata. Con todo, los funcionarios norteamericanos ocultaron la información por temor a que se desatara un levantamiento popular.

Momento en que, y a juzgar por la velocidad de la ofensiva "militante" sobre las Fuerzas Armadas y demás espacios, suponemos que los stronistas de esa corriente también fueron informados de la enfermedad. Las purgas militares comenzaron de inmediato para posicionar a Gustavo Stroessner, provocando una acelerada reacción de los perjudicados: el *putsch* estaba en marcha.

---

[84] Para ampliar sobre estos, recomendamos la lectura del capítulo titulado "Derechos Humanos y Democracia por presión" en el libro de Mora y Cooney *El Paraguay y Estados Unidos*, Intercontinental Editora, Asuncion, 2009, en especial p. 266-297.

[85] Que llegó a sus manos por medio del doctor Peabody, según entrevistas realizadas por nosotros en 2009 en Asunción.

Entretanto, todo sucedía en un entorno que desde dentro y desde fuera del país favorecía el cambio, por lo cual no debería sorprender que los factores nacionales resultaran –a la larga– más determinantes que los internacionales (Arditti, 1992; Masi, 1989) en la caída del dictador.

Muchas fuerzas habían obrado en forma conjunta. Primero, Stroessner no había nombrado sucesor y su hijo resultaba inaceptable para muchos jefes de las Fuerzas Armadas. Segundo, demasiados militares de alto rango temían que el grupo de los "combatientes" intentara reemplazarlos en los puestos por sus "leales", por ende, la renuencia al desplazamiento de los "tradicionalistas" resultó mayoritaria. Finalmente, la recesión económica y el consabido aumento de la inflación y del desempleo potenciaron el clima de descontento popular favoreciendo el apoyo a la rebelión.

A medida que se desmoronaban los viejos arreglos de poder, muchos factores –la decadencia del dictador, la división de las elites, el descontento económico, la disputa sobre la sucesión, los pedidos de liberalización– se combinaron para disminuir la capacidad del Estronato para reprimir la escalada del desorden (Sondrol, 1992: 134).

Para mediados de enero de 1989 las relaciones con Washington se habían tornado insostenibles y la capital se hallaba sumida en intrigas, rumores e incertezas, mientras la embajada norteamericana enviaba señales de que Stroessner ya no contaba con su patrocinio.

Si bien hasta 1988 la Casa Blanca había evitado todo contacto con Rodríguez –pues estaba convencida de que este era el jefe del narcotráfico en el país (o al menos de que se había beneficiado con él)–, en el mes de septiembre las prioridades de Estados Unidos se modificaron producto de su preocupación por la estabilidad y la polarización política que atravesaba Paraguay. El narcotráfico pareció perder importancia por un tiempo –al menos hasta que la crisis política se saldara–, y la Embajada incrementó el trato con algunos referentes militares. A pesar de todo, la sede diplomática no parecía terminar de decidirse a apoyar el *putsch* (aunque continuaba maniobrando para condicionar un proceso posterior).

En el mes de enero, Rodríguez y los demás oficiales perjudicados por el stronismo decidieron no esperar más y la sorprendieron con la insurrección. Ni la embajada estadounidense ni la Casa Blanca hicieron nada por impedir que el golpe progresara, esto fue interpretado como señal de apoyo por parte de los insurrectos y el derrumbe se concretó.

Golpe de Estado: tutela colorado-militar y liberalización política

La sublevación encabezada por "los Carlos" y los "Víctor"[86] comenzó con la neutralización de la Fuerza Aérea y la toma del Comando Aerotáctico que, a partir de la rendición de su comandante, se plegó a las fuerzas golpistas.

Entonces, Rodríguez, respaldado por el vicealmirante Eduardo González Pettit, inició el avance sobre Asunción con una columna de diecisiete carros blindados de origen brasileño, Urutús y Cascavel, y camiones Unimog de rápido desplazamiento. Detrás le seguían oficiales rebeldes organizados bajo el mando del carismático coronel Lino César Oviedo, dispuestos a ocupar todos los objetivos militares, policiales y civiles de la capital que habían sido estudiados una y otra vez. El fin era controlar a Stroessner y a su hijo Gustavo. El factor principal sobre la que descansaba el operativo militar era la sorpresa.

El objetivo de capturar a Stroessner casi se conseguiría cuando este salía desprevenido de una casa que estaba en el camino de los rebeldes. De haber sucedido, se hubieran salvado veintinueve vidas. Pero, el autócrata corrió a refugiarse en el edificio del Estado Mayor y desde su propia oficina montó la resistencia.

Por su parte, la 1ª División de Caballería con la Infantería de Marina habían movilizado una columna para tomar por asalto el puerto, el palacio de gobierno y el cuartel central de policía con el apoyo de dos navíos de combate fluvial –los tres ubicados dentro de una misma área y con cercanía entre sí–. Los tres fueron objetivos que se cumplieron y el personal que estaba dentro debió rendirse.

Entretanto, el ataque más prolongado se daba contra los "militantes" que luchaban desde el Estado Mayor. A pesar de su edad, Stroessner no se resignaba a dejar el poder. Los *putschistas* enviaron los aviones Xavantes para amedrentar y, luego de pocas horas, las personas que estaban con el dictador en el edificio tuvieron que darse por vencidas.

---

[86] Códigos para identificarse entre los sublevados. Los "Carlos" eran: Andrés Rodríguez, Víctor Aguilera, Pedro Concepción Ocampos, Lino Cesar Oviedo, Oscar Díaz Delmás, Aníbal Regis Romero, Eumelio Bernal y Eduardo Gómez Petit. Los "Víctor": Luis Rodríguez, Lorenzo Carrillo Melo, Dionisio Cabello, Jorge Mendoza Gaete, Luis Laguardia y Marino González.

La operación militar calculada con detalle llegaba a su fin. La rapidez de movimientos que pudieron lograr los amotinados había surtido el efecto buscado por ellos. La contienda finalizó con una lista oficial de veintinueve muertos[87], aunque desde la prensa se estimó que fueron más.

El general Stroessner y su hijo Gustavo fueron enviados a Brasil[88]. Simultáneamente, el general Rodríguez comenzó el período de liberalización política en un contexto de gran incertidumbre popular debido a que la mayoría de los paraguayos no se atrevía a confiar en el nuevo gobierno. Hasta que finalmente la población se animó a tomar las calles y comprobó que esta vez no sería reprimida. Se concretaba así el bautismo de la "democracia restringida" (Mora, 1998), porque aunque habilitó mayor participación de los partidos políticos, aseguró la hegemonía del Partido Colorado, la misma que durante los años subsiguientes tendría que contener dentro de sí los legados estructurales del stronismo junto con la revelación creciente de sus contradicciones más profundas.

La primera proclama insurreccional del grupo triunfante, leída el 3 de febrero de 1989, expresó lo siguiente:

> Queridos compatriotas, apreciados camaradas de nuestras Fuerzas Armadas. Hemos salido de nuestros cuarteles en defensa de la dignidad y el *honor de las Fuerzas Armadas*; por la *unificación plena y total del coloradismo en el gobierno*, por la *iniciación de la democratización* del Paraguay; por el *respeto de los derechos humanos*, por la defensa de nuestra *religión cristiana, católica, apostólica, romana*. Esos son los que yo les estoy ofreciendo con el sacrificio del soldado paraguayo a nuestro querido y valiente y noble pueblo paraguayo y *espero que los camaradas de las Fuerzas Armadas me acompañen* en esta circunstancia, porque estamos defendiendo una causa noble y justa que redundará en beneficio de nuestro heroico y noble pueblo paraguayo (Comando en Jefe de las Fuerzas Armadas, 1989: 2. Destacado nuestro).

Como se puede inferir del texto, los dos puntos inaugurales pretendían restablecer una alianza de poder colorado-militar (debilitada con anterioridad por las pujas internas), destacando en la referencia a "nuestros cuarteles", la pertenencia castrense de quienes asumían dicha responsabilidad. Se observa cómo los militares se auto-adjudicaban el papel

---

[87] Puede encontrarse en los archivos del Ministerio de Defensa o en los del periódico *ABC Color*. Ver http://archivo.abc.com.py/especiales (consultados en diciembre de 2008).

[88] Recomendamos imágenes documentales reproducidas en http://www.youtube.com/watch?v=q-H05F8ak9c

de gestionar la estabilidad política, pero no se cuestionaban la trilogía militar-colorado-gubernamental. Todo lo contrario. Las Fuerzas Armadas apostaron a la permanencia de ese vínculo asumiéndose como actores centrales de una reorganización política orquestada "desde arriba" –con poca participación de partidos opositores o de la población civil–, y "desde adentro" –es decir, tutelada por una dirigencia militar que compartía procedencias, valores e intereses económicos del régimen anterior– (Martini, 1993: 110).

La preocupación de los insurrectos pasó entonces por la necesidad de una rápida legitimación del golpe, razón por la cual Rodríguez apresuró la convocatoria electoral para el primero de mayo e incluyó en la proclama los puntos sobre "democratización" y "respeto de los derechos humanos". Urgía abandonar el cuasi aislamiento internacional en el que había quedado el Palacio de López durante los últimos años del stronismo, mostrando la voluntad de realineamiento con la estrategia norteamericana ahora configurada sobre las "3D" (Democracia, Drogas y Derechos Humanos) y en torno de los "conflictos de baja intensidad"[89].

Durante la semana que siguió al golpe, la prensa norteamericana se llenó de artículos sobre los acontecimientos sucedidos en Paraguay, analizando la caída del stronismo conjuntamente con las acusaciones que ligaban a Rodríguez con el tráfico de drogas (Mlanden Yopo, 1987).

Washington reaccionó con cautela, pues tenía dudas del compromiso del gobierno provisorio con el rumbo liberal y la lucha antinarcóticos debido al pasado del general. Y, aunque el vocero del Departamento de Estado, Charles Redman, se cansó de reiterar durante esos días que las relaciones entre ambos países dependerían del respeto a las "3D", fue evidente que la Casa Blanca celebraba en privado la asonada militar y aplaudía las declaraciones públicas de Rodríguez, convocando a un proceso electoral.

Después de una reunión entre Towell y el nuevo canciller, Luis María Argaña, desde la embajada norteamericana se anunció el restablecimiento de las relaciones entre Estados Unidos y Paraguay.

---

[89] En alusión a contiendas de tipo "irregular", su enunciación apareció en *Field Manual 100-20* y el recuento de las formas estadounidenses de denominar a las luchas contrainsurgentes fue compilado por Gregorio Selser en el artículo "La intensa guerra de baja intensidad. Conceptos, definiciones y objetivos", *Revista Nueva Sociedad* n° 89, Caracas, mayo/junio de 1987.

La búsqueda de legitimación explicó también la "defensa de nuestra religión cristiana, católica, apostólica y romana" en la redacción de la proclama del 3 de febrero. Con esa mención en el texto inaugural, los rebeldes enviaban una señal clara a la Iglesia Católica comprometiendo el fin de las hostilidades padecidas durante el stronismo[90]. Las persecuciones del régimen se habían acrecentado durante los últimos años debido a la visita de Juan Pablo II y a su bendición papal sobre la línea pastoral local, acusada de subversiva por la dictadura militar.

Asimismo, la institución religiosa se había revelado como la organización con mayor capacidad de convocatoria en el país durante la visita del Santo Padre, renovando la fortaleza moral de su prédica y prestigiando los cuestionamientos realizados a Stroessner –quien culpó a la visita por la pérdida de consenso posterior–.

Como durante la agonía del stronismo el autócrata había multiplicado el castigo sobre el clero, temeroso de que las críticas realizadas por este calaran hondo en un pueblo especialmente creyente, Rodríguez, en su afán por oponerse a la figura del derrocado, solicitó el respaldo y la aprobación de la Iglesia Católica –pronosticando a su vez el alejamiento de los funcionarios religiosos como sujetos amenazantes de la post guerra fría–. Con una finalidad similar, el gobierno provisorio también levantó el estado de sitio que restringía las libertades civiles y permitió, en febrero de 1990, la visita de la Comisión Interamericana de Derechos Humanos (CIDH):

La Comisión comprobó que, en los doce meses desde la asunción del General Rodríguez a la Presidencia, el Gobierno había tomado diversas medidas e iniciativas destinadas a restablecer la vigencia de los derechos humanos previstos en la Convención Americana y que había creado un clima más propicio al respeto de los mismos. Sin embargo, la herencia de más de tres décadas de un gobierno autoritario (...) hizo que la acción reformadora del Gobierno encontrara no solo "bolsones aislados de

---

[90] Para un estudio más acabado de este punto recomendamos la lectura de *El Paraguay bajo el stronismo*, escrito por Bernardo Neri Farina y Alfredo Boccia Paz, Editorial El Lector, Asunción, 2010.

resistencia a la democracia" sino también una situación económica degradada para muchos sectores, especialmente campesinos e indígenas, cuyas demandas se multiplicaron a medida que se crearon los mecanismos de libre expresión y garantías democráticas[91] (CIDH-OEA, Capítulo IV, 1990[92]).

Rodríguez sabía que, en los últimos tiempos, los comunicados de prensa de la sede diplomática estadounidense en Asunción cuestionaban las violaciones a los derechos fundamentales en el país e insistían con la necesidad política de liberalizar, al igual que los artículos de los periódicos norteamericanos. Entonces, el general ratificó el Pacto de San José de Costa Rica y anunció su voluntad de fortalecer la democracia en todos los foros mundiales que recorrió (Flecha, 1989; Masi, 1997; Mora, Hey, 2003).

La importancia para el nuevo orden por recuperar el reconocimiento internacional se plasmó en su discurso de presentación ante las Naciones Unidas, en el intercambio de visitas con los gobiernos vecinos, en el apoyo del denominado "grupo de los ocho"[93], en la realización de la Asamblea de la Organización de Estados Americanos (OEA) en Asunción (en junio de 1990) y en el encuentro con George Bush posterior a la reunión.

Durante los tres años que siguieron al derrocamiento del stronismo, los contactos entre Washington y Asunción se multiplicaron exponencialmente y los medios de comunicación comenzaron a caracterizar el período como una nueva "luna de miel".

El embajador norteamericano Timothy Towell, quien se consideraba "prácticamente el canciller de Rodríguez"[94] (Masi, 1991), le explicó la

---

[91] A pesar de las "garantías", el gobierno provisional aprovechó las debilidades de la oposición y, sobre todo, la desintegración del Acuerdo Nacional (frente político que nucleaba a las cuatro organizaciones más importantes), para forzar la aceptación de las condiciones oficialistas para las elecciones del primero de mayo, incluido el sistema electoral que garantizaba el 66 % de las bancas a quien obtuviera la simple mayoría.

[92] Cuyo informe completo puede leerse en www.cidh.org (consultado en enero de 2010).

[93] Nacido en Río de Janeiro en diciembre de 1986, como un "Organismo Permanente de Consulta y Coordinación" en el más alto nivel político, estaba compuesto por México, Panamá, Venezuela, Colombia, Argentina, Brasil, Perú y Uruguay.

[94] En realidad, Towell y Rodríguez se habían conocido antes del 3 de febrero y se habían hecho amigos porque compartían la misma afición por el tenis, pero más adelante, cuando Rodríguez llegó al poder ambos vieron que podían confiar y ayudarse mutuamente para hacerse comprender en las circunstancias correspondientes. Ver Thomas Bruneau, *The Political situation in Paraguay Two Years after the Coup*, Naval Postgraduate School, Monterrey, California, 1991.

importancia de lo que él mismo llamaba "el diploteatro", es decir, un buen teatro diplomático, para vincularse con el exterior.

Rodríguez demostró a la sede diplomática que había comprendido la consigna y recuperó aquella "tradición" de alineamiento con la Casa Blanca cimentada durante las primeras décadas del stronismo, la cual en realidad nunca se había abandonado del todo (porque cuando Estados Unidos se distanciaba de Stroessner, este ocultaba los problemas con Washington o culpaba a los funcionarios de la Embajada e intentaba rápidamente recomponer el vínculo).

En Paraguay, el "diploteatro" significaba conseguir que altos funcionarios gubernamentales norteamericanos visitaran el país y se reunieran con Rodríguez. Cada audiencia contaba con amplia cobertura periodística, con el objetivo de demostrar el visto bueno de Washington para con Rodríguez y los demás. A su vez, estas puestas en escena eran aprovechadas para sanear la imagen del general ligada al narcotráfico. Su "amigo" Towell concertó una escala del vicepresidente Dan Quayle en el transcurso de su gira suramericana de 1990, tratando de "poner en vidriera" las nuevas credenciales diplomáticas del Palacio de López en Asunción.

La visita también era una señal de Washington de agradecimiento porque Paraguay había sido la primera nación de la región en reconocer al gobierno formado después de la invasión de Estados Unidos a Panamá[95].

Además, Rodríguez, a pedido de Bush, apoyaría públicamente la propuesta de la Casa Blanca para combatir y expulsar a las tropas de Saddam Hussein de Kuwait (en la "guerra del golfo pérsico"[96]), gesto premiado por la administración republicana con la restitución de licencias comerciales para las exportaciones de Paraguay y con un aumento de los fondos para el desarrollo, que pasaron de 150 mil dólares en 1991 a un total de 2 millones en 1992, en conjunto con la modificación del monto para el área antinarcóticos, que de 300 mil dólares en 1990 trepó a más de 2 millones 200 mil en 1992 (Bruneau, 1991). Aunque la incidencia material de este auxilio resultaba bastante limitada para fines económi-

---

[95] Denominada "Operación Justa Causa", el ejército estadounidense invadía el 20 de diciembre de 1989 la soberanía de Panamá con el propósito oficial de capturar al general Manuel Antonio Noriega.

[96] Desde el 2 de agosto de 1990 al 28 de febrero de 1991 una coalición militar liderada por Estados Unidos combatió a las tropas iraquíes que habían invadido y anexado al Estado de Kuwait.

cos, el enorme peso simbólico de esas medidas eran interpretadas y difundidas por el Palacio de López como signo de mejoramiento de las relaciones bilaterales y como recomposición de su imagen en el escenario mundial. Washington festejaba el proceso de liberalización económica unilateral impulsado por Rodríguez a poco de asumir y, entre 1989 y 1992, el peso de las directrices norteamericanas sobre la política local se incrementó, homologando las primeras épocas del stronismo y los vínculos desarrollados con anterioridad.

En retribución −y por pedido del Departamento de Estado−, en mayo de 1991 se creó la Secretaría Nacional Antidrogas (SENAD) para dirigir y coordinar todas las acciones gubernamentales y no gubernamentales dedicadas a la prevención y represión del narcotráfico en Paraguay. Así se constituía una fuerza especial policial y militar para cuya secretaría se postuló al general Marcial Samaniego, un graduado de West Point que gozaba de la confianza del Pentágono y del Palacio de López en Asunción (Simón, 1994: 333).

En el ámbito del Partido Colorado, los episodios del 2 y 3 de febrero también acarrearon ciertas reminiscencias del ayer por sus similitudes con el golpe del 4 de mayo de 1954. Por un lado, Rodríguez, al igual que Stroessner, se había negado a presentarse el jueves anterior ante el Comandante en Jefe −a sabiendas de que iba a ser detenido−, iniciando así la sublevación. Por otro lado, el parecido del espacio partidario precedente al golpe de 1989 con los tiempos pre-stronistas de 1954 fue superior − en ambos momentos un sector había sido desplazado del gobierno y del partido mostrando luego al *pucht* como una especie de "reacción"[97]−.

En esta oportunidad, los personajes caídos en desgracia hacia el final del stronismo, al igual que sus antecesores, habían iniciado un proceso de reposición y "reencauzamiento institucional" −como le llamaron− combatiendo al sector "militante".

La nueva composición estratégica de la junta partidaria puso al desnudo esa operación político-militar, en la que se apelaba a la estirpe de Juan Ramón Chávez, su presidente provisorio, para recomponer −por medio de la figura octogenaria de aquel dirigente− la imagen de la tradición como bandera del movimiento. Se recurría a Luis María Argaña,

---

[97] En los cincuenta, los entonces "tradicionalistas" habían estado liderados por Tomás Romero Pereira, Epifanio Méndez Fleitas y Guillermo Enciso Velloso.

vicepresidente 1°, como candidato ex stronista a ser proyectado, a Edgar Insfrán —ex ministro del Interior caído en desgracia durante la última década del autócrata–, vicepresidente 2°, como expresión de la alianza con el Movimiento de Integración Colorada (MIC), y a Blas Riquelme, vicepresidente 3°, como representante directo del general Rodríguez.

A partir de esos cambios, los grupos contestatarios a la última junta stronista buscaron reunificarse, pero no lo consiguieron (Britez, Morínigo, 1993: 121-123). Sin Stroessner, pero con la continuidad de estructuras político partidarias y parlamentarias sometidas a su influjo, un poder judicial figurativo (Borda y Massi, 2002) y una población civil bastante desarticulada, el partido ya no tenía quien disciplinara verticalmente a los afiliados. Desde febrero de 1989, el coloradismo padeció una sucesión de crisis de conducción, cuyas disputas permanentes por la hegemonía dentro del aparato, sumadas a la incertidumbre política, finalizaron por restaurar el papel de la embajada norteamericana como garantía de permanencia gubernamental, lo cual minó la legitimidad y capacidad de desarrollo de instituciones democráticas soberanas en Paraguay.

En este sentido, a pesar de nuestras diferencias con algunos autores (Sampó, 2005; Di Tella, 2003) en lo referido a la actuación de Estados Unidos —quienes interpretaron la intervención estadounidense como "salvación" de la liberalización paraguaya–, nos sumamos al consenso mayoritario respecto de la de existencia de una responsabilidad directa norteamericana ligada a la naturaleza oligárquica del Estado paraguayo y a la relevancia de las lógicas militar-partidarias en su interior (Zargosti, 2003; Flores, 2002; Molinas, Pérez Liñan y Saiegth, 2004).

Fuerzas Armadas en el post stronismo: "soldados de los empresarios" y del partido

En el amanecer de la década, con el arribo de los exiliados -entre los que se encontraban ex miembros del Movimiento Popular Colorado-, las disputas por el control de las estructuras del partido se tornaron corrientes, pero con un desenlace desfavorable para los que volvían debido a que estos habían perdido influencia, por lo cual rápidamente fueron desplazados.

Los desprendimientos, reacomodos, alianzas y distanciamientos entre colorados formaban parte de una búsqueda de acumulación de fuerzas que, como siempre en Paraguay, se dio ligada a agencias extranjeras, al poder militar y al aparato estatal.

En este escenario movedizo, el objetivo de "unificación plena y total del coloradismo en el gobierno" anunciado por Rodríguez fracasó estrepitosamente a pesar de su insistencia:

El Partido Colorado, como partido de Gobierno, tiene la responsabilidad de que las gestiones de sus dirigentes se encausen y desenvuelvan dentro de la concordia, la armonía y la conjunción de propósitos, como el principal medio de contribuir a la unidad nacional (Estado Mayor y Comandos Componentes de las Fuerzas Armadas. Comando en Jefe y Comando de la Armada, 1989).

La ausencia de un dirigente capaz de conquistar la estabilidad partidaria se volcó de nuevo hacia el estamento militar.

Estas desconcertantes medidas, *inexplicables desde una perspectiva institucional y doctrinaria de las Fuerzas Armadas,* reflejaron y reflejan la ausencia, en la conducción política, de criterio y *pautas racionales* para la debida y conveniente atención de los problemas nacionales concernientes a la *Defensa* del país (testimonio del general Pérez Bordón, 2010. Destacado nuestro).

Durante los dos primeros años del gobierno provisional, las Fuerzas Armadas habían procurado en vano encontrar una figura aglutinante dentro del coloradismo, presionando al núcleo partidario superviviente stronista, y tratando de brindar una apariencia de *aggiornamiento* respecto a la percepción de la amenaza planteada por Estados Unidos. Se firmaron convenios de cooperación y se participó en ejercicios militares organizados por Estados Unidos, mientras la cúpula de las Fuerzas Armadas retomaba, aunque no exentas de marchas y contramarchas, acciones y discursos de naturaleza política y policial (Riquelme, 1992).

La derrota colorada en las elecciones municipales del 26 de mayo de 1991 –en especial la de Asunción en manos del nuevo movimiento País Solidario– exacerbó la percepción de amenaza que para ciertos mandos castrenses representaba la posibilidad de un fracaso en la Constituyente y en las presidenciales de 1993 y, alertó a las Fuerzas Armadas pues temían ver afectado el entramado de intereses económicos y políticos sintetizados en el pacto cívico-militar (Lezcano, Martini, 1994: 49).

Debido a esto, el general Rodríguez –acompañado de los generales Garcete y Oviedo– convocó públicamente a retomar la idea de "unidad", pues:

(…) de los objetivos (propuestos por el gobierno) hemos conseguido cuatro, con mis camaradas y comandados y muchos de ustedes. Pero, falta uno, y es la *unidad granítica del Partido Colorado* (discurso de Rodríguez, reproducido por *ABC Color*, 13/7/1991. Destacado nuestro).

Pero, esa no fue la única medida promovida por Rodríguez sino que el "plan centauro" se puso en marcha para el momento de sufragar a los miembros de la ANR que debatirían la reforma constitucional. Este consistió en remplazar a los dirigentes intermedios del partido y colocar en su reemplazo a militares en situación de retiro para que actuaran como coordinadores de movilización y transporte en todo el país (Brítez, Morinigo, 1993: 124). Otros funcionarios de las Fuerzas Armadas fueron ubicados en las listas de candidatos.

Antes de implementar el "centauro", el general Ángel Souto, ministro de Defensa Nacional, había solicitado al general Orlando Machuca Vargas, ministro del Interior, que acordase con la junta de gobierno del Partido Colorado la inclusión de esos militares entre la lista de postulantes a convencionales con el fin de "orientar y precautelar el rol de las Fuerzas Armadas en la Asamblea Nacional Constituyente"[98].

De esta manera, la cúpula del estamento castrense se garantizaría el contar con operadores entre quienes debatirían el nuevo texto constitucional, pero también entre quienes negociarían tanto el futuro de la corporación militar, como el blanqueamiento de algunas de sus fortunas personales adquiridas durante el período anterior.

Luego de esos episodios, las líneas entre rodrigistas y antirrodriguistas –estos últimos ahora conducidos por el ex canciller Luis María Argaña[99], dirigente que en la asamblea votó la cláusula que le cerraba definitivamente el camino a Rodríguez para la reelección– se tensaron y comenzaron a redefinirse.

Los temas que le preocupaban a las Fuerzas Armadas en el debate del nuevo texto constitucional eran los siguientes: 1) la indelegabilidad de la Comandancia en Jefe[100]; 2) el carácter permanente de las instituciones

---

[98] Ver *ABC Color*, 3/10/1991, p. 6.

[99] Para 1992, el antirrodriguismo se hallaba representado en la figura de Luis María Argaña, acompañado por Carlos Romero Pereyra, Diógenes Martínez y se había sumado el dirigente Juan B. Ibáñez, mientras que Juan Manuel Cano Melgarejo se iba al rodriguismo, apoyado por Blas N. Riquelme.

[100] El art. 289 inciso 9 de la Asamblea estableció que el cargo de Comandante en Jefe era indelegable y que lo desempeñaba el presidente de la República. Pero al definir, por otro lado, que este nombraba y removía a los comandantes de la Fuerza Pública, quedó abierta la interpretación de si se trataba de un comandante por las fuerzas militares y otro por las policiales o si se nombraba a los comandantes de las Fuerzas Componentes, es decir, Ejército, Marina y Fuerza Aérea. Finalmente, el Congreso, con la ley 216/93, creó la polémica figura de Comandancia de las Fuerzas Militares, pero luego se la derogó.

castrenses –que no presentó mayores debates–; 3) el servicio militar obligatorio –donde finalmente se reconoció el derecho a la objeción de conciencia–; y 4) la desafiliación partidaria.

Respecto al punto cuarto se acordó la prohibición de afiliación de fuerzas militares y policiales en actividad, pero la misma correría desde la vigencia de la Constitución en adelante, dejando sin modificación las realizadas con anterioridad.

Con todo, la prioridad de las alianzas previas a la Convención –gestadas con el papel protagónico del general Lino César Oviedo en agosto de 1991– consistiría en lograr la modificación de la célebre Ley Militar.

Oviedo había asumido la tarea de promocionar la propuesta que contenía la creación del escalón de Comandancia del Ejército. Además, negó ante el sector de poder económico la opinión del general Aníbal Regis Romero sobre el anacronismo de la DSN, asegurando que esta aún se encontraba en vigencia y que los militares se consideraban "soldados de los empresarios".

A través de las palabras del coronel, la corriente emergente en el ámbito castrense, el oviedismo, anticipaba su "regresión" tanto en el plano de la doctrina como en el de la acción.

Una vez clausurada la oportunidad de una nueva gestión del ejecutivo para Andrés Rodríguez, las Fuerzas Armadas estrecharon acuerdos con el empresariado y, junto con la intervención de Oviedo en las internas coloradas de 1992[101], acabaron imponiendo a un candidato presidencial del *establishment* sin trayectoria partidaria: Carlos Wasmosy.

Así, las Fuerzas Armadas reafirmaban su intervención en el ámbito partidario frente al contexto de crisis direccional y de un aparato atomizado por las disputas facciosas. Se debe destacar que lo hacían también en defensa de sus propios intereses emparentados con el uso privado e indeterminado de lo público:

> La economía de especulación, basada en la malversación y vaciamiento de los recursos del Estado –en el que hay que señalar con destaque la utilización de la fuerza de trabajo de soldados y la apropiación de suministros de las FFAA para fines particulares–, el contrabando, la adjudicación fraudulenta de grandes obras públicas –Itaipú y Yaciretá entre las

---

[101] En el marco de unas elecciones internas sumamente cuestionadas y atravesadas por acusaciones cruzadas que habían terminado en escándalo, donde el respaldo militar a Wasmosy contenía el deseo de coartar al sector de opositores a Rodríguez y partidarios de Argaña.

más importantes-, una reforma agraria que condujo a la formación de una nueva y poderosa clase de terratenientes, la concesión de favores y privilegios comerciales, la compre-venta de automotores robados, la fuga de divisas, etc., solo pudieron desarrollarse en el marco de un imperio que tenía bajo su dominio discrecional al Estado, los órganos de represión, la justicia, los negocios y la clientela política (Schvartzman, 1993: 6).

Esa relación no puede asociarse a la hegemonía institucional que las Fuerzas Armadas presentaron en las dictaduras institucionales del cono sur, ni tampoco puede adjudicarse a un poder omnímodo partidario contrario de la profesionalización militar. La vinculación militar-colorada en Paraguay se inscribió en otro nivel de la reproducción sistémica, ya que trascendió a las instituciones individualmente y a la fuerza material del empresariado emergente para constituirse como una totalidad inescindible de esos poderes fácticos superando la simple suma de estos.

De Wasmosy a Cubas Grau: el papel de Washington

A medida que Paraguay se preparaba para la elección presidencial de 1993, el embajador estadounidense Jon Glasman –quien sucedió a Towell– advirtió al Comandante del Primer Cuerpo del Ejército –el general Lino César Oviedo–, y a sus aliados, que si desconocían el resultado electoral de las internas de la ANR de finales de 1992 y daban un nuevo golpe (debido a los rumores) no tendrían el apoyo de Washington.

El general Oviedo trabajó entre bambalinas –con el aval tácito de Rodríguez– para posicionar la aspiración presidencial del empresario Juan Carlos Wasmosy, secundado por el postulante a vicepresidente Ángel Roberto Seifart, contra la dupla de la lista del Movimiento de Reconciliación Colorada –llamada "dúo argañista"–, de Luis María Argaña y Carlos Ibáñez[102].

El día de las internas, los sondeos de boca de urna arrojaban como ganador a la dupla Argaña-Ibañez con el 48% de los votos, frente a un 42% de Wasmosy-Seifart. Ante estos eventuales resultados, los aliados de Oviedo en el partido consiguieron que el Tribunal Electoral Partidario suspendiera el recuento de votos alegando "irregularidades". Esto consiguió que se pospusiera el anuncio oficial de los resultados, generando una crisis en la ANR.

---

[102] Respectivamente presidente y vicepresidente de la lista del Movimiento de Reconciliación Colorada, también llamado movimiento argañista.

Entretanto, el rumor de que Oviedo estaba preparando un *putsch* para el día de navidad llegó a la sede diplomática norteamericana en Asunción. El embajador Glassman advirtió a Oviedo y a otros comandantes que la manipulación de las internas o la interrupción del proceso liberalizador serían repudiadas por Estados Unidos y entonces los oviedistas retrocedieron en sus intenciones[103].

Las consecuencias de la crisis de 1992, sumadas a los obstáculos estructurales para la profundización de la representatividad política y la redistribución material, la grave situación financiera –como el problema bancario– y el incremento de la conflictividad social, minaron la legitimidad de muchas instituciones paraguayas al no poder mediar eficientemente en las disputas al interior de la ANR –las cuales se vieron intensificadas durante la campaña electoral de 1993–.

Entretanto, la embajada estadounidense se afirmaba como actor político y mediador no oficial de las luchas coloradas. De hecho, los ingresos a la sede diplomática, o las apariciones en reuniones con Glassman, fortalecían y legitimaban al dirigente tanto ante el público de Asunción, como ante su propio ámbito de pertenencia.

Con estas búsquedas por la aprobación de la embajada norteamericana por parte de diversos líderes e instituciones locales, se fue fortaleciendo la injerencia de Estados Unidos en las políticas internas, al tiempo que se delegó cada vez más autoridad pública sobre los destinos del proceso en Paraguay –incluso mayor que la publicitada por el stronismo–.

Una vez asumido Wasmosy como titular del ejecutivo, Washington y su embajada –por intermedio de Glassman– utilizaron la enorme influencia adquirida para condicionar los rumbos estratégicos y las decisiones internas del Palacio de López.

Ante la llegada de Bill Clinton a la Casa Blanca, las relaciones con Asunción permanecieron sin un cambio sustancial. La administración demócrata continuó reclamando mejores condiciones para las inversiones extranjeras, ahondar las reformas económicas e intensificar el combate antinarcóticos y contra la piratería (Mora, 2001: 35).

---

[103] Parte del análisis sobre la crisis de la ANR de 1992-1993 proviene de una entrevista realizada al embajador Glassman por Frank Mora, "Paraguay Democratization from Abroad: External Determinants of Regime Survival and Democratic Deepening", *Sotuh Estern Latin Americanist* 19, n°3 (invierno 2011), p. 23-40. El relato coincide con los informes mensuales publicados por diversos centros pertenecientes a la Coordinadora de Derechos Humanos del Paraguay (entre septiembre de 1992 y febrero de 1993).

Mientras, el grupo colorado argañista –para debilitar y desacreditar a Wasmosy– acusaba al embajador estadounidense de haber provocado su derrota en las internas partidarias, acusándolo de ser el verdadero "hombre de Washington" detrás del presidente colorado.

Dicha acusación era permeable en la sociedad debido a que el propio embajador se valía de la prensa y de sus encuentros con el Ministro del Interior y el Jefe de Policía –no siempre autorizados por Wasmosy–, para presionar al gobierno sobre distintas cuestiones. Un hecho que demuestra esta situación ocurrió en noviembre de 1993, cuando Wasmosy tuvo que aclarar que "él, y no el embajador, dirigía la política antidrogas del país" (diario *Noticias*, 24/11/1993: 8 y 9).

Si bien la intrusión del funcionario estadounidense en la política nacional aparecía cada vez más cuestionada por la población en general, y pese a algunos entredichos entre el Palacio de López y Glassman[104], los lazos con el país del norte se fueron fortaleciendo en varios niveles, destacándose la intervención antinarcóticos, el incremento de la promoción de la cultura norteamericana en Asunción, y al aumento de la financiación de organizaciones gubernamentales y no gubernamentales en Paraguay.

Un ejemplo de esto se tradujo en los números del comercio bilateral, que entre 1994 y 1996 aumentaron alcanzando un promedio del 4,5% anual, o en el crecimiento del número de visitantes norteamericanos en Asunción, que fue de un 7% entre 1993 y 1995 (aunque muchos de los ciudadanos norteamericanos que viajaban presuntamente lo hacían para adoptar bebés paraguayos, trámite asociado con la corrupción local[105] que no ayudó para nada a mejorar la imagen del país).

Cuando Robert Service reemplazó a Glassman en el cargo de embajador de Asunción, los vínculos entre la Casa Blanca y Wasmosy se estrecharon aún más, producto en parte de los múltiples factores que le delimitaron la capacidad de este presidente para gobernar[106].

---

[104] Para conocer más sobre las disputas entre Wasmosy y Glassman y el retiro anticipado del diplomático remitimos a la lectura del libro escrito por Mora y Cooney, *El Paraguay y Estados Unidos*, Interconinental Editora, Asunción, 2009

[105] Ver, por ejemplo, "Paraguayan Adoptions Spurs Pathos amid Chaos" firmado por Katherine Ellison en *Miami Herald*, 6/6/1996.

[106] Si bien el proceso de liberalización en Paraguay había estado sometido a presiones de enclaves autoritarios desde 1989 -en especial de ciertos sectores del Partido Colorado y de las Fuerzas Armadas-, el aumento del deterioro económico, la corrupción, la debilidad e ineficiencia de las instituciones y del liderazgo le harían perder credibilidad, sobre todo a partir de 1993.

La corriente partidaria de Wasmosy no había obtenido una mayoría propia en el Congreso y, a la oposición de Argaña dentro de las estructuras coloradas y del legislativo, al poco tiempo se añadió el problema del crecimiento de Oviedo -ya nombrado Comandante del Ejército-, quien alcanzaba un 20% de adhesión dentro de la ANR[107] y ya se estaba preparando para disputar las próximas elecciones para presidente (Zagorsky, 2003).

Por ende, las intromisiones del general en los asuntos gubernamentales y en las internas coloradas eran constantes; y, teniendo en cuenta que el titular del ejecutivo debía su puesto a la alianza militar-partidaria que había sido dirigida por Oviedo —desde donde modificaron el resultado de las elecciones de 1992 para que pudiera ser presidente–, se tornaba lógico su temor ante el poder del general.

> Su posición (por Wasmosy) se había vuelto insostenible (y) comprendió que su supervivencia como presidente dependía de su capacidad para destituir al comandante del ejército (Valenzuela, 1997: 47)[108].

Durante la segunda semana de abril de 1996, Wasmosy convocó al embajador Service a la residencia presidencial para transmitirle su miedo de que Oviedo intentara derrocarlo si él lo enfrentaba en la próxima elección interna partidaria. El presidente aseguró al diplomático norteamericano que estaba decidido a relevar al militar del mando y pasarlo a retiro, pero que precisaría el apoyo de Estados Unidos en caso de producirse un golpe de Estado.

El siguiente paso del titular del ejecutivo fue, a los pocos días (el 22 del mismo mes), exigirle la renuncia a Oviedo, este no se la confirió y amenazó con hacer correr "ríos de sangre". Mientras, la sede diplomática norteamericana y el propio Departamento de Estado trabajaban para contener un intento de *putsch*, secundados por las sedes diplomáticas de Argentina y Brasil en Asunción.

La embajada estadounidense dio a conocer un comunicado en el cual afirmaba "el derecho constitucional del presidente Wasmosy de destituir al Comandante del Ejército":

---

[107] A lo que se agregaba el reconocimiento de sectores no agrupados políticamente.

[108] Además del artículo de Arturo Valenzuela "Paraguay: The Coup That Didn´t Happen" del *Journal of Democracy* 8, n°1, 1997, recomendamos para ampliar este tema el libro de José María Costa y Oscar Ayala Bogarín, *Operación Gedeón: los secretos de un golpe frustrado*, Editorial Don Bosco, Asunción, 1996.

La negativa del general Oviedo a aceptar la decisión del Presidente constituye un desafío directo al orden constitucional en el Paraguay y va
contra las normas democráticas aceptadas por los países de este hemisferio (…) (si el general usurpa el poder) sus acciones recibirán la respuesta apropiada de la comunidad internacional. Seguiremos acompañando la situación del Paraguay y, en consulta con nuestros socios de la
OEA, estudiaremos todas las acciones necesarias (comunicado citado
en Valenzuela, 1997: 8).

Entretanto, el subsecretario de Estado para Asuntos Interamericanos,
Jeffrey Davidow, increpó a Wasmosy por teléfono desde Washington para
que se mantuviera firme en su decisión[109] debido a que, en ese momento,
el titular del ejecutivo transmitía dudas mientras se encontraba refugiado
junto a su familia en la casa del embajador estadounidense, esperando
una respuesta de Oviedo que a esa altura ya se consideraba sublevado y
en franca rebelión.

El general paraguayo de aviación Rafael Kramer, quien mantenía un
contacto estrecho con funcionarios del Pentágono, también recibió un
llamado del Comandante de la Fuerza Aérea del Comando Sur, el teniente general James Record, para expresarle el apoyo de la Casa Blanca
hacia los militares que defendieran la investidura presidencial (Mora,
2000: 56).

De este modo, y a medida que pasaban las horas, se fue forjando una
coalición entre fuerzas nacionales e internacionales que aumentaría el
costo político de quienes continuaran con la insurrección. Oviedo comprendió que debía dar marcha atrás con sus planes golpistas y así lo
admitió el 24 de abril.

Wasmosy regresó al Palacio de López y temporalmente la situación se
estabilizó. Sin embargo, este había actuado como un dirigente débil e
inefectivo y su imagen se deterioró, perdiendo legitimidad a pesar de que
se había logrado revertir el proyecto de los oviedistas. En contraposición,
después del suceso, la sede diplomática norteamericana quedó instalada
ante la dirigencia política y ante la población como el único actor capaz
de mediar en las disputas domésticas, llegando incluso a convertirse en
el único sitio seguro para un presidente amenazado de la capital.

---

[109] Según nuestra entrevista con el hijo de Jorge Prieto, entonces embajador de Paraguay en
Estados Unidos

Por ende, tras la crisis institucional de 1996, la enseñanza principal aprendida por los líderes de los partidos tradicionales paraguayos fue que Washington podía definir un resultado político. Ser visto en una reunión o saliendo de la embajada norteamericana confería credibilidad, mientras que una invitación de esta podía ser de gran importancia para el futuro de cualquier paraguayo, y a menudo era el tema de gran especulación en el pequeño círculo de propagadores de rumores integrado por políticos, periodistas e intelectuales. La legitimidad de la intervención estadounidense en las cuestiones internas creció, en tanto que las protestas por su interferencia o por sus violaciones de la soberanía se acallaron tras el argumento de las deficiencias institucionales del país para defender la democracia.

La dependencia psicológica en la política local quedó más en evidencia, si cabe, también gracias a las acciones del empresariado mediático local y de sus empleados.

Los periódicos se habituaron a apostar reporteros y fotógrafos en la vereda de enfrente de una de las dos entradas de la embajada para descubrir a algún personaje conocido saliendo o entrado del edificio. A menudo se realizaban allí conferencias de prensa improvisadas donde líderes políticos o referentes sociales hacían comentarios o respondían preguntas sobre la naturaleza de su visita a la legación.

Aquellos dirigentes que pretendían fortalecer su perfil, consideraban indispensable que se los viera en televisión o en los diarios matutinos saliendo después de algún encuentro, y si podían hacerse ver al lado del funcionario norteamericano, mejor aún. En consecuencia, el poder simbólico del embajador estadounidense y la influencia norteamericana aumentaron considerablemente en Paraguay a fines de la década del noventa[110].

De allí en más, el vínculo entre el Palacio de López y la sede diplomática se estrechó de manera aún más evidente y Wasmosy no pudo más que esforzarse por sobrevivir durante el resto de su mandato, presionado por lo que ya se consideraba una fragilidad presidencial permanente.

Durante los dieciocho meses que siguieron a la renuncia Oviedo, este pudo sortear todas las tentativas judiciales y legislativas para castigarlo por sedición. El general no solo evitó una condena, sino que ganó cierta

---

[110] Pero, a diferencia del período stronista, este no se basó en el mecanismo de influencia basado en el comercio, las inversiones, o la asistencia económico-militar, sino que se apoyó en la debilidad del régimen paraguayo frente al prestigio mundial conferido a Washington en la post guerra fría.

popularidad y triunfó en las elecciones internas de la ANR para ser el próximo candidato presidencial. Temiendo las consecuencias de esa victoria partidaria, militares y adversarios colorados del general, dirigidos por Luis María Argaña –con el aval de Wasmosy– intensificaron sus esfuerzos por enviarlo a prisión.

Maura Harty –sucesora estadounidense en el puesto de Service– "apoyó" públicamente a los miembros de la Corte Suprema de Justicia para que formularan un fallo en esa dirección y, finalmente, la condena se emitió.

Oviedo debería cumplir diez años de prisión por la sublevación de 1996 y quedó descalificada su postulación. Consecuentemente, fue reemplazado por su compañero de fórmula durante las primarias coloradas, Raúl Cubas Grau, y Argaña –a pesar de su derrota en los sufragios internos previos– ocupó la vicepresidencia en la boleta de la ANR:

> Sin dudas, la decisión de imponer la candidatura de Cubas a la presidencia, como forma de resolver el vacío de poder generado por el encarcelamiento de Oviedo, perdió de vista la maquinaria institucional y el poder que detentaba quien fuera candidato a vicepresidente.
>
> Argaña debía conformarse con un segundo puesto, cuando contaba con un apoyo muchísimo mayor del que podía ostentar Cubas al interior del Partido Colorado (Sampó, 2005: 50).

La dupla Cubas-Argaña triunfó en las elecciones del 10 de mayo de 1998 con el 54% de los votos. A poco de asumir, Cubas firmó el decreto que liberaba a Oviedo, desencadenando una nueva implosión.

La oleada de protestas dentro de la ANR, en especial del vicepresidente Argaña, de los partidos opositores y los miembros de las Fuerzas Armadas –que temían una oleada de purgas y reincorporaciones según su alineación– no se hizo esperar.

De nuevo intervino la Corte Suprema, dictaminando que Cubas había actuado inconstitucionalmente, ordenando que Oviedo regresara a la cárcel y exigiendo que el ex general cumpliera la sentencia anterior. Cubas se negó a acatar la decisión judicial y entonces el Congreso decidió promover el juicio político al presidente.

Mientras Cubas confrontaba con los jueces y perdía aliados en el legislativo, la recesión económica incrementó las protestas sociales, multiplicando las huelgas y marchas campesinas contra la política económica gubernamental y contra la represión paramilitar en la zona rural.

Oviedo y sus seguidores buscaron intimidar a sus oponentes, e incluso comenzó a hablarse de "guerra civil".

Los dirigentes políticos inauguraron el año 1999 desfilando por la embajada estadounidense en busca de apoyo o de algún tipo de directiva para salir de esa situación. Harty se negó a recibir a Oviedo, pero en cambio se reunió con el vicepresidente Argaña el 15 de febrero, lo que fue interpretado como una señal de apoyo proveniente de Washington hacia este sector. En ese clima, se produjo el asesinato del vicepresidente Argaña y, de inmediato, las acusaciones del crimen recayeron sobre Oviedo y el propio Cubas Grau.

Con el transcurrir de los días, avanzaron las gestiones del legislativo para el enjuiciamiento presidencial. Aunque la votación definitiva estaba prevista para abril, el 23 de marzo de 1999 varios hombres vestidos con uniforme militar emboscaron y asesinaron al vicepresidente Argaña. Las sospechas recayeron sobre Oviedo y Cubas.

Una gran cantidad de personas que se congregaron frente al Congreso presionó por el enjuiciamiento de Cubas, no sin provocar la reacción de los seguidores del ex general, quienes provistos de palos y de armas se arrojaron hacia la multitud en un intento fallido por desarticular la movilización popular.

La rapidez de los acontecimientos pareció dificultar la reacción de Estados Unidos, que al principio parecía querer evitar la renuncia de Cubas Grau temiendo que los niveles de agitación *in crescendo* pudieran culminar en caos.

Sin embargo, un grupo de congresistas conformado por Felix Fernández Estigarribia, Euclides Acevedo y Bader Rachid Lichi, le pidieron a la embajadora norteamericana que apuntalara a las fuerzas anti-oviedistas para permitir la supervivencia del régimen encabezado por el presidente del senado, el colorado Luis González Macchi (Del Puerto, 1999)[111].

El 26 de marzo se desató una brutal represión contra los manifestantes en la plaza del Congreso, provocando el deceso de ocho de ellos y más de ciento cincuenta heridos. La indignación popular se multiplicó y la situación se tornó inmanejable para el gobierno. Washington y sus funcionarios en Asunción pronto se convencieron de que Cubas debía marcharse y, durante los días inmediatamente posteriores, Harty medió

---

[111] Según José del Puerto, "Presión popular y diplomática, una combinación perfecta", *El Día*, 23 de abril de 1999.

en conversaciones entre Cubas y los líderes del legislativo para hacerles saber que un mayor derramamiento de sangre resultaría inaceptable para la Casa Blanca (Ellison, 1999).

El 28 de marzo, González Macchi —acompañado de media docena de legisladores— se reunió con Harty en la sede diplomática estadounidense para concertar los detalles de la transmisión de poder y la composición del nuevo gabinete. Como se había vuelto casi habitual en los años anteriores, la aprobación norteamericana era necesaria para proceder. Entonces, Cubas renunció y se asiló en Brasil, mientras Oviedo partía rumbo a la Argentina.

Durante los años siguientes, se cumplieron parte de las amenazas del ministro de Defensa, Nelson Argaña, quien anunciara —luego de la dimisión presidencial— "ahora vamos a hacer una limpieza" (*La Nación*, 22/10/1999: 5). Las Fuerzas Armadas serían testigos de nuevas purgas.

> El ministro de Defensa se refería a algunos proyectos, como el desafuero de legisladores oviedistas para ser juzgados, o la ley de reorganización de las fuerzas armadas, a los cuales liberales y encuentristas se opusieron. Argaña (hijo del ex vicepresidente Luis María Argaña, cuyo asesinato en marzo de 1999 desató la crisis que derivó en la asunción de este gobierno) había decretado el año pasado una "purga" de 500 militares, muchos oviedistas, que recién ahora dice estar preparado para llevar a término. Estas son las dudas que generan en los ámbitos político y militar el golpe fallido y el posterior estado de excepción decretado por el gobierno, que le permitiría hacer, con atribuciones extraordinarias, lo que en condiciones normales no logró terminar (…) Lo que siguió a un golpe de Estado frustrado comienza a parecerse a la instauración de un gobierno tampoco demasiado apegado a las formas de la democracia (*Página 12*, 22/05/2000: 7).

Durante toda la presidencia de González Macchi (1999-2003), Paraguay continuó sufriendo los problemas asociados a la corrupción, la debacle económica, la crisis bancaria, etc. Mientras que, progresivamente, los cuestionamientos a la viabilidad, utilidad y justicia del orden "aperturista" post stronista se tornarían más radicales.

Cada vez que la crisis aumentaba en número y en intensidad, Estados Unidos intervenía para impartir "advertencias y consejos", o para proveer un espacio a las disputas entre dirigentes políticos.

De esta manera, se terminó naturalizando que los conflictos derivados de las trifulcas intra-coloradas y de los efectos de la partidización militar, así como los provenientes de las contradicciones dentro de la estructura social, fueran "saldados" en la mismísima embajada norteamericana en Asunción. En palabras del Subsecretario del Departamento de Defensa para Asuntos Hemisféricos,

> (Estados Unidos deseaba utilizar su poder) para aumentar su influencia sobre el gobierno paraguayo en cuestiones de interés nacional norte-americano (…).

> Mientras la democracia paraguaya no se fortalezca, es seguro que Estados Unidos seguirá jugando un rol importante para protegerla contra todas las amenazas (Mora y Cooney, 2009: 323).

La particularidad introducida por una "liberalización controlada" en la post guerra fría residió en la publicidad "resolutiva" de Washington en la política interna del país.

Así, se "experimentaron" en Paraguay viejas y nuevas modalidades de intervención vinculadas con la estrategia de seguridad norteamericana en la región.

2.2. Representación del sujeto amenazante

Las representaciones estratégicas han sido desarrolladas por un conjunto de personas que se reconocen como parte de un grupo o de una institución particular, quienes construyen una determinada interpretación de la historia condicionada por su percepción de las relaciones entre naciones o grupos diversos, mediante un proceso dinámico en el cual los individuos cimentan una mirada, una versión, un significado o imagen sobre los objetos que tienen –o podrían tener– un valor importante para sus vida; con el objetivo de especificar amenazas, riesgos o sentimientos de vulnerabilidad e incorporarlas a un sistema de interpretación global –más o menos racional– que deriva en la toma de decisiones[112] (Manero, 2004: 6).

---

[112] En tanto enunciaciones de los niveles de prioridad, las representaciones estratégicas habitualmente ponen en juego los valores y los intereses de ciertos grupos, manifestando cómo estos simbolizan subjetivamente las realidades en comparación con diferentes formas de poder militar, territorial, demográfico, económico, etc. Para ampliar este punto recomendamos el libro de Edgardo Manero, *L´Otre, le meme et le bestiaire. Les représentation estratégique du nacionalisme argentin*, L´Harmattan, Paris, 2003.

Aunque las representaciones estratégicas suelen presentarse como descripción, remiten más al orden de la *doxa* que de la *episteme*[113] ; encontrándose atravesadas por las relaciones de fuerza existentes en el escenario internacional y en lo social.

En Paraguay, a lo largo del proceso liberalizador, se registraron signos de permanencia y de cambio respecto de las representaciones previamente adquiridas durante el stronismo. Las continuidades se exhibieron, por ejemplo, en la superposición de funciones militares o en la manera sesgada de concebir a la protesta política y social como disruptiva de lo "democrático", desde una visión castrense que asociaba el orden con la ausencia de conflicto y consideraba patológicas las manifestaciones cotidianas del mismo.

El stronismo se había caracterizado por el desarrollo de un modelo de acumulación capitalista "de socialización conservadora" (Rivarola, 1991) y "consistentemente agrario" (Delich, 1981), donde el traspaso de un "régimen de seguridad" a una "democracia de mercado" neoliberal post stronista había permitido visibilizar los reclamos de las organizaciones campesinas y, a través de ellas, las disputas —antes contenidas— en la estructura social. A partir de mediados de los noventa, había cobrado impulso el expansionismo de la soja, que iba a adquirir nuevas características con el ingreso ilegal de semillas transgénicas en 1999, preludio para la consolidación del agronegocio en Paraguay y para la exacerbación de un modelo extractivo cada vez más extranjerizado y concentrador, estrechamente ligado con intereses de corporaciones trasnacionales —la mayoría de origen estadounidense (como Cargill, Bunge, ADM, etc.) y europeo- que imprimieron nuevos ritmos a la lógica de acumulación expoliando los bienes estratégicos de la población hasta la actualidad[114].

Si bien el Pentágono había podido "testear" empíricamente en el país —y en América Latina— la representación estratégica de la amenaza global norteamericana planteada en la DSN —la cual mixturaba el aspecto interestatal de la guerra clásica con el aspecto "ideológico" de la teoría de la

---

[113] *Doxa* en el sentido aristotélico, en alusión a un conocimiento basado en los puntos de vista de la interpretación personal, de una opinión y *episteme* en referencia al conocimiento verdadero.

[114] Para conocer la evolución y composición de este proceso recomendamos los libros escritos por Luis Rojas Villagra *Actores del Agronegocio en Paraguay*, BASE IS y Diakonía, Asunción, 2012; y el publicado por Mariana Fassi *Paraguay en su laberinto*, Capital Intelectual, Buenos Aires, 2010.

GR en torno de la amenaza– la apertura del régimen político tutelada por los actores principales del período anterior, junto con el uso que las agencias imperiales supieron realizar de las representaciones nacionalistas, coloradas y aislacionistas inoculadas en la subjetividad poblacional y resignificadas a partir de la construcción de *un* pasado fundacional por el stronismo (Soler, 2014) –denominadas "culturas estratégicas" locales por los estudios del Pentágono–, facilitó aún más esta modalidad de utilización de Paraguay[115] como base territorial de "experimentación" de prácticas estratégicas norteamericanas en la región.

Así, en las décadas que siguieron al derrocamiento de Stroessner, el país se consolidó como "laboratorio" de Estados Unidos y allí se "ensayaron" las variantes doctrinarias de la post guerra fría que luego habrían de buscar extenderse hacia los demás países de alrededor –así como a otras áreas del planeta[116]–.

Sistema Interamericano de "Seguridad"[117] y "cooperación" hemisférica

La crisis capitalista de acumulación de finales de los setenta y principios de los ochenta –manifestada en la denominada "crisis de la deuda"–, y el comienzo de la desarticulación de la experiencia soviética forjaron modificaciones en la geografía productiva mundial acompañadas por una redefinición territorial que –una vez establecida como circuito del mundo– buscaba combinar de manera más competitiva la localización de "recursos"[118] vitales, de mercados de trabajo, de exigencias ambientales o de prestaciones salariales, con autonomía de las consideraciones relativas a

---

[115] Aunque la liberalización de Paraguay resultó tardía en comparación con la de sus vecinos, las condiciones en las que esta se produjo facilitaron la intervención estadounidense en los asuntos claves en su interior.

[116] Hecho encabezado por la administración de W. Bush (2001-2008), quien se ocuparía de generalizar las prácticas implementadas en Latinoamérica a mediados de los noventas hacia Medio Oriente y Asia Central.

[117] Hablar de Sistema Interamericano de Seguridad es una "concesión" brindada por el uso de la literatura académica ya que no existe ningún documento que establezca formalmente dicho sistema. En la práctica verdadera se presentan una serie de instrumentos y órganos internacionales cuya adhesión y vinculación resulta diversa y bastante discutible.

[118] La naturaleza fue especialmente re-significada a partir de su fragmentación, desdibujándose como un sistema de vida para ir categorizándose, a partir de la aprehensión de sus microcomponentes, como estructuras aisladas aprovechables para el mercado. Así, tendía a dejar de ser concebida como sistema vital para convertirse en biodiversidad (mercantilizada) -operándose una separación cada vez más acentuada con respecto a los seres humanos-.

los sitios en donde se concentraban las ventas y el consumo (Ceceña, 2005: 52).

El impulso otorgado por la apertura de nuevos campos de valorización y de apropiación (por ejemplo, de la naturaleza y del tiempo ocioso), así como las innovaciones científicas y tecnológicas, transformaron las modalidades de ocupación norteamericanas en la búsqueda del país a finales del siglo XX en pos de reposicionarse de manera más competitiva en el plano sub regional. Según la Casa Blanca, Estados Unidos tenía una oportunidad privilegiada:

> (por ser) la única Nación en el mundo que tiene la capacidad para *proyectar un poderío militar de envergadura planetaria para conducir* con efectividad *operaciones militares de gran escala lejos de sus fronteras* (…) Para mantener esta posición de liderazgo, Estados Unidos debe *contar con fuerzas prestas y versátiles capaces de enfrentar un amplio espectro de actividades y operaciones militares*: desde la disuasión y derrota de operaciones en gran escala hasta la participación en contingencias de pequeña escala y el enfrentamiento de amenazas asimétricas como el terrorismo (TRADOC White House; Cohen, 1990. Destacado nuestro).

En los albores de la post guerra fría,

> La amenaza de guerra global ha retrocedido y los *valores fundamentales de democracia representativa y economía de mercado son adoptados en muchos lugares del mundo* (…)

> (Estados Unidos debe) *asegurar el acceso incondicional* a los *mercados decisivos*, a los *suministros de energía* y a los *recursos estratégicos* (…) Garantizar la libertad de los mares, *vías de tráfico aéreo y espacial* y la *seguridad de las líneas vitales de comunicación* (TRADOC White House; Cohen, 1998. Destacado nuestro).

Catalogado como "neomonroísta" (Manero, 2003) o "de retorno al panamericanismo"[119] (Valladao, 1995), ese propósito se llevó a cabo a través de dos mecanismos principales: la revitalización de la OEA, y la

---

[119] Debido a que en 1889, los representantes de todas las naciones americanas se habían reunido en Washington para poner en marcha la Unión Panamericana provocándose, de manera anticipatoria, un fuerte enfrentamiento entre los delegados estadounidenses y el enviado argentino Roque Sáenz Peña, cuando este último había afirmado que James Monroe y otros funcionarios no estaban proponiendo protección sino hegemonía sobre los demás Estados del continente.

puesta en práctica de una "diplomacia de cumbres hemisféricas"[120] con el objeto de efectivizar simultáneamente las agendas comerciales y de defensa por intermedio del Área de Libre Comercio de las Américas (ALCA), en el ámbito de las Cumbres de Presidentes, y del Esquema de Seguridad Cooperativo Hemisférico (ESCH), en el ámbito de la OEA.

A través de estos dos proyectos emblemáticos –al que luego se sumarían otros más delimitados como el Plan Colombia, Iniciativa Regional Andina[121] o el Plan Puebla Panamá[122]–, se esperaba materializar la "Iniciativa para las Américas"[123], es decir, una forma de "intromisión voluntaria" simbolizada por la creación de la Comisión sobre Seguridad Hemisférica

---

[120] Mientras las Cumbres de Presidentes de las Américas desarrollarán la agenda comercial, las Cumbres de Ministros de Defensa del continente conducirán la progresiva institucionalización del Esquema de Seguridad Cooperativa Hemisférica (ESCH). Al "compromiso de Santiago", que en 1991 inició el diálogo de Seguridad en el marco de la OEA, le seguirán la reunión de expertos de la OEA sobre Medidas de Confianza Mutua (MCM) en Buenos Aires en 1994; la I Conferencia Hemisférica de Ministros de Defensa en Williamsburg en 1995; la Conferencia Regional sobre MCM de OEA en Bariloche en 1996; la III Conferencia de Ministros de Defensa en Cartagena de Indias en 1998; la IV en Manaos en 2000 y la V en Santiago de Chile en 2002. En octubre de 2003 se reuniría la Conferencia Hemisférica Extraordinaria sobre Defensa y Seguridad en México.

[121] Este fue puesto en marcha en 1999 por los presidentes Andrés Pastrana y William Clinton, permitiendo el ingreso de personal civil y militar estadounidense para "recuperar el control del Estado sobre los centros productores de coca". El financiamiento otorgado (pues apenas iniciado, el Congreso de Estados Unidos aprobó una partida de 1300 millones de dólares para él) convirtió a Colombia en el tercer país receptor de ayuda militar norteamericana después de Israel y Corea del Sur. Para ampliar se recomienda la lectura de la tesis escrita por Charles Capela, *Plan Colombie et Geopolitique des Etats-Unis dans l'aire colombo venezuelienne. 1998-2002*, Université Toulouse Le Mirail II, 2003.

[122] Elaborado por el presidente mexicano Vicente Fox para realizar, con el apoyo norteamericano, un control policíaco-militar sobre sesenta y cinco millones de personas que habitan la zona entre Puebla y Panamá. Para ampliar recomendamos el apartado escrito por Sonia Winer, Mariana Carroli, Lucia López y Florencia Martínez "2.4 Plan Puebla-Panamá", de *La Estrategia de Estados Unidos en América Latina*, Ediciones CCC, 2005, Buenos Aires, p. 34 y 35.

[123] Presentada por el entonces presidente Bush el 27 de junio de 1990 a los países de Americe Latina y el Caribe, como una estrategia estadounidense a largo plazo para reestructurar una relación con nuestros países sobre bases que privilegiaran los factores económicos -deuda, comercio e inversión- por encima de las consideraciones estratégicas y supuestamente "ideológicas" que habían prevalecido durante la guerra fría. Pero, el nuevo enfoque no suponía, sin embargo, un abandono de la proyección hegemónica norteamericana en el área hemisférica, sino que esta se redefinía sobre la economía y el comercio a escala continental. Para ampliar recomendamos el artículo de Lucrecia Lozano, "Las Iniciativas para las Américas. El comercio hecho estrategia", *Nueva Sociedad*, n°125, 1993, p.121-134.

de la OEA[124] y por el "Compromiso de Santiago" (julio de 1991), reafirmada luego por la "I Cumbre de Presidentes" de Miami (diciembre de 1994) y por la "I Reunión de Ministros de Defensa" de Williamsburg (julio de 1995) durante la administración de Clinton (1993-2001).

Se iría conformando, asimismo, el esquema basado en la "seguridad cooperativa" hemisférica, entendida como la situación a la que podrían arribar una cantidad de Estados reunidos por ciertos valores en común, dispuestos voluntariamente a trabajar en la construcción de consensos y medidas de prevención, no descartando la posibilidad de una intervención multilateral.

Este paradigma florecería de manera invasiva sobre la soberanía nacional y sus objetivos ya no se encontrarían prefijados con antelación –como durante la guerra fría–, sino que irían adaptándose a las necesidades estadounidenses y a la dinámica del proceso de la post guerra fría, reemplazando coaliciones permanentes con coaliciones *ad hoc*, es decir, conformadas en función de un fin específico delineado por Washington (Tokatlián, 2006), al tiempo que la geo-economía[125] desplazaba a la geopolítica tradicional[126].

Por lo tanto, en la ciudad de Williamsburg, treinta y cuatro países del continente acordaron orientar el "desarrollo económico" y la "seguridad internacional" en torno de los siguientes principios:

(a) Consolidar la *democracia basada en la seguridad hemisférica*.
(b) Reafirmar el papel crítico de los militares en el apoyo de la democracia.
(c) *Someter* las *fuerzas armadas al control civil*.
(d) Aumentar la transparencia en la cooperación de defensa.
(e) Fijar metas para la resolución negociada de las disputas en base a la confianza.

---

[124] Integrada por los Ministros de Defensa de cada país, bajo la cual se desarrollarían las Conferencias de Ministros de Defensa de las Américas (CDMA), desplazando las decisiones políticas de Seguridad del ámbito de las Conferencias de Comandantes en Jefe y de la JID hacia los funcionarios civiles encargados de la Defensa en el continente.

[125] O sea, la capacidad de control de flujos legales e ilegales de mercancías, recursos estratégicos, personas e información hacia los centros de poder.

[126] Entendida según Friedrich Ratzel como la ciencia que establece las características y condiciones geográficas y, muy especialmente, los grandes espacios, proporcionando al conductor político el conocimiento sobre los factores geográficos –y no necesariamente tan ligados con otros intereses como los económicos– para gobernar.

(f) Promover una mayor *cooperación* en todos los órdenes, especialmente en apoyo de la *lucha contra el narcoterrorismo,* y participación en *tareas de paz internacionales* (Winer, Carroli, López, Martínez, 2006: 24 y 25. Destacado nuestro).

Postulados que presuponían que ninguna de las naciones firmantes asumiría rumbos contrarios al neoliberalismo, puesto que las "amenazas ideológicas" supuestamente habían desaparecido[127] (aunque como veremos, sus representaciones continuaron vigentes en Paraguay).

El viejo argumento hobbesiano de que la complicación del orden y la paz serían consecuencia de la inexistencia de un poder central capaz de controlar la violencia interestatal se combinaba con la apelación a una diversidad de enemigos en pos de inmiscuirse —preventiva o punitivamente— en conflictos que afectaran el interés norteamericano; interés sin el cual no se podría interpretar la refundación de la institución militar.

Entonces, la estrategia de la Casa Blanca parecía oscilar entre compartir relativamente el papel de gendarme mundial y fungir de mediadora en conflictos puntuales[128] como en Haití, en favor de la reconversión de las Fuerzas Armadas, desde una perspectiva de reciclaje de lo bélico que pivoteaba sobre la intervención y la coerción (Manero, 1997: 103), que devino funcional al proyecto de dominación.

La dislocación de conjeturas militares defensivas, junto con el asombro provocado porque el final de la bipolaridad no fuera precedido por una guerra entre superpotencias, o el congelamiento de la DSN, implicaron repensar los peligros pues ya no se podía precisar un enemigo claro —como otrora— y menos aún situarlo en un lugar geográfico determinado.

El cambio coincidió con una imagen negativa de la población sobre las Fuerzas Armadas —producto de sus conductas durante las dictaduras institucionales del Cono Sur—, que las condujo hacia la búsqueda de otros elementos capaces de refundar sus identidades y sus lógicas operacionales con el objeto de lograr la aceptación popular de lo militar. En consecuencia,

---

[127] Aunque paradójicamente fortalecerían el embargo y la exclusión de Cuba.

[128] Caso de las disputas entre Israel-Líbano, o Israel-Jordania, Rusia-Ukrania, Grecia-Macedonia, etc.

> Toda una serie de fenómenos muy diferentes (fragmentación de la sociedad, violencia social, flujos migratorios, tráfico de drogas y de armas, criminalidad organizada, delincuencia, terrorismo, protección del medio ambiente, blanqueo de dinero) ahora es largamente consensuada por los Estados de la región –y por las Fuerzas Armadas– como una amenaza directa a su seguridad (...).

> Así, la cuestión de la pobreza como amenaza a la que las armadas deben responder –abordada a partir de la Conferencia de las Armadas Americanas en 1996– ya no es una novedad (TRADOC; Manero, 2004:16).

De esta forma, los tiempos en los que el Sistema Interamericano de Defensa había otorgado lugares centrales a la Junta Interamericana de Defensa (JID)[129], al Tratado Interamericano de Asistencia Recíproca (TIAR)[130] y a la relación directa entre gobiernos "amigos" quedaban atrás.

La revitalización de la OEA –es decir, el aprovechamiento norteamericano de instituciones y regímenes internacionales para la sociabilización de su doctrina entre las Fuerzas Armadas de la región– se consideraba indispensable para promover una concepción compartida de los riesgos de post guerra fría, de una forma de "dominar convenciendo" (*enlargement and engagement*[131]) que se derivaba de la propuesta de intervención en los asuntos mundiales neorrealista y neoliberal.

---

[129] La JID se habría creado en 1942 para recomendar las medidas para la defensa continental, actuar como órgano de preparación de los planeamientos militares y mantener al día los proyectos bélicos para la defensa común del continente.
En la actualidad, la JID contiene: 1) un Consejo de Delegados compuesto por militares en servicio activo que aprueba los planes de estudio del Colegio Interamericano de Defensa (CID); 2) un Estado Mayor Internacional que suele intervenir en desastres naturales y actúa en programas en Centroamérica; 3) y el mencionado CID -fundado en 1962- donde se dicta el "Curso de Defensa Superior Continental" de 11 meses de duración, dirigido tanto a oficiales militares y policiales como a funcionarios civiles.
[130] El cual surgía en 1947 al calor de la guerra fría, para comprometer a todos los países del hemisferio a colaborar –entre ellos, pero sobre todo con Estados Unidos– ante cualquier agresión estatal proveniente del exterior. Sin embargo, cuando Inglaterra y Argentina se enfrentaron en 1982, Estados Unidos apoyó a Gran Bretaña (agresor externo según los lineamientos del TIAR), desconociendo lo firmado tiempo atrás.
[131] Justamente, "dominar convenciendo" era el eje de la estrategia de Clinton, quien se planteaba capitalizar la influencia de Estados Unidos sobre los demás para beneficio de su propio interés nacional.

En el marco del ESCH se propiciaron prácticas militares conjuntas –como los Nuevos Horizontes[132] o los "MEDRETES[133] (*Medical Readiness Training Exercises*)– con el fin de modificar el tipo de relacionamiento de Estados Unidos con América Latina, pues Washington prefería incorporarla al Sistema Interamericano prescindiendo de intermediarios.

Por eso a los militares locales se les asignó una ampliación de tareas (incluso más allá de lo que deseaban algunos Ejércitos), con el objeto de posibilitar al interés hegemónico norteamericano intervenir de manera indirecta en el interior de la región.

En resumen, la estrategia estadounidense se desplazó desde la contención –ocupación militar permanente– y la disuasión –demostración de fuerzas incontrastables– hacia la presencia por otros medios y la intervención directa cuando lo considerara pertinente –con Fuerzas de Despliegue Rápido y, de ser posible, con participación multilateral–; conformándose una arquitectura compleja –pero a la vez flexible– en materia de Defensa y Seguridad.

Una parte del ESCH se institucionalizó por intermedio de las Medidas de Fomento de la Confianza y la Seguridad (MFCS) y de los acuerdos obtenidos en los sucesivos encuentros de tipo ministerial, mientras que a la otra parte le tocó organizar el intercambio periódico entre civiles y militares dedicados a la Seguridad, así como también los ejercicios conjuntos, la presencia norteamericana en el extranjero y las acciones pensadas en el marco de la guerra de baja intensidad (GBI):

> El conflicto de baja intensidad es una confrontación político-militar entre Estados o grupos rivales, por debajo de la guerra convencional y por encima de la competición de rutina, pacífica entre los Estados (...) Es llevada a cabo por una *combinación de medios*, empleando los instrumentos políticos, económicos, informativos y militares. Los conflictos de baja intensidad se han localizado por lo general en el Tercer Mundo, pero contienen implicaciones para la seguridad regional y mundial (TRADOC; "US Army Operational concept for Low Intensity Conflict",

---

[132] Según el Comando Sur Naval, su objetivo consiste en misiones de ayuda, humanitarias y civiles, diseñadas para promover la buena voluntad y mejorar las relaciones entre Estados Unidos y la nación organizadora. Un ejercicio típico consiste en proyectos de construcción de ingeniería y, también, proporcionan una oportunidad para entrenar soldados, marineros y marines en el mismo ambiente austero que verán en las operaciones futuras.

[133] Operativos de prestación de servicios médicos dirigidos a la población civil de una región.

1986, panfleto 525-44: 2. Reproducido en Nievas, Bonavena, 2011: 14. Destacado nuestro).

Suele ser (una lucha político-militar) prolongada e incluye desde presiones diplomáticas, económicas, psicosociales hasta el terrorismo y la insurgencia. (TRADOC; US Army Operational concept for Low Intensity Conflict, 1986, panfleto 525-44: 3 reproducido en Winer, 2005: 197).

Este tipo de guerra contuvo a su vez a las "operaciones militares distintas a la guerra" (*Military Operations Other than War*), como las que se multiplicaron en Nicaragua o Panamá, comprendidas como instrumento necesario de una nueva guerra irregular –para la cual se decidió entrenar a tropas paraguayas en América Central a pesar de que dentro de la nación suramericana no se estuviera presentando un escenario caracterizado con esa modalidad (Winer, 2007)–.

En la primera post guerra fría, antes que el triunfo sobre lo ideológico y lo militar –que ponían en juego la supremacía diplomática-estratégica–, las batallas deberían ser ganadas en lo económico y en lo cultural:

El predominio de la izquierda en gran parte de los medios de difusión también debe ser entendido en este concepto (gramsciano). Ninguna elección democrática puede modificar la continuada inclinación por un régimen estatista si la "industria forjadora de consciencias" está en manos de intelectuales estatistas. Los medios de difusión masiva, las iglesias y la escuela continuarán inclinando las formas democráticas hacia el estatismo, si los EUA y los inexpertos gobiernos democráticos no reconocen esto como una lucha del régimen. La cultura social y el régimen deben moldearse para preservar la sociedad democrática (TRADOC; documento Santa Fe II[134], 1988: 24).

En consecuencia, se priorizaron las operaciones psicológicas de "inteligencia" –de espionaje e inducción al engaño– con el fin de influir en los estados de ánimo colectivos y, de ser posible, instaurar certezas –representaciones o configuraciones simbólicas por fuera de toda duda[135]– como

---

[134] El texto titulado "Una estrategia para América Latina en los años noventa" fue publicado en 1988 y su circulación se conoció como documento Santa Fe II, reproducido y analizado por Gregorio Selser en *El documento Santa Fe. Reagan y los Derechos Humanos*, Alpa Corral, México, 1988.

[135] Aunque las operaciones de inteligencia en la guerra irregular suelen tener objetivos tácticos como la identificación de combatientes enemigos y de las redes sociales que los sustentan, aquí la referencia remite a acciones de mayor envergadura y peso macro social.

el narco-terrorismo (Nievas, 2006: 90-93) y, asociado a este, una determinada imagen (por ejemplo, la del campesino organizado al interior del Paraguay[136]).

Así se fue nutriendo el basamento justificativo para la restricción o directa violación de derechos fundamentales sobre los trabajadores rurales en el país, la cual utilizó la instalación previa de la representación que los definía como seres violentos (per se) que no querrían trabajar (Sanchez, 2009).

Como los "irracionales" presentados en el contrato lockeano (Locke, 1997), ese tipo de construcciones estereotipadas (en este ejemplo) de quienes protagonizan las luchas por la tierra constituirían una amenaza u horizonte de confrontación negador de humanidad y tendiente a justificar como necesaria la represión anticipada, que fusionaría prevención con disuasión.

De este modo, se fundamentó un tipo de lucha –construida a partir de la imagen de un enemigo ontológicamente violento– habilitante de una intervención al mismo tiempo tanto política como militar:

> Existe una asociación directa del campesinado con la violencia al titular "violencia campesinas" (en los principales periódicos de Paraguay) (...) Nótese que no solo se asocia al campesino con un término de fuerte rechazo como la violencia, sino que "campesina" aparece como un adjetivo calificativo, creando una representación particularmente estigmatizante (...)También se puede constatar que casi la totalidad de los títulos que hacen referencia a "campesinos" refieren a problemas, conflictos, amenazas (Sánchez, 2009: 117-118).

En el marco de la estrategia estadounidense de los noventa, las garantías procesales y el respeto de los derechos humanos del imputado o del "sospechoso" comenzaron a constituirse progresivamente en "obstáculos" ante una ampliación cada vez mayor de la categoría de Seguridad –aunque esto aparecería con mucha mayor fuerza luego de 2001–. Pensamiento alimentado por conglomerados mediáticos (como el grupo Zuccolillo, el grupo Vierci, el grupo Domínguez Dibb, el grupo Wasmosy, el grupo Rubín y Chena) en favor de acrecentar la aceptación poblacional de di-

---

[136] Para un estudio acabado sobre el tema recomendamos el capítulo escrito por José Tomas Sánchez "El campesino paraguayo es pobre porque es ignorante. El discurso legítimo de los medios escritos de comunicación y la lucha por la tierra" en *Criminalización a la lucha campesina*, Palau (coord.), Base Is, Asunción, 2010, p.103-131.

cha concepción, las cuales prefirieron ignorar que durante el proceso de liberalización en Paraguay se detuviera, torturara y ejecutara a gran cantidad de habitantes rurales –sin que este hecho generara una reacción indignada por parte de la sociedad–. Por el contrario, la mayoría de estos grupos –fundandos o enriquecidos durante el stronismo– fueron fundamentales a la hora de alimentar la circulación de ciertas representaciones del sujeto amenazante como un no sujeto de derechos pausible de exterminar.

Conducta que se explicó –en parte– por las concepciones provenientes del exterior, las cuales venían a justificar las conductas ilegales de las fuerzas represivas paraguayas, poniendo en evidencia la falsedad de aquella afirmación de la guerra post industrial[137] de los capitalismos "centrales" que se postulaba como un ensayo de separación absoluta entre el espacio civil y el militar[138]. Por el contrario, en los capitalismos de la "periferia" suramericana como Paraguay, se acentuaron la desprofesionalización de las Fuerzas Armadas y también cierta ausencia de diferenciación entre combatientes y no combatientes debido al retorno de los ejércitos privados, de la actividad paramilitar y de la criminalización de la protesta política y poblacional, en especial hacia el final de la década.

Mientras, ya en el nuevo milenio, el Palacio de López sintonizaba con el Comando Sur norteamericano, para cuyo Jefe "la nueva amenaza no respetaba límites geográficos ni morales" (Hill, 2003), y

> El narcoterrorismo, es decir, la actividad terrorista financiada por el comercio de drogas ilícitas y otro tipo de crimen organizado, es una fuerza de destrucción penetrante que afecta a todos los países de las Américas (...) operan en lugares tales como la Triple Frontera entre Argentina, Brasil y Paraguay (...) las ventas directas de drogas y el lavado de dinero financian operaciones terroristas en todo el mundo. *Eso es un hecho y no una especulación.* La comunidad hemisférica debe actuar en concierto (SouthCom, Hill, 2003. Subrayado nuestro).

---

[137] Guerra definida a partir de la "revolución en los asuntos militares" y estructurada sobre la búsqueda de la superioridad absoluta en el dominio de la información, el combate sin contacto, la observación, la precisión y la guía que permitiera quedar fuera del alcance del enemigo.

[138] Utilizada luego de la primera invasión al golfo pérsico.

Las palabras de Hill resumían la mayoría de los lugares comunes mencionados en las declaraciones oficiales estadounidenses y en cuanta reunión interamericana se celebrara en ese momento de aperturista –entre finales de los noventa e inicios del nuevo milenio–, destacándose cada vez más las siguientes características en la representación de las amenazas: (1) su "asimetría"[139], en referencia al peligro generado por agentes no estatales intra o transnacionales, imprevisibles respecto del momento y la forma de ataque[140]; (2) la identificación amplia de "narcoterrorismo" y, tras ella, la guerra antinarcóticos iniciada por Reagan a mediados de los ochenta –cuando las drogas desplazaron al comunismo–, como el principal enemigo a combatir en la región –asociada al terrorismo y a la insurgencia–[141]; (3) los "espacios vacíos" o "zonas ingobernables" donde los Estados suramericanos no tendrían control[142] (como en la triple frontera) y la advertencia de que si sobreviniera la "inestabilidad" en ellos, Estados Unidos podría intervenir (con o sin un órgano multilateral tras de sí); (4) la existencia de amenazas "comunes" cuyas soluciones requerirían

---

[139] Alusiva al enfoque interdependentista, según el cual diferentes capacidades no suponen relaciones de dependencia entre diferentes poderes.

[140] Si bien las acciones asimétricas habían existido desde el origen de la guerra, lo novedoso radicaba en el empleo de la tecnología y en su impacto mediático. En contraposición, durante toda la modernidad (incluso cuando la vigencia de la DSN) la amenaza "tradicional" había sido interpretada como proveniente de un Estado (y era de carácter territorial) claramente identificable, generándose sistemas de seguridad colectivos que respondieran a una amenaza estatal extra continental como el TIAR.

[141] En 1986 se había instaurado la Comisión Interamericana para el control del Abuso de Drogas (CICAD); en 1995 la Comisión de Seguridad Hemisférica; en 1997 la Convención Interamericana contra la Fabricación y el Tráfico Ilícito de Armas de Fuego, Municiones, Explosivos y otros Materiales (CIFTA); en 1999 el Comité Interamericano de Combate contra el Terrorismo (CICTE); en 2000 el Comité Consultivo de la CIFTA; y en 2001 el Departamento de Seguridad Multidimensional (DSM), espacio en el que se tejerían diversas alianzas entre gobiernos estadounidenses, paraguayos y colombianos para promover leyes y normas "antinarcóticos" y "antiterroristas".

[142] La definición de algunos *think tanks* estadounidenses durante los años noventa sobre el "Estado Fallido" como un tipo de Estado incapaz de controlar los problemas económicos, o de poner en orden los asuntos internos bajo su jurisdicción -resultando especialmente deficitario para controlar parte de su territorio nacional-, buscaba conferir legitimidad al Estado estadounidense para intervenir en determinadas situaciones que amenazaran su interés bajo el argumento de que los "Estados fallidos" representarían una amenaza -debido a su inestabilidad- para el sistema de Seguridad global.

una "acción colectiva" –en realidad, subsidiaria de los intereses norteamericanos y de su nuevo tipo de relacionamiento con los países del hemisferio–; (5) la falta de límites precisos entre Defensa y Seguridad y el planteamiento de re involucrar a las desprestigiadas Fuerzas Armadas latinoamericanas en tareas de seguridad interior (en detrimento del concepto tradicional de defensa nacional) –que coincidía con las situación de estas post dictaduras de "actores en busca de un rol" y su deseo de captar recursos financieros provenientes de agencias imperiales–.

En definitiva, sobre esas características planteadas por las nuevas representaciones de los peligros se justificaban "respuestas" de tipo multidimensional en pos de garantizar la "creación de capacidad comercial" de las Américas (CCC) –es decir, el libre acceso a los mercados para productos norteamericanos, la exención de jurisdicción empresaria, la liberalización de mercados de capitales, etc.– y la llamada "gobernabilidad" en democracia.

La percepción de la democracia por las Fuerzas Armadas

La interpretación de la democracia representativa por parte de las Fuerzas Armadas condujo a percibir las demandas de las clases subalternas como una amenaza a la "armonía", a la "concordia", a la "unidad nacional" y a la "estabilidad política" destacadas en la proclama militar del 21 de septiembre de 1989[143].

> Se puede resumir esta visión sesgada de la democracia como la incapacidad de percibir la complejidad social, que necesariamente es conflictiva y que tiende a desbordar los estrechos márgenes de administración legal existente, ya que la dictadura no tenía necesidad de establecer formulaciones de arbitraje a los distintos intereses en juego (Lezcano, 1990: 11).

Según la ley número 832 de 1980, las Fuerzas Armadas debían "garantizar la seguridad interna en coordinación con otras instituciones del poder nacional"[144], siendo su misión central la de "organizar, equipar y adiestrar fuerzas para hacer frente a cualquier tipo de agresión" (ley 832, 1980: 3).

---

[143] Ver el Pronunciamiento del Estado Mayor y Comandos Componentes de las Fuerzas Armadas de la Nación del 21 de septiembre de 1989.
[144] Además de defender el territorio nacional.

A la salida del stronismo, las fuerzas castrenses no contaban con capacidad defensiva frente a una agresión exterior, salvo parte del Ejército y de la Armada, los cuales solo estaban equipados para control interno y para patrullaje fluvial, siempre en la línea de la contrainsurgencia[145].

Influyeron en la predisposición de los militares para continuar realizando funciones de Seguridad Interior durante el post stronismo las siguientes cuestiones: su papel de "tutores" de la liberalización, su tecnificación y actualización siempre subordinadas a tareas policiales[146] —antes que a los objetivos profesionales específicos—, sumado a las "mentalidades" formadas por la DSN, la estrecha relación con el Partido Colorado y la necesidad de legitimación interna, todas las cuales confluyeron con las premisas provenientes del ESCH —es decir, las "nuevas amenazas" y el entrenamiento obtenido en Centroamérica en GBI—.

La percepción de las movilizaciones y de las demandas populares como un peligro de Seguridad fueron exacerbadas por los altos jefes militares en la gestión de importantes sectores económicos y su vinculación con el comercio "informal" y la administración pública para su provecho particular (un claro ejemplo de esto se registró en el manejo de la Fuerza Aérea) (Lezcano, Martini, 1990: 25 y 26).

(...) Las reglas mínimas para construir y consolidar la democracia fueron desconocidas por los mandos que tempranamente crearon una Fuerza de Tarea Conjunta, unidad mixta integrada por efectivos de las Fuerzas Armadas y de la Policía (...) (que) tenía como objetivo intervenir en los conflictos laborales (sobre todo en las huelgas de las dos obras hidroeléctricas en construcción: Itaipú y Yaciretá) y en las ocupaciones de tierras por parte de campesinos (...) en la implementación de medidas operativas son muy conservadores, haciendo opción por sus propios intereses y por los grupos económicos que están vinculados a ellos (Lezcano, 1990: 12).

El fin de la bipolaridad instituyó la emergencia de un nuevo escenario continental, donde a los factores clásicos de la conflictividad —choques de ambiciones regionales, las luchas por los recursos energéticos o

---

[145] Solo el equipamiento de unidades de contrainsurgencia y tropas de elite se habían modernizado luego de la guerra con Bolivia (con la adquisición de armamento originario de Bélgica, Suecia, Israel y Sudáfrica, tanto en ametralladoras, fusiles y lanzagranadas, como en equipo de comunicaciones).

[146] En general, las funciones cotidianas asignadas al personal militar se vinculaban con la distribución de prebendas y con el control político y social.

por el territorio, etc.– se añadieron nuevas imágenes de los riesgos considerados por fuera de las relaciones de fuerzas interestatales de corte tradicional.

Por ende, la afirmación de nuevos actores produciendo un amplio abanico de amenazas –la expansión de la criminalidad organizada, el narcotráfico, la piratería, etc.–, vino a buscar fundamentar la elaboración de un nuevo sistema de seguridad –el ESCH–, el cual no derivó en el entierro del poder militar como se había pregonado durante el inicio de los noventa por algunos académicos idealistas e interdependentistas[147]. Ni en Estados Unidos, ni en Paraguay.

Ejecuciones extrajudiciales, persecución y disciplinamiento de la población rural

Si existió un país que expresó de manera exacerbada las modalidades de lo policíaco-militar para actuar como disciplinador del conflicto social en la post guerra fría, ese fue Paraguay.

Considerada una de las naciones con distribución de la tierra más desigual de todo el planeta[148], las inequidades en la estructura social no fueron contempladas por la política pública a la hora de direccionar el patrón de acumulación, la cual para perdurar y profundizarse necesitó seguir habilitando la percepción del campesino como sujeto amenazante.

Durante el transcurrir de los primeros años de liberalización[149], las demandas por una reforma agraria integral se habían masificado mientras sus representantes implementaban estrategias de incidencia centradas en la combinación de acciones legales con desobediencia civil: primero, las organizaciones iniciaban un trámite administrativo de reclamo

---

[147] Quienes creían que con el fin de la guerra fría se auguraba una era de estabilidad fundada en la relación entre libre mercado y paz -disminuyendo, por ende, la importancia del poder militar-.

[148] Pues según el Censo Agropecuario de 1991, el 1% de las explotaciones rurales de mil o más hectáreas ocupaba el 77% de la superficie total del país mientras que el 80, 6% de las de menos de veinte hectáreas contaba con apenas el 6,1%.

[149] El mismo día en que se inició el cambio de régimen, el tres de febrero de 1989, organizaciones de campesinos sin tierra ocuparon latifundios en los departamentos de Alto Paraná y Canendiyú. Desde entonces, en esos departamentos y en otros donde la modernización agraria capitalista se intensificó, la lucha por la tierra continuó expandiéndose hasta la actualidad.

ante el Instituto de Bienestar Rural –luego denominado INDERT–, denunciando un inmueble para su compra o expropiación. En caso de que transcurrieran varios años de gestiones por vía administrativo-legal y sus demandas no fueran respondidas, las organizaciones implementaban estrategias de presión y visibilidad pública como la toma de estancias o la movilización hacia la ciudad.

A los reclamos de acceso a la tierra luego se sumarían los referidos al problema de la producción mecanizada de soja y las consecuencias sobre las poblaciones cercanas a la naturaleza de la utilización de agroquímicos y a la contaminación de suelos, a las fuentes de agua y a la pérdida de biodiversidad.

Tanto por la continuidad y la recomposición de las alianzas en el interior de las clases dominantes en torno al modelo agroexportador, concentrador y extranjerizante –entre sectores de las ANR, de las Fuerzas Armadas y entre el gobierno ligados al poder empresarial–, las respuestas estatales se aglutinaron en el eje militar-policial y en criminalización (judicialización mediante) de la protesta popular.

Se registraron desde febrero de 1989 hasta el final de la década al menos siete mil doscientas detenciones de campesinos por alguna causa abierta en relación a ocupaciones de latifundios o cortes de ruta, al menos sesenta ejecuciones extrajudiciales y la desaparición forzada de varios dirigentes[150].

Estas medidas fueron conformes a un plan para detener la espiral de protestas, desalentar la toma de haciendas y atemorizar a las comunidades y organizaciones del campo; cuyas características específicas abrevaron en la consolidación de un patrón de ejecuciones selectivas como *modus operandi* de la represión[151].

La protesta campesina durante la democracia sufrió la violenta represión de los organismos de seguridad del Estado y la criminalización de sus medios de expresión. Además de la prisión por el delito de "invasión de inmueble ajeno", violentos desalojos, destrucción de viviendas y bases de supervivencia alimentaria, la acción represiva del Estado y de los propietarios implicó la eliminación física de activistas por parte de agentes

---

[150] Para ampliar recomendamos la lectura del *Informe Chokokue. Ejecuciones y desapariciones en la lucha por la tierra en Paraguay (1999-2005)*, CODEHUPY, Asunción, 2007. Elaborado con el apoyo de Naciones Unidas, este informe fue actualizado hasta el año 2013.
[151] Que si bien ya se habían registrado durante el stronismo, ahora se generalizó.

estatales y de civiles armados que habrían sido organizados por terratenientes que empezaron a operar en las zonas rurales (CODEHUPY, 2007: 11).

Las clases dominantes y los sectores políticos vinculado a su mismo interés produjeron una redefinición del enemigo construida sobre la base de elementos reales[152] y de representaciones heredadas del stronismo (Soler, 2014), cuya imagen fue retransmitida permanentemente por los conglomerados comunicacionales:

> Las historias periodísticas muestran un espectáculo político que es en realidad una construcción, compuesta por un conjunto de símbolos, significados y variantes, que constituyen un espectáculo que varía con la situación social del espectador y sirve como máquina de significados: un generador de puntos de vista y por lo tanto de percepciones, angustias, aspiraciones y estrategias (Edelman, 1988: 78).

De acuerdo con esa imagen, los atentados se dirigieron fundamentalmente en contra de trabajadores rurales pobres, hombres desarmados vinculados a organizaciones campesinas o a luchas por el acceso a la tierra y pertenecientes al grupo monolingüe guaraní. De hecho, el 95% de las personas que fueron víctimas de ejecuciones o intentos de ejecuciones extrajudiciales hablaba el idioma guaraní como lengua materna, delineando un perfil verdadero de a quienes apuntaban las medidas represivas; planteando la necesidad de investigar los elementos que ligaban las conductas militares, policiales y paramilitares o parapoliciales entre el período anterior y la década de apertura neoliberal, en un contexto post stronista donde ya regía incluso otra legalidad:

> A los 77 casos registrados por este informe, se corresponden 62 causas judiciales abiertas (o que debieron ser abiertas) en investigación de los hechos. De estas, 41 se iniciaron y tramitaron bajo la vigencia del procedimiento penal previsto por el Código de Procedimientos Penales de 1980, en tanto que 21 causas ya fueron iniciadas bajo el procedimiento del Código Procesal Penal de 1998. Solamente en tres causas penales fueron impuestas y cumplidas sanciones penales (…) En el resto de los casos, el resultado de la intervención judicial fue la *impunidad*. Consolidada de un modo *constante y uniforme* (CODEHUPY, 2007: 13. Destacado nuestro).

---

[152] Asociados lingüísticamente con alguna particularidad "nacional", para que la población lo relacionara con su cotidianeidad.

La violación de derechos –tanto por acción de fuerzas estatales o por omisión jurisdiccional– anticipaba en Paraguay una característica general de la post guerra fría, la cual se expresaría como tendencia de manera más evidente luego de 2001, atravesando el ámbito estrictamente militar (y policial) y extendiéndose al conjunto poblacional.

2.3. Presencia de funcionarios y militares norteamericanos en el marco de una nueva legalidad

Uno de las legados del stronismo pudo observarse en la facilidad con que los militares paraguayos retomaron su participación en los ejercicios de "prevención del conflicto" organizados por Estados Unidos y en las actividades realizadas bajo el ESCH, mostrando que la "tradición de amistad" con Washington –sembrada durante décadas– solo había sufrido una breve interrupción en el período final del régimen.

Esta vez, la influencia norteamericana durante el post stronismo no se redujo solo al plano de las Fuerzas Armadas sino que buscó involucrar al conjunto poblacional[153] (al estilo de la operación *Blast Furnace* en Bolivia en 1986 o de la operación "Justa Causa" en Panamá[154] en 1989). Por lo tanto, los militares y los funcionarios enviados por la Casa Blanca comenzaron a presentarse como "asesores mentores", con la intención de propiciar el control civil sobre lo militar y conducir a las fuerzas suramericanas en el combate contra la manifestación local de los peligros de post guerra fría. Hecho que fue recibido con alegría por los nuevos ocupantes del Palacio de López, quienes lo consideraron un gesto de apoyo para su legitimación en lo social y para su reinserción en el escenario internacional.

Apenas derrocado Stroessner, personal estadounidense desembarcó en Asunción para "aconsejar" a Rodríguez cómo conducir la liberalización política y los asuntos concernientes a lo militar.

---

[153] Además, el objetivo pasado de la toma de decisión estratégica sería a partir de ahora el de procurarse otras formas de supremacía (tecnológica, comercial) bien diferentes del poder militar.

[154] Donde, después de la retirada norteamericana de la base aérea Howard, y la promesa hecha por Washington en Williamsburg de respetar el tratado Carter-Torrijos y devolver el canal de Panamá en el año 2000 –aunque reservándose el derecho a su defensa por tiempo indefinido–, se intentó montar un centro anti-drogas.

Solo por mencionar algunos: Michael Howard, director del Área Cono Sur de América Latina del Departamento de Estado –quien se entrevistó con el nuevo general-presidente para solicitar su cooperación en la lucha antinarcóticos y en "los temas fundamentales en Washington"–; el general Frederik Woerner, jefe del Comando Sur –quien transmitió al Palacio de López la importancia de la crisis de Panamá y el tema drogas–; Keith Smmith, del Departamento de Estado –dejaría la célebre frase "la democratización importa porque facilita la lucha contra el narcotráfico"–; Dan Quayle, vicepresidente de Estados Unidos –transmitió que Asunción había sido quitado de la "lista negra" de Washington pero planteó nuevos reclamos–; el general Maxwell Thurman, nuevo jefe del Comando Sur –insistió con la necesidad de controlar tráfico de estupefacientes pero aún más con la preocupación de la Casa Blanca sobre la resolución político-militar del proceso de apertura, etc.–.

Además, en julio de 1990 el presidente Bush envió una carta pública asegurando mayor "apoyo" estadounidense en la guerra antinarcóticos en Paraguay, manifestado al mes siguiente en la realización de ejercicios con doscientos efectivos norteamericanos y trescientos nacionales en el operativo denominado "Fuerzas Unidas", que implicaba acciones de entrenamiento en guerra de baja intensidad (GBI), conducidos a Panamá y a California para incorporar en su formación maniobras sanitario-asistenciales[155] –con el fin de ampliar las bases de apoyo a través de tareas sociales con la población–[156].

En el mes de septiembre del mismo año, el contralmirante John Dalrymple, comandante de las prácticas llamadas Unitas[157], propuso que la marina de su país brindara mayor entrenamiento en "operaciones especiales" y condujo las maniobras de patrullaje fluvial y anfibio en Paraguay, que incluyeron actividades norteamericanas de aproximación comunitaria –denominadas en la jerga castrense "operación gente a gente,

---

[155] En esta acción las fuerzas estadounidenses y paraguayas distribuyeron más de veinticinco mil dólares en medicinas.

[156] Según informes oficiales de esa época, la operación habría costado dos millones de dólares, siendo financiada por el Comando Sur. Ver http://www.southcom.mil.

[157] Considerado el mayor ejercicio naval del continente, este se ha realizado cada año desde 1959 –año del triunfo de la revolución cubana- y consiste en operaciones marinas y anfibias divididas en tres grandes fases regionales multilaterales: la del Caribe, la del Pacífico y la del Atlántico.

pueblo a pueblo"–. Mientras el general Peter Kemp, comandante de la Fuerza Aérea del Comando Sur, adelantaba un tema esencial de la década posterior, la vinculación del terrorismo con el tráfico ilegal:

> La guerra del narcotráfico interesa a nuestro país y continuamos la asistencia a los países de la región, con los cuales compartimos la inquietud en lo que se refiere a la amenaza de las drogas y de las acciones terroristas, que van siempre con narcotraficantes (Kemp, 1990).

El agotamiento del patrón de acumulación en torno a las grandes obras binacionales, el desembargo del agronegocio ligado a grandes corporaciones trasnacionales de capitales norteamericanos (y europeos) y una estructura financiera y productiva que se amoldaba al capitalismo mundial en el marco de un nuevo contexto regional, pero cuyos socios locales convivían con las disputas internas de un coloradismo cada vez más desgastado y con las nuevas tendencias que buscaban implementar las agencias imperiales sobre las prácticas antidemocráticas heredadas en Paraguay del periodo anterior en el marco de una legalidad limitada por los poderes fácticos, generaron las condiciones de posibilidad para lo que arribó con los inicios de una nueva centuria.

Tercera Parte

Políticas de Seguridad y Defensa en el siglo XXI

3.1. Alianza colorado-republicana en materia "antiterrorista" en un nuevo contexto

El inicio del siglo XXI marcó las condiciones de posibilidad para que Estados Unidos explicitara los lineamientos estratégicos que iba a desarrollar durante los años subsiguientes, mientras aparecían nuevos actores y se planteaban escenarios cambiantes en el tablero de ajedrez internacional, lo que, por supuesto, hizo que Washington afinara sus modalidades de intervención en el hemisferio.

Sobre los hechos ocurridos en septiembre del 2001 (en el *Word Trade Center* y en el Pentágono), se montó una campaña a escala planetaria que, una vez más, puso en evidencia la relación entre la construcción de un clima social de estrés, vulnerabilidad y temor por parte de las empresas mediáticas y las industrias culturales del imperio sobre la población, con las formas de intervencionismo militar por parte de las agencias estadounidenses asociadas a símiles extranjeras y los fundamentos teóricos y político-jurídicos regresivos a los que sistemáticamente acudieron los grandes intereses plutocráticos, gestores y beneficiarios de escenarios bélicos, para justificar la violación de los derechos humanos y de los consensos obtenidos a lo largo de la historia moderna en el ámbito del derecho internacional.

George W. Bush (2001-2008) explicitó y promovió una serie de "guerras preventivas" que perduran hasta nuestros tiempos, instalando un paradigma contrainsurgente anticipatorio selectivo en materia de contraterrorismo que iba a profundizar durante la gestión demócrata posterior (2008 a la actualidad).

Esta coyuntura influyó de manera directa en Paraguay (al igual que en Colombia) y se reflejó en una serie de acciones gubernamentales adoptadas por el Palacio de López, las cuales se fundamentaron en las representaciones construidas por la Casa Blanca sobre la amenaza. Percepciones seguritarias que de manera inmediata se incorporaron a la agenda de Asunción y Bogotá con el objeto de incidir sobre los países aledaños, algunos de los cuales –como Brasil y Venezuela en aquellos años– se resistían a incluirlas.

Estas variables de la estrategia imperial, contenidas y expresadas en el diseño de las políticas paraguayas de los últimos catorce años, resultaron alentadas por un proceso de conflictividad interior del país que coincidió temporalmente con un marco de cambios gubernamentales y nuevos escenarios en América del Sur.

Directrices que, como veremos en el siguiente apartado, comenzaron a plasmarse de manera oficial a partir de la documentación publicada luego del 11 de septiembre, las cuales se imbricaron con elementos de carácter histórico y estructurales tales como la subordinación del relacionamiento paraguayo hacia el imperio y el papel de la sede diplomática norteamericana, los intereses ligados al patrón de acumulación concentrador y extranjerizante y los efectos y pervivencia de las construcciones stronistas durante el proceso de liberalización post dictatorial en Paraguay, interpelando a toda la humanidad.

La Estrategia de Seguridad Nacional (ESN)[158] post 11 de septiembre: punto de inflexión

El clivaje que se produjo luego del 11 de septiembre vislumbró tres elementos interrelacionados y complementarios de la estrategia norteamericana que fueron reconocidos de manera pública y formal. Aportado por la corriente del neoconservadurismo, el primero de ellos consistió en el carácter *provisorio* de la intervención –basado en la ilusión de poder anticipar la insurgencia antes de que esta se produjera de manera real–.

Si bien al finalizar el mandato de Reagan en 1989, los referentes norteamericanos de esta línea de pensamiento permanecían relegados de la

---

[158] Nos referimos a la Estrategia de Seguridad Nacional (*National Securiy Strategy of the United States of America*) publicada por la Casa Blanca en septiembre de 2002.

política, el 11 de septiembre les brindó nuevamente la posibilidad de reaparecer en la vida pública con mayor vigor. Representantes de esta postura como William Kristol y Robert Kagan –editores de la revista *The Weekly Standard*–, Charles Krauthammer, Lawrence Kaplan, Max Boot, Douglas Feith, I. Lewis Lobby, John Bolton, Elliot Abrams y Robert Kaplan[159] –entre otros– salieron a pregonar la necesidad de apelar a la fuerza bélica para promover una "cruzada democrática"[160] que impusiera los valores morales estadounidenses a escala global (Kristol, 2004: 156).

La tragedia de Nueva York terminó por facilitarles[161] la consolidación en el plano político al interior de la Casa Blanca, suceso acelerado por ciertas características de George W. Bush en materia de liderazgo así como por un tipo de organización burocrática que se venía delineando del periodo anterior[162] (Fuzeau, 2007: 94 y 95). Este fenómeno se reflejó en el contenido de la Estrategia de Seguridad Nacional (ESN) publicada el

---

[159] Quien planteó desde sus publicaciones en la revista *Atlantic Monthly* todo un recetario para mantener una supremacía de "bajo perfil" (*stealth supremacy*), por medio de una intensificación del paramilitarismo, las operaciones clandestinas, el asesinato y la violencia contrainsurgente, auspiciando el uso de fuerzas locales bajo la dirección de asesores militares de Estados Unidos en Arauca, Colombia.

[160] Para ampliar este concepto recomendamos el artículo de Irving Kristol, "Conservatives and neoconservatives", publicado el segundo semestre de 2004 en *The Public Interest*, 2004, p. 154-170.

[161] Otros neoconservadores relevantes fueron Paul Wolfowitz, secretario adjunto de la Defensa; I. Lewis Lobby, jefe de la Oficina de la Vicepresidencia y consejero para la Seguridad Nacional del Presidente; John Bolton, subsecretario para el Control de Armas y de la Seguridad Internacional en el Departamento de Estado; Elliot Abrams, Consejo Nacional de Seguridad; y otros funcionarios como Richard Perle y Zalmay Khalizad.

[162] Fuzeau señala en el capitulo I de su tesis, p. 17-85, la presencia de otras ideologías de corte conservador en el seno de la Casa Blanca durante los primeros ocho meses del mandato de Bush -como la realista y la "nacionalista" que tenía sus referentes en Cheney y Rumsfeld (a pesar de que los neoconservadores representan una "ideología latente")-, quien durante el primer momento -debido a su inexperiencia y a un determinado contexto desicional- habría evaluado el adoptar una politica exterior "humilde y modesta" centrando su atención en los asuntos de política interior. Pero, el 11 de septiembre habría modificado radicalmente la situación promoviendo un cambio en las estructuras burocráticas, favoreciendo una alianza entre "nacionalistas" y "neoconservadores" producto de la coincidencia de los intereses de ambos grupos a favor de que la "respuesta" a los episodios de las Torres Gemelas se centrara en un agresivo ataque sobre Irak –y en una politica exterior intervencionista y militarizada– (con cuyo fin se manipuló a la burocracia de *Office of Special Plans* (OSP)).

17 de septiembre de 2002, en torno a dos elementos: (a) un resabio de la influencia "realista" estado-céntrica[163] manifestada en la descripción del "eje del mal"[164] –que vendría a confirmar el carácter peligroso y anárquico de las relaciones internacionales y la vulnerabilidad norteamericana junto con el declive de su hegemonía–, así como la insistencia en la función de los "Estados villanos", "Estados parias" o "Estados fallidos" en tanto "santuarios" para la emergencia de movimientos "terroristas" –a pesar de que también se los ubicaba como amenaza no-convencional y trasnacional–; (b) la interpretación del 11 de septiembre como un "acto de declaración de guerra" que exigiría una respuesta basada en el uso de la supremacía militar para *prevenir* la emergencia de rivales, asumiendo los presupuestos de la "excepcionalidad estadounidense" y de su papel como "imperio benévolo"[165] de exportación de valores mediante intervenciones para un "cambio de régimen"[166] a nivel mundial (Halper, Clarke, 2004: 145).

Años antes, William Kristol y Robert Kagan ya habían evocado la necesidad de establecer a Estados Unidos como "una superpotencia" que debía aprovechar su "estándar global y el ambiente internacional para tomar su propia ventaja" (Kristol, 1997: 97), sin embargo, esto irrumpiría de manera oficial en un documento público de la Casa Blanca por primera vez en 2002, al aclararse que estos fines se realizarían "con o sin el consentimiento de los aliados"[167] (Bush, 2002) aprovechando el *shock* generado en la población norteamericana y su creciente confusión respecto de quién lo habría perpetrado[168]:

---

[163] Según la cual los Estados continúan siendo los actores principales del sistema internacional.

[164] Término inventado por otro ideólogo de la misma línea, David Frum, y que en este caso aludía a los Estados iraní, iraquí, y norcoreano.

[165] Para ampliar recomendamos el libro de Stefan Halper y Jonathan Clarke, *America alone: the neoconservatrices and the global order*, Cambridgde University Press, Cambridge, 2004.

[166] Derrocando regímenes autoritarios como el de Saddam Hussein –por la fuerza si fuera necesario- para instaurar democracias representativas del estilo estadounidense.

[167] Esta conducta unilateral no es nueva por parte de Estados Unidos, el intento de invasión de Cuba en 1962, o la ocupación militar de Granada en 1983, son solo algunos ejemplos de este accionar estadounidense.

[168] Para ampliar esta perspectiva, pero desde una mirada de la antropología, recomendamos leer el libro de Jules Henry, *On Sham, Vulnerability and Other Forms of Self destruction*, New York, Vintage, 1967.

Las fuertes fluctuaciones en la definición de amigo y enemigo producen cinismo y un estar dispuesto a dejar que los de arriba, los expertos, nos digan quién es el amigo y quién el enemigo, el carácter se acostumbra a aceptar el principio de que cualquiera puede ser mi enemigo en cualquier momento (Henry, 1967: 187).

A pesar de esta unilateralidad explicitada en el documento de 2002 –dirigida hacia los regímenes e instituciones internacionales como el Consejo Nacional de Seguridad de las Naciones Unidas–, la administración republicana decidió construir una "coalición de aliados" con el fin de matizar su accionar, reclutando "naciones amigas" entre las que se hallaba Paraguay. Esta actitud fue denominada "multilateralismo a la carta" o "multilateralismo instrumental" (Kagan, 2003), destacado por la voluntad imperial de sumar "mano de obra" militar para actuar según sus propias convicciones.

La ESN se cimentó sobre publicaciones académicas como *Policy Review* y autores como Charles Krauthammer, incorporando abiertamente otro elemento importante: la explicitación oficial de la propuesta para legalizar el uso de tormentos en la "guerra contra el terror"[169] debido a la supuesta preeminencia de la información por sobre todo lo demás:

> Aprobamos una prohibición contra todas las formas de tortura, de interrogación coercitiva, y de tratamiento inhumano, *excepto en dos contingencias:* 1) la bomba de tiempo y 2) terroristas de alto nivel (Krauthammer, 2005:2. Remarcado nuestro).

La apelación estatal y ahora publicitada de la utilización de "técnicas" propias de la doctrina contrarrevolucionaria, junto con la implementación de campos de concentración donde no rigen los principios del derecho moderno –como Guantánamo, Abu Grahib, etc.–, instalaron un debate en torno a las disposiciones que esta manifestaba en materia de retroceso ético y de retorno a un tipo de sumario feudal –donde los tormentos eran contemplados como parte del proceso inquisitorio y el acusado era considerado culpable a menos que pudiera demostrar lo contrario–, en detrimento del principio de inocencia y de debido proceso que se había instalado, al menos desde el punto de vista formal, durante el siglo XIX y el siglo XX.

---

[169] Recomendamos la lectura del artículo de Charles Krauthammer, "The war on terror: An arab Spring?", *Policy Review,* n° 2, 2005. En http://www.hoover.org/publications/policy-review.

La reformulación de los aparatos represivos, y de los fundamentos político jurídicos encabezada por el propio Estados Unidos, se acentuó sobre todo en aquellos países que apelaron a esos discursos para cimentar la vulneración de derechos debido a la supuesta agresión configurada por la "novedosa" representación del peligro.

Washington consiguió instalar un sujeto amenazante contrario a determinado modo de vida, que derivó luego en continuidad sustancial y núcleo duro bipartidario en torno a un modelo de contraterrorismo selectivo. Bush insistió en todas sus declaraciones en que los "atacados" se instituían como depositarios de una lucha que incluía a toda la población del hemisferio occidental:

La libertad y la democracia están bajo ataque (Bush, 12/11/2001).

Ellos subestimaron nuestra determinación y nuestro amor por la libertad. Ellos subestimaron equivocadamente el hecho de que *amamos a nuestros vecinos necesitados* (Bush, 26/11/2001. Remarcado nuestro).

Esta operación discursiva le permitió a la Casa Blanca no solo presentarse como defensora de la humanidad, como administradora de la justicia neo-feudal global y como parámetro civilizatorio, sino también el poder sumar componentes redentores para afrontar en el plano doméstico indicadores cada vez más agudos de descomposición social (Barbero, 2005: 188). Aquellos gobiernos que no se enmarcaran en la línea del Pentágono devendrían *potenciales* rivales:

Toda nación, en toda región del mundo, ahora tiene que tomar una decisión. Están de nuestro lado o están del lado de los terroristas (Bush, 20/11/2001).

Quizás lo más importante de la ESN se vinculó con la interpretación explícita de lo bélico como irregular, es decir, por fuera de las reglas de la guerra convencional, que se iban a dirimir en el seno de la sociedad civil debido a las características de la amenaza.

A pesar de la insistencia sobre la responsabilidad estatal y la enumeración de los países que conformaban el célebre "eje del mal", se difundió la imagen de un enemigo amorfo que incluía desde enfermedades hasta personas en aquel perfil de adversario, fundamentando una "respuesta no convencional" militar –Afganistán e Irak–, acciones financieras -congelamiento de cuentas bancarias sospechadas de financiar grupos terroristas- y también iniciativas político-jurídicas –exigiéndose la reformulación de lo gubernamental y la institucionalización de una lógica de la excepcionalidad en pos de la seguridad–.

En consecuencia, la directriz promovida implicaba que los países capitalistas afrontaran debilidades y contradicciones de la estructura productiva mediante una progresiva transformación de las instituciones democrático-representativas nacionales hacia órganos de control poblacional, encaminadas a la conformación de una estatalidad policializada.

La emergencia valorada como la nueva norma encontró su justificación, paradójicamente, en una supuesta necesidad de la ciudadanía a la que se convencía de rescindir parte de sus derechos en favor de "protección" seguritaria. Este fenómeno se verificó en Estados Unidos[170] y en Paraguay, a pesar de las diferentes capacidades estatales de uno y otro (y por la relación de subordinación del segundo para con el primero).

En esta línea, la ESN proclamó la importancia de modificar las estrategias de disuasión en beneficio de medidas de carácter más proactivas basadas en el más evidente y difuso prejuicio:

> Durante largo tiempo Estados Unidos ha mantenido la opción de la acción prioritaria para contrarrestar una amenaza suficiente a nuestra seguridad nacional. Cuanto mayor sea la amenaza, mayor es el riesgo de la inacción y más imperiosa la razón para tomar medidas preventivas para defendernos, aunque subsista incertidumbre en cuanto al momento y el lugar del ataque enemigo. Para impedir o evitar tales actos hostiles de nuestros adversarios, Estados Unidos actuará preventivamente si es necesario (TRADOC; ESN, 17/11/2022).

Con ese fin, concretó antiguos reclamos como la reforma en el interior de las Fuerzas Armadas –parte de la "revolución en asuntos militares"[171]–, el empoderamiento de las agencias de inteligencia y el control de la información en sitios como Paraguay –este último aspecto resultará

---

[170] Donde se impuso una política tendiente a la centralización de la toma de decisiones y a la militarización de determinadas áreas públicas y, tras la supuesta necesidad de combatir al terrorismo y prevenir ataques futuros, se aprobaron en el Congreso estadounidense un paquete de leyes denominadas *Patriotic Act* que aumentaron los poderes del FBI –permitiéndole actuar sin autorización judicial en procedimientos antiterroristas, escuchas, allanamientos y detención de sospechosos– y limitaron, al mismo tiempo, cualquier medida de control ciudadano sobre el poder presidencial.

[171] En referencia al uso más intenso –en el plano militar– de los avances comunicacionales, sistemas de satélites, vigilancia y mecanismos de intercepción electrónica de los sistemas de comunicación del enemigo, así como la incorporación de nuevas armas de alta tecnología para la utilización militar.

central para interpretar las visitas de Donald Rumsfeld al Chaco paraguayo, la instalación de antenas satelitales en la frontera con Bolivia[172] y la licitación del manejo de bases de datos favoreciendo a empresas norteamericanas como *Identity Solutions* en Asunción–.

Un apartado especial merecen los comentarios que realizó Zbigniew Brzezinski, quien en su libro *El gran tablero mundial: la superioridad norteamericana y los imperativos geoestrategicos*[173] había celebrado la ascensión imperial a la condicion de única "superpotencia", pero después del 11 de septiembre alertaba sobre la progresiva "degradación moral" estadounidense y la pérdida de su credibilidad –no ya para liderar la guerra, sino incluso para desempeñar las más elementales funciones como superpotencia del mundo libre y modelo de democracia en un contexto internacional en precario equilibrio y creciente multipolaridad–. Brzezinski en 2005 señalaba que Bush debía de admitir que los principales objetivos terroristas serían los "Estados clientes" del propio Washington[174], debido a las imágenes trasmitidas por los medios de comunicación sobre los tormentos aplicados por personal militar norteamericano –lo cual, además, potenciaría la captación de reclutas procedentes de Oriente Próximo, Marruecos, Etiopía o Indonesia–.

Sus palabras asociaban a la ESN y la negación del debido proceso con la instalación del tercer elemento importante que cristalizó el documento de 2002: "una cultura del miedo" retroalimentada por empresas comunicacionales y por las industrias culturales del imperio al que, en las conclusiones de nuestro libro, sintetizamos tras la noción de colonialismo psicológico:

> La referencia constante a la guerra contra el terror consigue un objetivo superior: estimular la aparición de una cultura del miedo. El miedo nubla la razón, intensifica las emociones y facilita a los políticos demagogos la movilización de la gente en apoyo de las políticas que quieren poner en marcha (...).

> Para justificar la "guerra contra el terrorismo", la Administración ha fabricado en los últimos tiempos un relato histórico falso que podría llegar, incluso, a convertirse en una profecía de autocumplimiento (...)

---

[172] En base a nuestro trabajo de campo en el Chaco paraguayo realizado en 2006.

[173] Para ampliar, se recomienda la lectura del libro *El gran tablero mundial: la seguridad norteamericana y los imperativos geoestratégicos*, Paidós, Buenos Aires, 1998.

[174] Recomendamos la lectura del artículo publicado por el autor, "Bush, una forma suicida de gobernar" reproducido por el diario *El País* el *13/10/2005*. Disponible en www.elpais.es.

Este es el resultado de los cinco años de lavado de cerebro con respecto al terrorismo llevado a cabo en todo el ámbito nacional, muy diferente de las reacciones más silenciosas de muchos otros países (Reino Unido, España, Italia, Alemania, Japón, por mencionar solo algunos) que también han sufrido dolorosos ataques terroristas. *Esta propagación del miedo, reforzada por las empresas de seguridad, los medios de comunicación y la industria del espectáculo, genera su propio impulso. Los empresarios del terror, a los que habitualmente se describe como expertos en terrorismo, están necesariamente comprometidos en la competición para justificar su existencia. Por lo tanto, su tarea es convencer al público de que se enfrenta a nuevas amenazas. Casi sin discusión, puede decirse que EE UU se ha vuelto inseguro y más paranoide.* Un estudio reciente llevado a cabo por Ian Lustick puso de manifiesto que, en 2003, el Congreso identificó 160 lugares como objetivos nacionales potencialmente importantes para los posibles terroristas. Con la intervención de los grupos de presión, a finales de ese año la lista había aumentado hasta 1.849; a fines de 2004, a 28.360; en 2005, a 77.769. La base de datos nacional de objetivos posibles registra actualmente unos 300.000 (…) *El balance es todavía más inquietante en el ámbito general de los derechos civiles. La cultura del miedo ha alimentado la intolerancia, la sospecha hacia los extranjeros y ha fomentado la adopción de procedimientos legales que minan las nociones fundamentales de justicia. El principio de "inocente hasta que se demuestre lo contrario" se ha diluido, cuando no ha brillado por su ausencia,* con respecto a algunos ciudadanos -incluso estadounidenses- a los que se ha encarcelado por prolongados períodos sin un rápido y efectivo acceso a un proceso judicial. No hay pruebas concluyentes de que semejantes excesos hayan prevenido importantes actos terroristas, y las condenas a los presuntos terroristas de todo tipo han sido pocas y muy espaciadas (…) Lo que llena de rabia a los musulmanes que ven las noticias de la televisión no es la "guerra contra el terrorismo", sino la matanza de civiles árabes. Y, el resentimiento no se limita a los musulmanes (Brzezinski, 2007. Remarcado nuestro).

La confluencia entre el etrés, el temor y la sensación de vulnerabilidad e incertidumbre difundidas a través de las empresas mediáticas y de las industrias del entretenimiento que penetraban la subjetividad poblacional con los intereses corporativos agenciales, la militarización y privatización de nuevos espacios, y con la violación del principio de inocencia y su reemplazo por el principio de culpabilidad, anticiparon las directrices que, a partir de ese momento y en el transcurrir de la década subsiguiente, el imperio tendió a propalar en la región (aunque encontrando numerosas resistencias y experiencias orientadas en sentido contrario en diversos países del continente).

Reocupación continental: Paraguay en la I.I.R.S.A. y la reacción de Brasil

Claro que los citados lineamientos fortalecían los objetivos geo-económicos[175] trazados para garantizar el tránsito expedito de mercancías y tropas en el marco de una reocupación continental[176].

Para ello se propulsaron (i) la instalación de bases castrenses, centros antinarcóticos y sistemas de radarización para el espacio aéreo; (ii) la mudanza de soldados y civiles norteamericanos (por ejemplo, de Panamá hacia Puerto Rico[177]); y (iii) el reforzamiento de infraestructura militar y para el "desarrollo".

Así se consagraba el reordenamiento o "ajuste" institucional del aparato de producción del hemisferio realizado a finales de los noventa, y se propiciaba la mercantilización de la naturaleza en favor del capital transnacional de origen norteamericano, resignificando tanto la relación con el imperio y la soberanía nacional de los países suramericanos, como la necesidad de garantizar insumos vitales para la industria de Estados Unidos y el control de vías de transporte y de flujos en la post guerra fría. Todo en el marco de un "desorden global" (Joxe, 2003) que Washington se esforzaba por gestionar para su propio beneficio.

Si bien durante el gobierno de Clinton (1993-2001) ya se había trazado el diseño de reocupación del espacio americano bajo el Esquema de Seguridad Cooperativo Hemisférico (ESCH), el cual se proponía controlar a largo plazo todos los lugares y dimensiones de la vida posibles a través de la "dominación del espectro total"[178], el 11 de septiembre y el

---

[175] Entendidos como la capacidad de control de flujos legales e ilegales de mercancías, recursos estratégicos y personal militar hacia los centros de poder.

[176] destacándose cada vez más el papel adquirido por la información dentro de este esquema de movilidad en las nuevas formas de división subregional para la dominación imperial.

[177] A *Fort Buchanan* y *Roosevelt Roads*.

[178] En inglés llamado *full espectrum dominance*, sustentándose en la superioridad norteamericana en el plano de la guerra convencional, en la guerra irregular, así como en la posibilidad de realizar "intervenciones rápidas" gestionadas por el Comando Sur de los Estados Unidos, el cual, según su sitio oficial, estaría encargado de ejecutar la doctrina estadounidense a través de la promoción y organización de actividades conjuntas con las Fuerzas Armadas latinoamericanas, controlando la denominada "Área de responsabilidad" (AOR) integrada por 32 países del hemisferio (abarcando 23,2 millones de kilómetros cuadrados) y dirigida desde su central de operaciones en Miami. Para ampliar recomendamos la lectura del texto titulado "USSOUTHCOM´S Theater Strategy", www.southcom.mil.

impulso del nuevo milenio brindaban la posibilidad de fundamentar con renovados bríos la implementación de este asunto:

> Se asistirá a las Fuerzas Armadas de Latinoamérica y el Caribe en su desarrollo, capacitación y modernización de sus estructuras (…) (El objetivo es) no dejar resquicios para el *enemigo real* o potencial, no darle tiempo de recuperar fuerzas, de recomponerse; perseguirlo en los subsuelos, en tierra, aire y mar; vigilarlo, *disuadir cualquier iniciativa contestataria; cualquier transgresión de las reglas tácitas del poder* y, en su defecto, aniquilarlo; esto es: dominar en todo el espectro (Joint, 2000. Remarcado nuestro).

En realidad, la Casa Blanca perseguía impedir la conformación de un bloque suramericano contra-hegemónico (intención que en algún momento se le atribuyera a Brasil y luego a Venezuela), y dificultar las iniciativas de combinación económica en beneficio de los pueblos o de concertaciones políticas en las que la participación de Washington estuviera excluida –como el Mercado Común del Sur (MERCOSUR), la Comunidad Andina de Naciones (CAN), el grupo *Rio*, etc.– (Diamint, 1997: 74); al tiempo que procuraba evitar la injerencia extra-continental mientras profundizaba la propia.

Esto floreció acompañado por la labor del Centro de Operaciones Conjuntas Aéreas del Comando Sur, el cual fue obteniendo la autorización local para el montaje de plataformas de información y de despliegue rápido apropiadas para asegurar los programas de vigilancia y sobrevuelo del Pentágono en las posesiones holandesas de Curazao y Aruba y en Manta, Ecuador[179], reactivando la base Soto Cano en Honduras[180], la de Guantánamo en Cuba, la de Palmapampa en Perú, demandando la utilización de la instalación de Barranquilla y de la isla de San Andrés en Colombia (además de las de Palanquero, Apiay y Tres Esquinas), y programando la de Comalapa en El Salvador, junto con la de Pedro Juan Caballero en Paraguay.

---

[179] La cual recién en 2009, luego de operar diez años, fue desautorizada por orden del presidente Rafael Correa para el accionar de las fuerzas estadounidenses y entonces las tropas imperiales debieron abandonar el lugar.

[180] Esta había sido creada en 1983 para sostener la política estadounidense en la región, en especial en Nicaragua. Reducida en sus funciones fue reactivada en 1996.

Como mencionamos, la "renovación" incluía un reposicionamiento geoestratégico en pos de asegurar la llegada de elementos vitales hacia los centros de poder[181], pero para eso no solo se requería readecuar la infraestructura militar de América y formar a las armadas locales tras la doctrina estadounidense, sino también desplegar asistencia a través de "planes de desarrollo" –como el Plan Colombia[182], el Plan Puebla Panamá y la Iniciativa Mérida– con el fin de explotar la biodiversidad alojada en aquellas naciones ricas en bienes naturales, pero consideradas *inestables* políticamente (debido a la pobreza en términos de ingreso de sus habitantes).

En este sentido se orientó la Iniciativa de Infraestructura Regional Suramericana (IIRSA), uno de cuyos corredores (formalizado en agosto del 2000 en una Reunión de Presidentes de América del Sur llevada a cabo en Brasilia) "bajaría" de manera vertical desde Brasil hasta la desembocadura del río Paraná en Argentina[183], para toparse con otro corredor horizontal de comunicación entre el océano Atlántico y el Pacífico, marcando así una ruta de acceso y salida hacia el centro suramericano con tránsito obligado por Paraguay.

La ubicación del Paraguay en el centro geográfico e hidrográfico entre ambos ejes –que se presentará en los mapas a continuación– demuestra la relevancia estratégica asignada al país, ofreciendo una de las explicaciones del porqué de la presencia directa de Estados Unidos en este punto neurálgico para su plan.

---

[181] La planificación sobre América Latina y el Caribe resultó acompañada por un proyecto de renovación de la dominación desarrollada en el marco del ESCH, cuya característica principal consistió en aplicar una representación del espacio distinta de las definiciones propuestas por la geopolítica tradicional, es decir, una concepción diferente de lo territorial que se iría ensanchando durante los años siguientes debido, en parte, a las transformaciones tecnológicas.

[182] El cual Clinton había considerado como un asunto de "seguridad nacional" y por eso implementó una serie de programas de asistencia económica y militar -mientras demandaba el apoyo a otras naciones como Argentina, Perú, Venezuela y Brasil (apoyo que no siempre le fue otorgado)-.

[183] Incorporando parte de Argentina con otras de Bolivia, Brasil, Paraguay y Uruguay relacionadas con los ríos Paraguay, Paraná, Tieté y Uruguay.

Eje de Capricornio de la
IIRSA

Eje de la Hidrovía Paraguay-
Paraná[184]

Fuente de ambos mapas: sitio web oficial, en www.iirsa.org

La franja Capricornio, pensada en torno de la conexión entre Porto Alegre, Asunción, Jujuy y Antofagasta[185], comprendería (i) la Región Litoral Atlántico integrada por los Estados de Río Grande do Sul, Santa Catarina y Paraná de Brasil y la Meso Región Sudoeste Matogrosense del Estado de Mato Grosso do Sul; (ii) la Región Noreste, constituida por el noreste de Argentina (provincias de Misiones, Corrientes, Formosa, Chaco y el norte de Santa Fe) junto con la región Oriental del Paraguay; (iii) la Región Noroeste conformada por el noroeste de Argentina (Santiago del Estero, Tucumán, La Rioja, Catamarca, Salta, Jujuy y cuatro municipios de Córdoba); (iv) la Región Occidental de Paraguay y los departamentos de Santa Cruz, Tarija y Potosí de Bolivia; y (v) la Región Litoral Pacífico conformada por el norte de Chile (las Regiones Primera, Segunda y Tercera, Tarapacá, Antofagasta y Atacama, respectivamente).

---

[184] El área de influencia del Eje de la Hidrovía Paraguay-Paraná es intersectada por distintos corredores transversales (viales y ferroviarios) que la vinculan con los Ejes Interoceánico Central, de Capricornio y MERCOSUR-Chile. El territorio definido para el Eje de la Hidrovía Paraguay-Paraná alcanza una superficie de 3.837.593 km2, lo que representa al 29,57% de la suma de superficie total de los países que lo conforman.

[185] Ver los diversos "ejes de integración y desarrollo" publicitados en el sitio web oficial del proyecto IIRSA, en www.iirsa.org.

Dentro de estas zonas se localizarían importantes centros urbanos que funcionarían como nodos de articulación, incluyendo –enunciados en sentido este-oeste– a Paranaguá, Ponta Grossa, Curitiba, Florianópolis, Joinville, Chapecó, Porto Alegre, Caxias do Sul, Passo Fundo, Erechim, Santa María, Santa Cruz do Sul, São Borja, Foz de Iguazú, Dourados, Ciudad del Este, Puerto Iguazú, Encarnación, Apóstoles, Posadas, Asunción, Corrientes, Resistencia, Reconquista, Santa Fe, Formosa, Santiago del Estero, Cosquín, Tucumán, Salta, Jujuy, Catamarca, La Rioja, Santa Cruz, Tarija, Potosí, Copiapó, Antofagasta e Iquique; abarcándose aproximadamente 2.798.318 kilómetros cuadrados o casi el 21 % de la suma de las superficies totales de los cinco países integrantes de esta franja, con una población aproximada de casi cincuenta millones habitantes[186].

Por ende, Capricornio iría atravesando los ríos, las montañas y las llanuras de todo el cinturón mencionado, tendiendo líneas para la extracción de recursos vitales y para su posterior traslado hacia polos norteamericanos por medio de la combinación de carreteras, ferrovías e hidrovías[187] vigiladas tras el ambicioso proyecto imperial.

En el año 2000, Paraguay concedería un ejemplo más de cómo la región se iba reestructurando en base a los planes del Pentágono, con el desplazamiento de la Administración Nacional de Navegación y Puertos

---

[186] Según los datos de las proyecciones estadísticas del 2008, elaboradas por los institutos estadísticos de cada país, lo que representaría al 19,02% de la suma de la población total de dichas naciones, calculándose en su área de influencia una densidad poblacional promedio de 17,83 habitantes/km2, nivel medio-bajo general caracterizado por una fuerte dispersión geográfica.

[187] Por ejemplo, la red suramericana que uniría al Orinoco con los ríos Negro, Amazonas, Madeira, Mamoré, Guaporé, Paraguay, Tiete, Paraná y del Plata, permitiendo el transporte fluvial desde Venezuela hasta Buenos Aires. O la de comunicación del delta del Amazonas con el océano Pacífico a través del rio Putumayo, atravesando los Andes en su punto más angosto y bajo para llegar por autopistas al puerto colombiano de Tumaco y al ecuatoriano de San Lorenzo. O la intención de dominio de las "cinco fronteras" entre Colombia, Perú, Venezuela, Perú y Ecuador (poseedora de una gigantesca bolsa de petróleo compartida) y la idea de montar una carretera marginal de la selva que llegara desde Perú hasta Surinam para controlar el lugar de nacimiento de los grandes ríos del Amazonas, el Caquetá, el Putumayo, el Apaporis y el Vaupés en Colombia, el Napo en Ecuador y el Marañón y el Ucayalli en Perú. Para ampliar este punto recomendamos el artículo de Alberto Pinzón Sánchez, "Operación geoestratégica global de Estados Unidos para anexar América Latina" en www.ecoportal.net.

(ANNP) de la fiscalización sobre los puertos privados[188] contemplados en la IIRSA, los cuales pasarían a depender del control de la Dirección General de Marina Mercante (organismo dependiente del Ministerio de Obras Públicas)[189].

De hecho, mediante la traza del IIRSA se podía inferir el interés de Washington en relación con las inversiones que se encontraban destinadas al emplazamiento de logística para el modelo empresarial extractivista de trasnacionales como Cargill y Monsanto (para el periodo 2005-2025 se contemplaban obras planificadas para la exportación fluvial e infraestructura vial en Paraguay ligadas al agronegocio por la suma de 900 millones de dólares), o para el despliegue militar .

Estos ambiciosos montajes pensados para abonar la circulación de los flujos legales e ilegales de recursos estratégicos requerían de mediaciones gubernamentales en cada una de las naciones. Otro ejemplo de este entramado relacional y de intereses entre representantes imperiales y locales lo brindaría el mapa que Donald Rumsfeld le regalara al intendente del Chaco paraguayo, evidenciando el rol que jugaría el aeropuerto de Mariscal Estigarriba y su búsqueda de "terroristas" en ese remoto y desértico lugar. Plano en el cual se apreciaban los corredores de integración que los comisionados del norte insistían en robustecer –junto con la pista de aterrizaje ubicada en dicho sitio[190]–.

---

[188] Para conocer en detalle cada una de las obras proyectadas para Paraguay en el marco del IIRSA recomendamos la lectura del apartado escrito por Tomas Palau titulado "Otros intereses del agronegocio en Paraguay", pág. 84-92, en el libro de Luis Rojas Villagra, *Los actores del agronegocio en Paraguay*, BASE IS Diakonía, Asunción, 2009.

[189] En efecto, Por Decreto Presidencial N° 14402/2001 se designó el 23 de agosto de 2001 a la Marina Mercante dependiente del Ministerio de Obras Publicas y Comunicaciones como órgano de aplicación de la Ley N° 419/94, para la creación, habilitación y funcionamiento de los Puertos Privados. Esta designación se hizo a solicitud del Ministerio de Obras Públicas y Comunicaciones, que requirió se deje sin efecto el Decreto N° 107016/00, de fecha 5 de octubre de 2000, y se designe a la Dirección de Marina Mercante como órgano de aplicación y cumplimiento de las disposiciones legales que rigen a los Puertos Privados, Disposiciones y Decretos reglamentarios, hasta tanto se determine un Ente Regulador de las actividades portuarias

[190] Desde la cual podrían despegar, por ejemplo, aviones estadounidenses Galaxy (con una autonomía de vuelo de 8000 kilómetros), cubriendo un área de 4000 kilómetros a la redonda y permitiendo una rápida incursión desde Estados Unidos en América del Sur.

Mapa de la IIRSA colgado en la oficina del intendente de Mariscal Estigarribia

Fuente: imagen tomada por Sonia Winer en Mariscal Estigarribia en 2006.

Iniciativas como IIRSA poseían a su vez una finalidad secundaria, pero no menor, que consistía en rodear al pulmón del hemisferio y gran reservorio de riquezas del mundo de manera estratégica, custodiado por un Brasil que observaba receloso las pretensiones de Washington y de sus intereses corporativos plutocráticos, el cual para ponerle coto terminaría trazando su propia doctrina defensiva nacional.

Preocupados por la incorporación de la ecología en la agenda de los encuentros del ECSH que propugnaban "compartir la carga" de los estadounidenses con los suramericanos respecto de la seguridad, las Fuerzas Armadas brasileñas plantearían como hipótesis de conflicto que las operaciones "conjuntas" organizadas por el Comando Sur en Guyana, Venezuela, Colombia, Perú, Argentina y Paraguay tenían como verdadero propósito el "practicar" una futura ocupación de la parte del pulmón selvático que se hallaba bajo su jurisdicción estatal. A la sazón, publicaron la *Doctrina de Seguridad Natural* delineando las implicancias de una posible invasión sobre su territorio y propugnaron "la integración del espacio amazónico al núcleo de poder estatal" tras interpretar al "activismo preservacionista" norteamericano[191] como una treta engañosa, cuyo fin era generar mecanismos internacionalizados sobre la cuenca –vía relación con los pueblos originarios o la supuesta preservación del medioambiente– para que la población local dejara de identificarse con Brasil.

En efecto, las formas diversas que habían ido tomando los riesgos de post guerra fría en los noventa, durante el desarrollo del ESCH, habían matizado el paradigma soberano –en favor del carácter "global" de los peligros compartidos– logrando que los espacios fronterizos entraran en conflicto con la idea de límite tradicional. Así se había configurado la paradoja siguiente: cuanto más se convertían en prioridad estratégica en el marco de un sistema mundial cada vez más desnacionalizado[192], más sobrevenían en ámbitos de tensión, cuestionamiento y conflicto, en especial frente a una normativa y a una ideología tendientes a interpelar al poder estatal[193].

Como analizaremos luego, este fenómeno manifestado en el Amazonas, también se daría en la Triple Frontera, en el Chaco paraguayo (lindante con Bolivia) y en el noreste paraguayo (pegado a Brasil).

Por ende, en el contexto del nuevo milenio, la *estabilidad* de Paraguay –sumergido en una terrible crisis interna– también adquiría importancia debido a su cercanía con Brasil, producto de la disputa velada entre el Pentágono e Itamaratí en torno del reservorio genético e hídrico más grande del continente: el Amazonas.

---

[191] Acompañado por algunos gobiernos latinoamericanos, sectores intelectuales, eclesiales y organizaciones no gubernamentales.

[192] Frente a un sistema de de Defensa y Seguridad internacional que tomaba forma mediante normas y reglas impulsadas desde la OEA tendientes a limitar la soberanía a favor de procesos de decisión globales, cuyos objetivos serían garantizar la seguridad estadounidense en el "desorden global". Sobre este tema recomendamos el artículo de Edgardo Manero, "Strategic Representations, Territory and Border Areas: Latin America and Global Disorder", *Geopolitics*, n° 12, 2007.

[193] Aunque también afloran espacios de tensión y resistencia como los expresados en el I y en el II Foro Social de la Triple Frontera o en las posiciones de gobiernos como el brasileño, negando las nociones de "Estados débiles" y de "territorios ingobernables".

Mapa de la cuenca hidrográfica del Amazonas

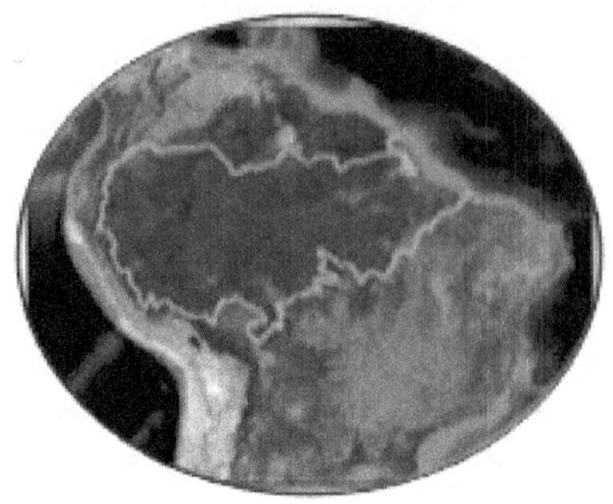

Fuente: www.unique.southamerica.com

La crisis interna del cambio de siglo en Paraguay y la alianza con los republicanos

Paraguay llegaría al 2001 con una profunda crisis de dominación, una marcada pérdida de legitimidad hacia las autoridades coloradas y una consecución de prácticas represivas por parte de las fuerzas estatales que perduraban desde los tiempos del stronismo.

Dicho escenario de descreimiento institucional se había ido cultivando desde la apertura post dictatorial, en parte debido a las consecuencias socio-económicas que estaban generando las políticas neoliberales implementadas durante décadas, a través del impulso de programas que postulaban la primacía del mercado por sobre el Estado y la Sociedad.

Ya desde los ochenta, en el Paraguay —así como en la mayoría de los países latinoamericanos— las clases dominantes habían interpretado que los regímenes representativos democrático (y en este caso particularmente restringidos) se presentaban como garantes más eficaces para imponer políticas de corte neoclásico, acentuando de este modo la tendencia en favor de la ganancia del capital y convalidando la transferencia de ingresos que había sido operada durante los tiempos de terrorismo estatal.

Los resultados de esta fase conllevaron en toda la región una elevada concentración de la riqueza en sectores minoritarios y un alarmante empobrecimiento de los sectores populares.

Paraguay no fue la excepción de esta tendencia y, para finales de la década del noventa, el 40% de su población se repartía el 10% del total de los ingresos, mientras que el 10% de la cima de la pirámide se llevaba el 40% del total[194] (Labatut, 2006: 9).

Entre 1995 y el 2001 el deterioro de la base de la pirámide mostraba índices de pobreza y pobreza extrema que crecían de manera sostenida a tasas de un 12,8% –pasando del 30,3 % y de 13,9 % en 1995 al 33,9 % y 15,5 % respectivamente en 2001–[195]; lo cual impactaba en más de dos millones de personas que en su mayoría vivían en zonas rurales y en los cinturones de Asunción.

En el gráfico siguiente se puede apreciar dicha situación, con el agravamiento sucedido entre los años 2000/2001 y el año 2002.

Gráfico de incidencia del total de pobreza por área de residencia (%)
1997/8-2008

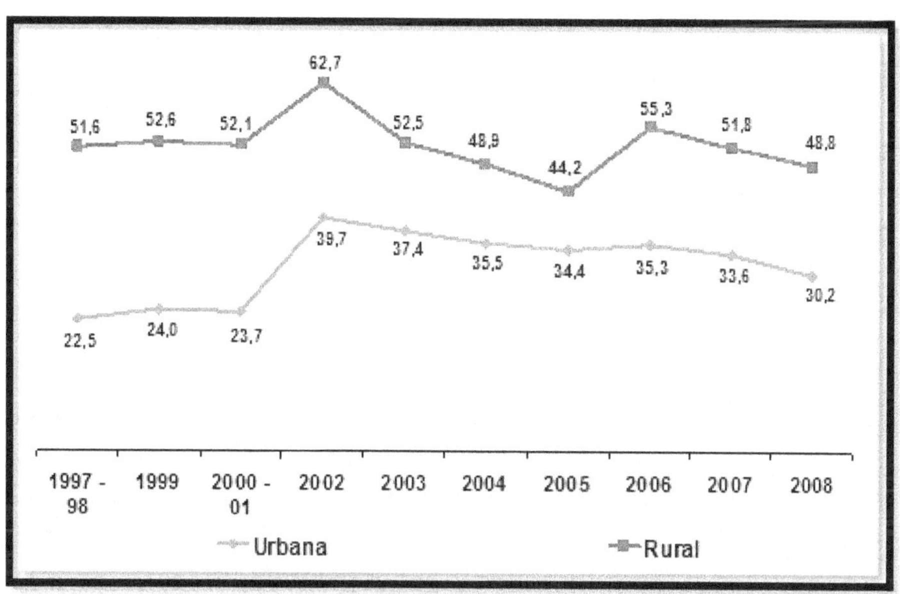

Fuente: www.dgeec.gov.py

---

[194] Las estadísticas oficiales de la época eran cuestionadas, lo cual generó un acalorado debate metodológico introducido por la Dirección General de Estadísticas, Encuestas y Censos de Paraguay sobre la construcción de indicadores de pobreza.

[195] Para ampliar recomendamos la lectura de "Principales Indicadores de Pobreza y Distribución de los Ingresos" en "Resultados de la Encuesta Permanente de Hogares 2010" publicada en www.dgeec.gov.py.

Valores mensuales de la línea de pobreza extrema y pobreza total por dominio de estudio. 1997-2010 (guaraníes)

Año	Área Metropolitana		Resto Urbano		Área Rural	
	Línea de pobreza extrema	Línea de pobreza total	Línea de pobreza extrema	Línea de pobreza total	Línea de pobreza extrema	Línea de pobreza total
1997-98	94.648	185.968	72.634	130.940	67.211	111.124
1999	104.293	211.175	80.036	148.278	70.060	125.457
2000-01	120.068	242.632	92.142	170.397	85.262	144.200
2002	140.023	288.358	107.456	202.165	99.433	170.763
2003	160.217	311.654	122.953	219.642	113.773	186.594
2004	166.251	322.823	127.583	227.552	118.058	193.349
2005	187.680	358.992	144.028	253.406	133.275	215.654
2006	232.438	409.334	178.376	291.321	165.059	250.123
2007	268.406	450.839	205.978	322.458	190.600	278.326
2008	277.766	474.703	213.162	338.902	197.247	291.948
2009	288.433	489.045	221.348	349.435	204.822	301.290
2010	317.510	525.960	242.662	376.753	225.470	325.707

Fuente: www.dgeec.gov.py

En 2001 se produjo, además, una disminución del poder adquisitivo del salario de los trabajadores del campo y de la ciudad[196], que coincidió con una inflación oficial del 8,4% y un desempleo en torno al 37, 4%, lo que acrecentó el desasosiego de la población (Pilz, Riquelme, Villalba, 2006: 26 y 27). El malestar social se tradujo en una serie de huelgas realizadas por trabajadores urbanos y por movimientos campesinos en la capital, que no solo expresaron el elevado grado de conflictividad con que se arribaba al nuevo milenio, sino también del nivel de críticas y de capacidades de organización de las clases subalternas que no reconocían precedente igual desde los inicios de la liberalización. Únicamente durante 2001 se contabilizarían setenta y tres acciones de protesta (Riquelme, 2003).

---

[196] Producto de la dependencia de la cotización de la moneda nacional, el guaraní, de las oscilaciones del dólar en el plano internacional.

La situación se agravó cuando se conoció que durante los primeros dos años de gestión de Macchi, funcionarios públicos afiliados a la ANR habían aprovechado la fragilidad del titular del ejecutivo para incrementar su patrimonio personal a costa de los bienes públicos: entonces, los escándalos de corrupción se multiplicaron y el descontento se vio exacerbado, a su vez, por el aumento de tarifas de los servicios esenciales y el incremento de la deuda externa[197].

La precariedad política de González Macchi[198] quedó en evidencia cuando no obtuvo los apoyos necesarios para la administración gubernamental dentro del propio ámbito partidario, el cual continuaba atravesado por las internas entre dirigentes colorados y las dinámicas de fragmentación.

En el frente interno, las exigencias por la renuncia del presidente se propagarían entre diversas consignas de los movimientos sociales; mientras que en el frente externo, los procesos de cambio que atravesaban los países vecinos propalaban el temor de "contagios" a nivel local. Entre ambos frentes, en la oligarquía terrateniente y empresaria –asociada a los partidos tradicionales y al capital trasnacional– se generó entonces una intensa preocupación ante eventuales vientos de cambio.

La coyuntura de aquellos años se destacó por las crisis de dominación producidas en diversas naciones debido a los efectos del neoliberalismo y por las emergencias de propuestas alternativas de desarrollo nacional y regional:

- En Venezuela, en 1999 había llegado al Palacio de Miraflores, de la mano del Movimiento Quinta República, el político y militar Hugo Chávez Frías, quien desde sus inicios señalara que, debido a las conspiraciones de la Casa Blanca para su derrocamiento, era preciso conformar una unión antiimperialista regional y luego replantearse un "socialismo del siglo XXI".

- En Bolivia, las protestas suscitadas en el marco de la llamada "guerra del agua" forzaban la salida de la multinacional Bechtel dando cuerpo a un empoderado movimiento social que, poco tiempo después (en 2006),

---

[197] Que alcanzó los 2.201 millones de dólares, cuatro veces más que la reserva monetaria de Paraguay.

[198] Quien había asumido la presidencia luego del atentado de 1999 contra Argaña, refrendado por un decreto de la Corte Suprema de Justicia que lo habilitara a terminar el mandato de Cubas Grau hasta 2003.

tras la renuncia del presidente Sánchez de Losada, posicionaría como presidente a un referente del Movimiento Hacia el Socialismo, el "cocalero" Evo Morales.

- En Argentina, movilizaciones populares que en el año 2001 habían provocado la renuncia del presidente Fernando de la Rúa y de su ministro de Economía, Domingo Cavallo —todo un símbolo del pensamiento neoclásico ortodoxo—, devinieron en la conformación de nuevas organizaciones conocidas como "asambleas barriales" las cuales, en acciones compartidas con los trabajadores desocupados, y con diversos sectores gremiales y partidos políticos de izquierda, anunciaban la crisis de los partidos tradicionales y convocaban a la conformación de un nuevo régimen político bajo control de la ciudadanía.

- En Brasil, ya se avizoraba el triunfo electoral del sindicalista Luis Ignacio Lula da Silva (quien llega al gobierno en 2003), apoyado por una alianza progresista de sindicatos y movimientos sociales —en especial el Movimiento de los Sin Tierra—, nucleados en el *Partido dos Trabalhadores* (PT).

- En Uruguay, se percibía el aumento de popularidad de la propuesta del Frente Amplio —espacio político liderado por reconocidos izquierdistas, sindicatos y movimientos—, que culminaría con el triunfo de Tabaré Vázquez en las elecciones presidenciales de 2005.

En este marco, no es de extrañar el desvelo de la oligarquía paraguaya y del propio Macchi, que devino en la decisión de promocionar una drástica intervención co-participada con los republicanos para castigar con mayor dureza la movilización social y restablecer un orden *cuasi preventivo* al interior de Paraguay. Por ende, se apostó por incrementar un acercamiento con George W. Bush, con la ilusión de que el apoyo imperial permitiría al dirigente colorado soportar los altos índices de cuestionamientos que enfrentaba su administración y finalizar su mandato (es decir, llegar a 2003) a la vez que fortalecería la posición del Palacio de López dentro del MERCOSUR.

Macchi, al apoyarse en las gestiones de la sede diplomática norteamericana de Asunción, remedaba nuevamente la enorme (i) influencia de Washington en los asuntos nacionales y el (ii) síndrome paraguayo de país amenazado por sus contiguos —principio que continuaba reapareciendo de manera circular—. Recordemos que tras estas decisiones se evidenciaban la pervivencia de representaciones construidas en torno de las guerras del pasado y de las antiguas pretensiones y disputas del Cono Sur.

Por ende, la penetración del supuesto peligro contiguo -que no había sido erradicado ni por la DSN ni por el ESCH, más bien todo lo contrario- confluía con el *lobby* de la embajada de Estados Unidos y con las iniciativas de la Casa Blanca de sumar aliados para su política conservadora exterior.

Los caminos de criminalización de la protesta popular, trazados por la administración de Macchi, recrudecieron y se aceleraron tras los hechos ocurridos el 11 de septiembre debido a los acuerdos que Paraguay firmó en torno de la cuestión "antiterrorista" delineada por el Pentágono.

> Lo acaecido el 11 de septiembre de 2001 nos enseñó que Estados débiles (…) pueden representar un peligro tan grande para nuestros intereses nacionales como los Estados poderosos. La pobreza no hace que los pobres se conviertan en terroristas y asesinos. Pero *la pobreza, las instituciones débiles y la corrupción pueden hacer que los Estados débiles sean vulnerables a las redes terroristas y a los carteles de narcotraficantes dentro de sus fronteras* (…) Estados Unidos se ve ahora amenazado no tanto por conquistadores como por Estados Fallidos. (…) Miles de terroristas entrenados siguen en libertad y han establecido células en Norteamérica, *Sudamérica*, Europa, África, el Oriente Medio y en toda Asia (TRADOC.White House, Bush, 2002: 3. Remarcado nuestro).

La influencia republicana sobre el gobierno colorado se tradujo en una serie de medidas gubernamentales acompañadas por acciones legislativas y por posiciones diplomáticas pro-norteamericanas, tanto en el ámbito internacional de la OEA, como en el nacional al interior de Paraguay.

Un ejemplo de ello se expresó cuando, apenas conocida la caída de las torres gemelas, Macchi autorizó para el día 17 de septiembre el arribo de un avión estadounidense con cuarenta funcionarios del *Federal Bureau of Investigation* (FBI)[199] en Asunción, también con la detención el 18 de septiembre de comerciantes de origen árabe en Ciudad del Este (Valiente, 2001: 85)[200] sospechados de tener relación con miembros de Al Qaeda[201]. Veinticuatro horas después[202], el representante local en la reunión de Cancilleres de la OEA se pronunciaba a favor del pedido realizado

---

[199] Para ampliar recomendamos visitar el propio sitio oficial del FBI en www.fbi.gov/espanol.

[200] Ver el capítulo escrito por Hugo Valiente, "Detenciones ilegales y arbitrarias" en *Derechos Humanos en Paraguay 2001*, Codehupy, Litocolor, Asunción, 2001, p. 85.

[201] Ver declaraciones del canciller José Antonio Monero Rufinello en *Ultima Hora*, 18/9/2001.

[202] Ver *Ultima Hora*, 19/9/2001.

por la Casa Blanca para reactivar el TIAR, mientras que el Palacio de López se constituía en el único gobierno que apelaba a una resolución del Consejo de Seguridad de la Naciones Unidas para declararse en estado de "guerra contra el terror":

> Los Estados miembros se encuentran obligados a combatir las nuevas amenazas, contra la paz y seguridad en el Orden, lo que implica estar en alerta y en guerra contra las *fuerzas irregulares* que ponen en peligro los fundamentos no solo del Estado de Derecho, sino los fundamentos mismos de nuestra civilización (Resolución 1337 reproducida por Castillo, 2002: 45. Resaltado nuestro)[203].

Ese pronunciamiento diferenció la posición de Macchi del resto de los presidentes suramericanos[204], resultando a partir de allí que las leyes militares pasaran a tener primacía sobre el ámbito civil —sobresaliendo la competencia castrense por sobre la justicia ordinaria e impidiendo la posibilidad de juicio a miembros de las Fuerzas Armadas—, mientras se les otorgaba a las fuerzas norteamericanas libertad de acción total dentro de Paraguay.

Comenzaría entonces un renovado recorrido de la línea planteada por Estados Unidos, expresado en la (i) promoción cada vez más permanente del trabajo conjunto policial-militar en Paraguay, recomendado por las agencias imperiales pero a la que otras naciones aledañas se resistían por violar su normativa local; en la (ii) institucionalización político-jurídica de las tendencias promovidas por Washington a nivel continental ligadas al paramilitarismo y el contraterrorismo y, sobre todo, en los (iii) permisos brindados por el gobierno colorado para que el personal civil y militar norteamericano pudiera moverse (ingresando equipamiento, armas o lo que considerare pertinente) y actuar sin control ni restricciones dentro de Paraguay.

---

[203] Para ampliar recomendamos el apartado publicado por Orlando Castillo, "Derecho a la Paz y al Desarme. Fuerzas Armadas se consideran en guerra", en *Derechos Humanos en Paraguay 2002*, Codehupy, Litocolor, Asunción, 2002, p. 445.

[204] Para comparar las reacciones latinoamericanas ante los atentados del 11/9 recomendamos el artículo publicado por Soriano y Mackay, "Redefining Hemispheric Security alter September 11" en *Focal Policy Paper*, 2003, www.offnews.info.

Intervención "directa"[205] de agencias imperiales y fusión militar-policial

De más está aclarar que el rol jugado por los latifundios comunicacionales resultó funcional a las medidas tomadas por la alianza colorado-republicana para institucionalizar, normativamente, estas representaciones de la amenaza enmarcadas en la ESN y conseguir tanto la (i) fusión entre lo militar-policial, como el (ii) ingreso directo e irrestricto de personal del imperio al país.

Estos dos fenómenos se formularon como políticas públicas, las cuales analizamos como "respuestas" dinámicas del aparato estatal[206] (Ozslak, O'Donell, 1984) a la movilización de las clases subalternas (Gramsci, 2006), en medio de una crisis de la estructura económica y de legitimidad de la dominación. Abordaje que sustentamos sobre la tesis que las define como relación atravesada por luchas y contradicciones sociales e históricamente variables –es decir, posibles de modificar mediante la acción– (Thwaites Rey, 2005: 8 y 9).

Además, el trasfondo particular sobre el cual se implementaron las políticas de Seguridad y Defensa –caracterizado por un "Estado paraguayo de legalidad parcial"[207] (Burgos Silva, 2003: 16), una justicia orientada hacia la persecución de militantes populares y copada por los poderes fácticos– resultó ser otro de los elementos facilitadores para la adopción de los lineamientos contenidos en la ESN durante los dos últimos gobiernos colorados previos a la llegada del luguismo.

Las fuentes principales que utilizamos para el estudio de las políticas entre los años 2001 y 2008 se centran en los decretos del poder ejecutivo nacional para la movilización de las Fuerzas Armadas número 17.370 y 17.855, 17.855, 17.870, y 167; la Resolución 503 de la Cámara de Senadores, "Por la cual se autoriza el ingreso al país de tropas de las Fuerzas

---

[205] En alusión al incremento de la presencia estadounidense en Paraguay durante el período abordado.

[206] En el que perdura la alianza gubernamental colorada con sectores del poder empresarial y miembros de las Fuerzas Armadas y que expresan el estado de la correlación de fuerzas entre clases o grupos antagónicos (tanto en el ámbito nacional como en el hemisférico regional).

[207] Pese a la reconfiguración institucional realizada en el plano formal a partir de 1992, aún en 2003 el Estado paraguayo se encontraba enmarcado por dicha legalidad pero no sujeto a ella.

de los Estados Unidos de América", y las normas legislativas 1337/99, 2447/04 y 2594/05 conocidas popularmente como "leyes de inmunidad"; así como también las "Comisiones de Seguridad Ciudadanas" –o "comisiones garrote"–, el "Plan Nacional de Prevención del Delito y Seguridad Ciudadana de Paraguay"[208] y el "Plan piloto de la zona Sur de Limpio" iniciados en los años 2001 y 2002 respectivamente. Ambos planos convergieron dentro de las directrices de la ESN.

Por una parte, el primero de los decretos –el 17.370–, además de asentar el primer precedente legal que disponía la utilización conjunta de la fuerza militar con la policial para "evitar cierres de ruta y atentados contra terceros" (PEN, 31/5/2002), condujo reglamentaciones especificadas por su retroactividad[209] y por su violación de derechos. Por otra parte, las leyes 1337/99, 2447/04 y 2594/05 pusieron el acento sobre otra dimensión de la relación entre Washington y Asunción, expresada a través de la autorización irrestricta norteamericana –en detrimento de la soberanía territorial y renunciando a la capacidad estatal de imputar al mismo en instancias internacionales en caso de que se cometieran delitos de lesa humanidad–.

Una demostración de los efectos de dichas medidas se suministró el 31 de mayo del 2002, cuando Macchi firmó el texto n°17.370, que regiría para las detenciones previstas a realizarse en una marcha del día siguiente. A comienzos del mes de mayo de 2002, una importante red de organizaciones campesinas nucleadas en el "Congreso Democrático del Pueblo"[210] (CDP) había convocado a la población en general a manifestarse el 1 de junio en contra de la privatización de los entes públicos –establecida por la ley n°165–; con la consigna de tomar las calles y rechazar ese y otros proyectos legislativos de reforma de la banca pública, de concesión de rutas, de aplicación de un nuevo impuesto agropecuario y de la llamada "ley antiterrorista", entre otras medidas promovidas desde el Congreso y desde el Palacio de López, que generaban la indignación popular.

---

[208] El cual comienza a implementarse durante el año 2001 bajo la administración del fiscal general del Estado, Germán Latorre.

[209] Si bien se emitió el 31 de mayo se consideró que regía desde el día 30 del mismo mes.

[210] El cual volvió a ser convocado el 1 de marzo de 2015 para la lucha contra la privatizadora Ley de Alianza Público-Privada propuesta por el presidente Horacio Cartes y para denunciar una nueva militarización del país.

El 17.370 resultó ser la primera actividad oficial que buscaría brindar un marco jurídico a las tareas que el Ejército realizaba con cotidianeidad en sitios como el Departamento de San Pedro, con el objetivo de impedir la participación de los sectores campesinos en las jornadas de protesta.

Cuatro días después de la publicación del decreto, y cuando se conoció la noticia de la ejecución del dirigente Calixto Cabral por causa de un disparo policial, el clima de conflictividad se expandió y las reprobaciones masivas se multiplicaron tanto en el campo como en la ciudad.

A partir de entonces, los discursos político-jurídicos tendientes a institucionalizar el involucramiento de las Fuerzas Armadas en cuestiones seguritarias continuaron publicándose sin cesar, avaladas por el partido colorado, por funcionarios norteamericanos y por la sede diplomática del imperio en Asunción.

Otro ejemplo, pero en el año 2005, se produjo cuando se montaron puestos militares de manera permanente cerca de los asentamientos rurales, donde también fuerzas de Estados Unidos dictaron prácticas y cursos contraterroristas para sus colegas paraguayos.

Otro hecho sintomático de este proceso fue la desaparición, tortura, y posterior asesinato extra-judicial de Juan Francisco Arrom y Anuncio Martí[211]. La dirigencia del movimiento social responsabilizó a los altos mandos policiales y al propio Macchi por estos crímenes, impulsando una serie de acciones en reclamo del esclarecimiento del caso —las que fueron aprovechadas por los seguidores del ex general Lino Cesar Oviedo para provocar algunos actos de vandalismo y exigir la renuncia presidencial—. El titular del ejecutivo reaccionó al cuestionamiento promulgando los documentos n°17.855 y n° 17.870 del 15 de julio del 2002.

El primer decreto conminaba a disponer "el empleo de elementos y otros medios de las Fuerzas Armadas de la Nación para cooperar con la Policía Nacional en el mantenimiento de la seguridad interior" (PEN, 15/7/2002), mientras que el segundo establecía en el Paraguay el "estado de excepción"[212] y habilitaba a Macchi para asumir todos los poderes y suspender las garantías constitucionales incorporadas en 1992[213]. Ambos

---

[211] Quienes militaban en el Partido Patria Libre (PPL) y supuestamente estaban vinculados con el secuestro de María Edith Bordón de Debernardi —secuestrada el 16 de noviembre de 2001 en el parque Ñu Guasu (y nuera del fallecido Ing. Enzo Debernardi, ex director paraguayo de Itaipú), retenida por casi tres meses hasta el 12 de enero de 2002, cuando fue liberada por sus captores tras pagar un rescate de un millón de dólares—.

[212] El cual no se declaraba desde el "marzo paraguayo" de 1999.

[213] Salvo el recurso de *habeas corpus*.

fueron aplicados de inmediato a 182 personas detenidas el día anterior en Ciudad del Este, Encarnación y en Asunción, sin tener en cuenta que las normas se habían establecido veinticuatro horas luego de su aprehensión –práctica que de allí en adelante se tornaría habitual– (CADA, 2006: 15 y 16).

Desde ese momento, se registró un incremento de la presencia militar extranjera en suelo paraguayo, evidenciando la difusión en las aguas que separaban a las fuerzas militares de las policiales. Con el liderazgo del Comando Sur, durante ese periodo se llegaron a organizar 16 actividades, entre las que se encontraban operativos de atención médica y odontológica a la población local como los denominados MEDRETE –sobre todo en el interior del país fronterizo con Bolivia y Argentina y en las zonas de mayor conflictividad campesina cercanas a la Amazonia brasileña–, y ejercicios militares de otra índole, junto con seminarios de formación profesional para las Fuerzas Armadas nacionales y vecinas de la región:

> Se calcula que entre 2002 y 2006 se han realizado 59 cursos, ejercicios militares, y actividades diseñadas, financiadas y lideradas por funcionarios militares que responden al Pentágono. *Al mismo tiempo que un importante incremento de visitas de altos funcionarios estadounidenses* (CADA, 2006: 9. Remarcado nuestro).

En efecto, en octubre de 2002, el general Hill –titular del Comando Sur– visitó el Palacio de López para transmitir la necesidad de crear una fuerza antiterrorista en la zona de la Triple Frontera entre Argentina, Brasil y Paraguay, asegurando tener comprobada en esa área la existencia de células de Al Qaeda (*ABC Color*, 19/10/2002: 6). Como ya mencionamos, estas afirmaciones se inscribían en la línea de las representaciones estratégicas hegemónicas de post guerra fría cuyas fronteras físicas, categorizadas como "permeables" –es decir, sin capacidad de control gubernamental–, deberían olvidar la noción de soberanía y los presupuestos de la geopolítica tradicional en beneficio de seguridad internacional "consensuada" por Washington en el marco del ESCH.

El "antiterrorismo" de la ESN recibió mayor impulso tras la asunción del nuevo presidente colorado Nicanor Duarte Frutos a la titularidad del ejecutivo paraguayo (2003-2008). Apenas ocuparon sus puestos, los responsables de la gestión consintieron el incremento de operativos militares imperiales, trepando estos a veinte ya desde el primer año de gobierno, con el despliegue de más de ciento treinta y tres efectivos norteamericanos tierras adentro.

La influencia de Estados Unidos para repercutir en la política exterior —si bien tenía enorme gravitación en la política de Paraguay—, en el contexto regional, ya no traccionaba con tanta comodidad a las naciones suramericanas como lo hiciese en la década anterior, evidenciado la incapacidad de obtener alineamientos automáticos por parte de los países del Cono Sur —alineaciones bautizadas en Argentina como de "relaciones carnales"[214]—.

Esto quedó plasmado en la Conferencia Especial sobre Seguridad Hemisférica realizada en Monterrey en 2003 —y en otros foros y conferencias internacionales de la OEA—, donde la Casa Blanca debió acudir a la gestión del Palacio de López para intentar convencer a sus vecinos de que apoyaran su posición.

En la reunión de Monterrey se alcanzaron a incorporar una serie de puntos de interés norteamericano en el documento final: la célebre "Declaración sobre Seguridad Hemisférica en las Américas" (DSHA).

Allí se publicó el cambio de la definición tradicional de Defensa por la de Seguridad, junto con una extensa lista de los riesgos de post guerra fría detallados en el apartado "nuevas amenazas, preocupaciones, y desafíos", los cuales incluyeron aspectos políticos, económicos, sociales, de salud y medioambientales:

Terrorismo, delincuencia organizada trasnacional, el problema mundial de las drogas, la corrupción, el lavado de activos, el tráfico ilícito de armas y las conexiones entre ellos; *Pobreza extrema y exclusión social de amplios sectores de la población*, que también afectan la estabilidad y democracia (…) y erosionan la cohesión social y vulneran la Seguridad de los Estados; los desastres naturales y los de origen humano, el VIH/SIDA y otras enfermedades, otros riesgos a la salud y el deterioro del medio ambiente; la trata de personas; los ataques a la seguridad cibernética; la posibilidad de que surja un daño en el caso de un accidente o incidente durante el trasporte marítimo de materiales potencialmente peligrosos, incluidos el petróleo, material radiactivo y desechos tóxicos; y la posibilidad de acceso, posesión y uso de armas de destrucción en masa y sus medios vectores por terroristas (OEA-DSHA, 2003: Sección II, párrafo 4, inciso m).

---

[214] Definición utilizada por el presidente argentino, Carlos Menem, para describir el vínculo de alineamiento de la Casa Rosada con la Casa Blanca durante la década del noventa.

Si bien varios autores[215] advirtieron sobre el peligro de retornar a una concepción totalizadora de la Seguridad –como en los tiempos de las dictaduras institucionales y de la DSN–, estos no se decidieron a visibilizar su énfasis en contrainsurgencia al reinstalar una representación del enemigo al interior de las fronteras (Gaspar Tapia, 2003).

Otros académicos (Chillier, Freeman, 2005) consideraron que el carácter "multidimensional", atribuido a las amenazas mencionadas en el documento, constituía una equivocada "seguritización" de los problemas de la región que buscaba legitimar la "militarización" como única forma de afrontarlos. Esta actitud se sostendría sobre (a) la tendencia histórica de intervención política de las Fuerzas Armadas durante los regímenes autoritarios o en contextos de inestabilidad; (b) en la posición de Washington sobre el combate contra las drogas promovida desde los ochenta –cuando se había logrado involucrar a los Ejércitos en nuevas funciones–; (c) en las crisis de los sistemas policiales padecidos por la mayoría de los países del continente y que pretendían saldarse con la incorporación militar; y (d) en la ESN de 2002, la cual había logrado expandir una extendida, pero poco clara, definición del adversario, justificando métodos de la guerra irregular también denominada "difusa".

El texto de la DSHA asimismo fue interpretado como un modo aventurado de asociar los problemas de desarrollo con las cuestiones de seguridad, una especie de "seguritización de la agenda del desarrollo"[216] en favor de un intento inadecuado de "resolver" una amplia gama de problemáticas diversas, ocultando la socio génesis de las mismas y su relación con una estructura social capitalista en su fase neoliberal.

Durante los años previos y por intermedio del ESCH se habían podido construir ciertos consensos gubernamentales respecto de la definición de los riesgos dentro de los integrantes del MERCOSUR, quedando estos también plasmados en la famosa declaración de Monterrey.

---

[215] Para ampliar este punto recomendamos el análisis de las diversas posturas académicas publicado por Gabriel Gaspar Tapia, "Desafíos y dilemas de la Seguridad en América Latina en la Posguerra Fría", *Research and Education in Defense and Security Studies*, 2003, disponible en la web del *Center for Hemispheric Defense Studies* en www3.ndy.edu.

[216] Para conocer debates en torno a este concepto recomendamos la publicación de *Foreing Affaires en Español* del mes de mayo de 2004.

En el 2003, los suramericanos solamente disentían en lo relativo a los mecanismos nacionales e internacionales desde donde habrían de "combatirse" estos "riesgos"[217], y allí fue donde la Casa Blanca activó su carta del Palacio de López.

Paraguay apoyó la adopción de las medidas reclamadas por los republicanos para (i) fortalecer instrumentos jurídicos –como la "Convención Interamericana contra el Terrorismo" y la JID–; (ii) la reactivación del TIAR para luchar contra los "nuevos desafíos"; y (iii) se manifestó contrario a los intentos de los presidentes vecinos por diferenciar los ámbitos de la Defensa de los de la Seguridad interior. Duarte Frutos no cedería en este último punto, ni siquiera cuando sus colegas de Brasil y Argentina le explicaron las razones por las que sus legislaciones no lo permitirían[218].

El relacionamiento de la Embajada para con el gobierno de Duarte Frutos era tal que, incluso el General Hill, antes de la cumbre realizada en México, al momento de solicitarle al presidente colorado un acuerdo de inmunidad para que se impidiera al Palacio de López iniciar acciones legales en caso de que los norteamericanos cometieran delitos graves durante algún ejercicio militar en Paraguay, ya se encontraba en conocimiento de que la respuesta sería positiva.

Luego de varias reuniones con funcionarios estadounidenses, Duarte Frutos firmó el decreto n°167, titulado "Por el cual se dispone la tarea conjunta de los miembros de la Policía Nacional y las Fuerzas Armadas de la Nación, con la finalidad de garantizar la seguridad interna" (PEN, 27/8/2003: 1), cuyo contenido propició mayores niveles de represión en las áreas rurales y desalojos violentos en las protestas con toma de tierras, al tiempo que consolidaba la formalización del giro iniciado en 2002 hacia la institucionalización de la falta de límites entre las actividades castrenses y las de tipo policial. Fenómeno o tendencia que denominaremos "policialización de las Fuerzas Armadas" o "policiamiento militar" y

---

[217] Por ejemplo, el gobierno brasileño insistía en que las nuevas amenazas al ser de naturaleza policial, no deberían ser enfrentadas por Fuerzas Armadas regulares, mientras que también –y coincidiendo en este punto con Argentina- no acordaba con la postura paraguaya ni la estadounidense sobre la necesidad de reactivar el TIAR.

[218] Lo que no impidió que muchas veces ambos países recurrieran a las fuerzas militarizadas para luchar contra el delito y reprimir el conflicto social. Para ampliar sobre Argentina recomendamos las publicaciones del CELS, *Derechos Humanos en Argentina. Informe 2002-2003* y *Derechos Humanos en Argentina. Informe 2004,* Buenos Aires, Siglo XXI, 2004; y el libro *La inseguridad policial,* Buenos Aires, Eudeba, 1998.

que se reprodujo además en otros países de la región (como Colombia, México, Chile y Perú).

Para el año 2004, y viendo que la "inmunidad" no era aún institucionalizada, arribaron al Paraguay altos mandos del Ejército imperial para incrementar las presiones. En marzo se encontraban en Asunción el general Richard Myers –jefe del Estado Mayor conjunto de Estados Unidos–, y Otto Reich –director de Asuntos del Hemisferio Occidental de la Casa Blanca–, considerados todo un símbolo de la administración republicana de George W. Bush. Ambos le exigieron a Duarte Frutos la concreción de un nuevo convenio y sugirieron la posibilidad de retirar la ayuda económica norteamericana si el Palacio de López no agilizaba ese "trámite"[219].

Enseguida el presidente publicó las "notas reversales" que luego se convirtieron en la ley n° 2447, autorizando:

> Una lista parcial de ejercicios, seminarios, conferencias e intercambios militares bilaterales y multilaterales que se realizarán en La República del Paraguay desde el 10 de julio de 2004 hasta junio de 2005 con la participación de miembros de las Fuerzas Armadas de los Estados Unidos de América (…) El gobierno de la República del Paraguay otorgará a todo el personal estadounidense asignado al ejercicio de referencia, que se encuentre en territorio paraguayo y por el período de tiempo que dure el mismo, *una categoría jurídica equivalente a aquella otorgada al personal administrativo y técnico de la Embajada de Estados Unidos de América* (…) El personal estadounidense podrá salir e ingresar al territorio paraguayo con documentos de identificación de los Estados Unidos y autorizaciones de viajes individuales o colectivas[220] (Ley n° 2447 "Que Aprueba el Acuerdo en Notas reversales PEN", 2005: 1-3. Remarcado nuestro).

Un sector del movimiento social y de la prensa cooperativa bautizó al documento como "Primera Ley de Inmunidad", la cual:

> Otorgará igualmente *liberación aduanera sobre la importación y/o exportación*, así como *exención de inspección* e impuestos locales para los productos, propiedad y *materiales* para, o en representación del perso-

---

[219] Para ampliar sobre la visita, recomendamos la lectura de los diarios *ABC Color, Ultima Hora*, y *Diario Noticias* de marzo a mayo de 2004.

[220] Anexamos el texto completo, el cual también puede encontrarse en los archivos del Congreso de Paraguay y en http://paraguay.justia.com/nacionales/leyes/.

nal de los Estados Unidos asignado para realizar este ejercicio (Ley n°
2447 "Que Aprueba el Acuerdo en Notas reversales PEN", 2005: 1-3.
Remarcado nuestro).

Así, mediante los fundamentos de la ESN y de la inestabilidad política colorada, la administración republicana encontró su "oportunidad
histórica" para introducir una cuña en los incipientes proyectos gubernamentales con índices de autonomía en América del Sur.

La insistencia en torno de facilitar la integración energética propuesta
por el Palacio de Miraflores, junto con sus deseos públicos de ingresar al
MERCOSUR, había intranquilizado a Estados Unidos, reposicionando
una vez más al Paraguay como territorio estratégico desde donde interferir en las iniciativas contrarias a los intereses de Washington.

Y, es que a las particularidades históricas, culturales, coyunturales y
geopolíticas de esta nación debemos agregar su riqueza natural y su excelente ubicación como plataforma de "experimentación" y proyección de
medidas contrainsurgentes en el Cono Sur.

Ciudad del Este y la zona de la Triple Frontera oficiaron como ejemplo claro de esta múltiple potencialidad, al situarse como áreas de conexión natural entre los dos países contiguos económicamente más relevantes de la región –Argentina y Brasil–, y como centro geográfico natural
del MERCOSUR o de cualquier aspiración suramericana de integración
que supiera aprovechar ese espacio, en tanto facilitador de la multiplicación de vínculos y de realidades en buena medida ya construidos a través
de la práctica cotidiana de las últimas décadas.

Por lo tanto, aprovechándose de la subordinación establecida sobre
los gobiernos colorados de Macchi y de Frutos, se comprende la atención
imperial puesta en dicha zona[221] para montar una base de control de
tránsito de mercancías, de personas y de información con miras a toda la
región.

---

[221] En 1998 Estados Unidos ya había conformado -junto con los gobiernos de la región y
bajo el ESCH- la Comisión Tripartita de la zona de la Triple Frontera -conocida como el
"pacto 3 más 1"-, argumentando su beneficio para la cooperación de los cuatro países
intervinientes respecto de la lucha "antiterrorista"; ya en diciembre de 2003, una delegación interinstitucional norteamericana propuso al presidente paraguayo el establecimiento
de un centro regional "conjunto" de inteligencia en ese lugar. Propuesta que nosotros
interpretamos en el marco de la ESN para obtener el control de flujos y *stocks* legales e
ilegales, pero también centrada en la percepción norteamericana de la información como
elemento de guerra.

Poniendo un paréntesis al presente apartado, mencionamos algunas impresiones recabadas durante una de nuestras estancias en el Paraguay[222]. La percepción de nuestros entrevistados referidos a la presencia permanente de agencias de inteligencia (sobre todo) estadounidenses[223] se remonta a los años noventa. Un hecho a resaltar es la apreciación del Cónsul de la República de Siria[224], quien atribuyó dicha presencia al deseo de "contar con la capacidad de quedarse con una parte de las transacciones comerciales, debido a que consideran (los norteamericanos) que Ciudad del Este habría desplazado en volumen a Miami" (testimonio de Mijail Meskín Bazas, 2008); una apreciación a contramano de las representaciones "terroristas".

Otros entrevistados destacaron el interés por la cercanía de las inmensas represas de Itaipú[225] y Yaciretá[226], pero especialmente por la riqueza acuífera contenida como punto de recarga del Sistema Acuífero Guaraní (SAG)[227], una de las reservas de agua potable más grandes del planeta[228], cuyas propiedades pueden observarse a través de un ojo del SAG —conocido como Laguna Blanca[229]— situado en el noreste paraguayo.

---

[222] Trabajo de campo realizado en 2006 y entre 2008 y 2010 para nuestra tesis doctoral.

[223] Aunque otros entrevistados nos afirmaron haber detectado mucha actividad de personal identificado con el Mossad israelí, nosotros no lo pudimos verificar.

[224] Entrevista realizada por nosotros en diciembre de 2008 y enero de 2009 en Ciudad del Este.

[225] Considerada una de las mayores represas del mundo, con una potencia de 12.600 megawatts, presentó en el año 2000 una producción record de 93,4 mil millones de kilowatts/hora —es decir, el suministro del 95% de la energía eléctrica consumida en Paraguay y el 24% de toda la demanda del mercado brasileño—. Ver www.itaipu.gov.py.

[226] Gran proyecto paraguayo-argentino que funciona con 20 generadores y cubre el 60% de la capacidad total, constituyéndose en la principal proveedora del mercado argentino. Ver www.eby.gov.py.

[227] Ese sistema acuífero —en gran parte subterráneo— abarca un área aproximada de 1.195.700 km^2 y sus reservas de agua —es decir, su capacidad de almacenamiento— se estima en 40.000 km^3, con una recarga de 160 km^3. Por lo tanto, podrían satisfacer las demandas de agua de 360.000.000 de habitantes —300 litros diarios por persona— a lo largo de 100 años, agotando solo un 10% de su capacidad total.

[228] El agua se encuentra justo debajo de los países del MERCOSUR —70% bajo suelo brasileño, 19% en Argentina, 6% en Paraguay y 5% en Uruguay— y fue descubierta en los noventa. A pesar de que la Embajada públicamente mostrara su interés en el SAG, la agencia gubernamental norteamericana USAID expresó en su web oficial el valor representado por esta reserva para Estados Unidos —país que posee la mayoría de sus acuíferos y ríos contaminados y que, se estima, dentro de 10 años no tendrá la capacidad de abastecer a sus ciudadanos con agua potable—.Para ampliar sobre el SAG recomendamos visitar la web www.sg-guarani.org.

[229] Sitio cuyo estudio se retomará en el capítulo cuarto, cuando desarrollemos las modalidades de intervención estadounidense a través de organismos estatales —como la Agencia Gubernamental de Asistencia Externa de los Estados Unidos de América (USAID)— en Paraguay.

Imagen de Laguna Blanca: ojo del SAG   Mapa del SAG

(Nordeste de Paraguay)

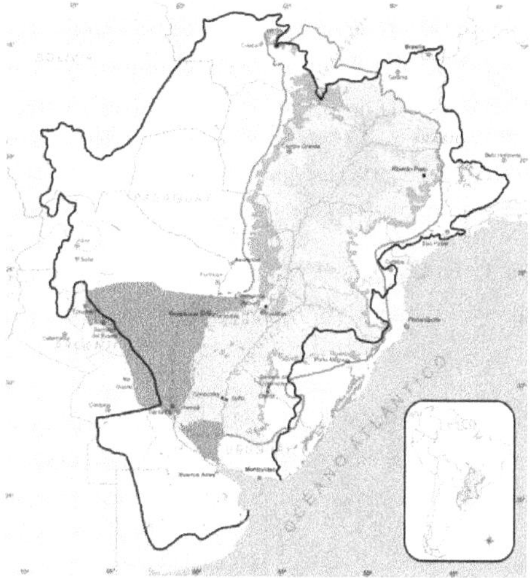

Fuente: imagen tomada por Sonia Winer en 2008.

Fuente: elaborado por www.malvinense.com.ar

Imagen del área de recarga del SAG

Fuente: tomada del sitio web www.acuiferoguaranirrii.comuv.com en 2011.

Retomando el apartado, pero teniendo presente las apreciaciones de nuestras entrevistas, nos interesa destacar la vinculación entre el argumento de la "porosidad" en territorios limítrofes y la representación de la amenaza en torno del tráfico ilegal y el "terrorismo" con las acciones de reconstrucción de infraestructura para la intervención directa norteamericana, detectadas en lugares geopolíticamente estratégicos post 2001 en nuestro trabajo de campo.

Inferimos que las evidencias de servicios y antenas satelitales en el chaco paraguayo lindante con Bolivia, así como en la Triple Frontera, debieran interpretarse como parte de la política de Washington centrada en la creación de un nodo centralizador de información (*Network centric warfare*)[230].

La responsabilidad del Palacio de López, al liberar al personal estadounidense de un registro sobre los elementos que ingresaron al país entre 2002/3 y 2006, conviniera serle recordada por las naciones linderas al actual presidente Horacio Cartes (2013-actualidad) –quien actúa en el marco de símiles lineamientos–, en especial si se contemplan los antecedentes paraguayos como banco de datos regional durante el operativo Cóndor. De esa experiencia colegimos que la insistencia estadounidense por monopolizar los registros de tránsitos internacionales en la Triple Frontera –a partir de los códigos en los pasaportes–, junto con otras medidas posteriores para gestionar los sistemas de documentación de identidad, se ligan con las nuevas modalidades bélicas incluidas aunque no explicitadas en la ESN de 2002 y en la ESN publicada en 2015.

La concesión de entontes de Duarte Frutos al pedido de Bush para ampliar la base de la DEA localizada en Pedro Juan Caballero[231], contigua al aeropuerto internacional brasileño de *Punta Pora*, también resultó central para rastrear los objetivos norteamericanos a partir del tipo de instalaciones construidas en suelo paraguayo, más ligados al espionaje que a combatir el narcotráfico.

---

[230] Llamado *Network centric warfare*. Ver Ana E. Ceceña, Carlos Motto, "Paraguay: eje de la dominación..." *op. Cit.*, p. 21. Se recomienda también navegar el sitio www.arpa.mil.

[231] Localidad ubicada en el nordeste paraguayo limitante con Brasil, en la que se realizaron obras de infraestructura para ampliar las instalaciones de un centro estadounidense de la DEA al que ni los militares brasileños ni los paraguayos pueden ingresar. Las informaciones en torno de la construcción de celdas estilo Guantánamo no se pudieron corroborar, aunque en las filmaciones y en las imágenes tomadas durante el trabajo de campo de 2008 sí se puede observar antenas de tipo satelital.

Imagen de la base de la DEA en Pedro Juan Caballero, frontera NE con Brasil

Fuente: imagen tomada por Sonia Winer en 2009.

La utilización de Paraguay por parte de Washington, como Caballo de Troya para desestabilizar a los procesos regionales, evidenció la reafirmación del unilateralismo estadounidense para con Suramérica, y puso en evidencia las grandes líneas sobre las que se estructuraron los debates estratégicos de los últimos doscientos años.

Por un lado, la (a) posibilidad del viejo sueño martiano de integración continental y de afirmación de una identidad latinoamericana o suramericana que –con contornos imprecisos– resurge regularmente, buscando inscribirse dentro de una lógica emancipadora frente a la hegemonía estadounidense. Por otro lado, una (b) política norteamericana que, mezclando el espíritu mesiánico con sus ansias de dominación, pretende consolidar de manera definitiva la fórmula de Monroe, resumida en la célebre frase "América para los americanos", sobre todo en el denominado "patio trasero" (Boron, 2013).

Bajo el presunto provecho seguritario, la conceptualización sobre los riesgos en las "zonas ingobernables" vendría de este modo a justificar la intromisión directa del imperio, sin contemplar la propuesta de reforzamiento estatal suramericano o su capacidad para enjuiciar al funcionariado que actuara como enlace institucional de "protección" hacia quienes desarrollaran actividades ilícitas dentro de su territorio –en caso de que ese fuese su objetivo real–.

Las actividades clandestinas, y la corrupción que las enmarcaron, deberían ser interpretadas como las consecuencias de años de políticas neoliberales implementadas en la región, las cuales conllevaron a estructuras sociales fragmentadas y destruidas, con déficits históricos en materia institucional.

Retomando la pertinencia del involucramiento militar en tareas de sanidad para, presuntamente, paliar la ausencia estatal local —especialmente en los sitios de frontera y sobre población originaria del lugar—, hay algunos aspectos que deseamos comentar, los cuales ampliarían las interpelaciones realizadas a la declaración de Monterrey.

Durante nuestro trabajo de campo en el 2006, pudimos corroborar que las patentes de los hipotéticos médicos militares norteamericanos, que habían ingresado al chaco paraguayo para organizar los ejercicios MEDRETES el año anterior, no tendrían matrículas validadas para ejercer como profesionales de la salud dentro de Estados Unidos[232]. Hecho agravado por la modalidad con que se llevaron a cabo las actividades sobre la población del lugar, sin una supervisión siquiera mínima por parte del Ministerio de Salud de Paraguay.

Según las personas entrevistadas que participaron en esa acción, las fuerzas norteamericanas habrían convocado —por intermedio de las radios locales y de los dirigentes de las comunidades indígenas— a quienes padecieran alguna dolencia para ser "atendidos" por su personal. Luego de realizarles una especie de rápido diagnóstico, elaborado en el momento y sin mayores estudios en profundidad, se les habría proveído de medicación sin indicación posterior, algunas de las cuales parecerían ser analgésicos.

No se realizaron seguimientos ulteriores sobre la evolución de los pacientes, ni quedó ningún registro o historial clínico donde se supiera qué tipo de tratamiento se les suministró.

Los fármacos fueron entregados en bolsas de plásticos, sin receta ni prospecto, y algunas mujeres reportaron haber sido inyectadas con sustancias que relacionaron con hemorragias y abortos posteriores, lo cual nos hizo inferir que podría haber intención de esterilizar segmentos poblacionales ubicados en zonas estratégicas para los norteamericanos.

---

[232] Información que fuera públicamente corroborada por la embajada norteamericana en Asunción y durante entrevistas realizadas por nosotros a sus funcionarios en 2006.

Imagen remedios entregados
en los MEDRETES

Imagen entrada DINAC

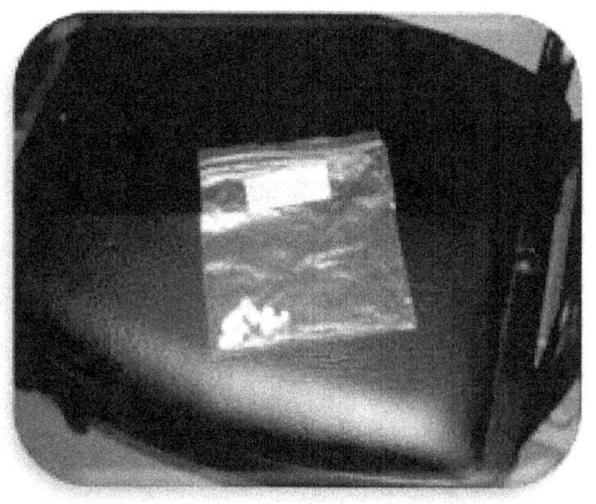

Fuente: fotos tomadas por Sonia Winer en 2006 en Mariscal Estigarribia.

En una entrevista realizada al intendente de la localidad de Mariscal Estigarribia en 2006 –Herman Ratzlaff–, localidad donde se habían desarrollado las actividades organizadas por el Comando Sur de los Estados Unidos, el funcionario paraguayo manifestó haber sido cuestionado durante una visita de Donald Rumsfeld al lugar, por aceptar la ayuda solidaria de médicos cubanos en esa región.

Sin embargo, el vicepresidente Luis Castiglioni, luego de realizados los ejercicios, "tranquilizó" las inquietudes generadas por este tipo de intervención imperial:

> El gobierno de los Estados Unidos de América, un país amigo y aliado de la República del Paraguay desde siempre, no desde ahora, desde nuestra independencia (…) millones de paraguayos han tenido y tienen la posibilidad de precautelar su seguridad y construir su bienestar a través de esta lucha, silenciosa muchas veces, pero firme y decidida, que nosotros juntos emprendemos (reproducida por Ceceña, Motto, 2005: 23).

Sin embargo, la inquietud de las organizaciones de derechos humanos se ligaba con la presencia de Estados Unidos para disciplinamiento campesino y, en especial, debido a la sospecha de que sobre este se estuvieron probando nuevas tecnologías de terror. En este sentido, las personas entrevistadas por nosotros manifestaron conocer casos de mujeres violadas por militares paraguayos y norteamericanos –pero les llamó particularmente la atención el seguimiento permanente hacia las niñas, que era percibido como el de un modo de enviar un mensaje amenazante a la comunidad–, y aseguraron haber registrado un aumento de la violencia sobre las comunidades en los sitios donde se realizaron los ejercicios militares autorizados por el Congreso entre 2003 y 2006. También afirmaron haber observado cómo el personal estadounidense filmaba y fotografiaba a las personas que esperaban atención sanitaria, quienes a su vez debían completar una serie de formularios sobre su vida personal –donde se les consultaba, por ejemplo, sobre su pertenencia o afinidad con alguna organización política–.

Por ende, en el contexto de la ampliación de la definición del peligro "terrorista", lo que apareció fue la tendencia hacia la militarización de la problemática social que en ese momento se encontraba en alza y discutía modelos de gestión político alternativos al dominante. Disciplinamiento cuasi preventivo sobre los sectores oprimidos y perjudicados por el neoliberalismo que se combinó con tareas de espionaje, implicadas en la línea contrainsurgente de la "baja intensidad", ampliadas con la publicación de DSHA y "consensuadas" internacionalmente y "probadas" por Estados Unidos en las fronteras oeste y nordeste de Paraguay para evitar el efecto "contagio" de procesos vecinos. Asimismo, tras los mismos argumentos y representaciones se mapearon los bienes y recursos estratégicos (como el SAG) locales, se articularon infraestructura y nodos de organización de información regional, se impusieron tendencias gubernativas en materia político-normativa violatoria de los derechos esenciales, se socializaron aprendizajes poco relacionados con el rol tradicional de la Defensa de la soberanía asignados a las Fuerzas Armadas y se propiciaron trabas a los proyectos de integración autónomas. A su vez, se promovieron medidas que exacerbaron las desconfianzas entre naciones suramericanas, al igual que aquellas representaciones basadas en premisas autoritarias heredadas y aún subyacentes en la subjetividad poblacional que merecen una mención aparte: los planes de Seguridad y el paramilitarismo o las acciones de corte parapolicial.

Planes de Seguridad ciudadana y las llamadas "comisiones garrote" (CONASEG)

Tal como lo dicho en ítems anteriores, referidos a la tendencia de fusionar Defensa con Seguridad en pos de lograr una mayor capacidad de disciplinamiento sobre la población paraguaya a partir de la utilización del temor, se persiguió desde el Palacio de López la desmovilización política vía la reinstauración de la desconfianza y la delación entre sectores considerados potencialmente insumisos.

Entre el 2001 y el 2008 –además de la intervención extranjera directa–, Paraguay operó como una suerte de laboratorio para probar y modificar orientaciones político-jurídicas devenidas de los planes y de las prácticas impartidas por la ideología neoconservadora de la "seguridad democrática", referenciadas en el estilo de Rudolph Giuliani y en su gestión al frente de la ciudad de Nueva York.

Asunción se convertía en una cabecera de playa en la región con sus programas securitarios, los cuales intentaban sentar precedentes con el fin de extenderlos luego por fuera de sus fronteras internas.

Recordando apartados previos donde nos referimos a las graves falencias padecidas por buena parte de la población, no es de extrañar que las movilizaciones agrarias se hicieran notar en las tierras guaraníes, impulsando la candidatura de Fernando Lugo para las próximas elecciones presidenciales del 2008.

Con el fin de frenar dichos movimientos e impedir la concreción de los acuerdos entre ciertos partidos de izquierda y organizaciones campesinas con el Partido Liberal, Duarte Frutos intensificó el involucramiento de militares en las tareas policiales ajustándolos con los objetivos republicanos, los cuales derivaron en el endurecimiento de la represión. Como se intuye, la instauración de una obediencia hacia el gobierno colorado y la protección de los poderes fácticos ligados al agronegocio y a las transnacionales, pero también al tráfico ilegal, se encontraban entre las prioridades inmediatas del bloque dominante.

El Ministerio del Interior se transformaría rápidamente en la principal apuesta de la Embajada norteamericana en Asunción, la cual temía la derrota del Partido Colorado y el incremento de la conflictividad popular así como su viraje hacia alternativas progresistas. En este sentido, también se cerraron diversos acuerdos de cooperación y asesoramiento "antiterrorista" con Colombia y con agencias extranjeras, y se implementaron medidas urbanas como el "Plan Nacional de Prevención del Delito y Seguridad Ciudadana de Paraguay" y el plan piloto "Zona sur de Limpio" (Winer, 2011).

El resultado fue que en esta etapa la violación de los derechos humanos se acrecentó notablemente a lo largo y ancho del país y, entre las justificaciones de la militarización permanente del campo –incluso para fundamentar la instalación de destacamentos militar-policiales cercanos a los asentamientos campesinos– y las acciones en la ciudad, se insistió con el tema de lucha contra el delito y hasta se llegó a plantear la existencia de miembros de las Fuerzas Armadas Revolucionarias Colombianas (FARC) en los departamentos de San Pedro y Concepción (desmentida por los jefes policiales de estos departamentos en las entrevistadas realizadas).

La subsistencia de un "Estado de legalidad sin Estado de Derecho" (Burgos Silva, 2003: 16) y de un poder judicial copado por los poderes fácticos facilitó la violación de las normas vigentes y la introducción de otras orientadas en la línea norteamericana. Esto quiere decir que, si bien el país poseía una construcción estatal ligada a los principios esenciales del derecho moderno, estos apenas se cumplían de manera "parcial", puesto que la dinámica pública de las administraciones coloradas no conseguía "sujetarse" a dicho marco normativo.

Esta necesidad se daba porque, en medio de un marco jurídico tan flexible y permeable a cambios, a la embajada imperial le resultaba más sencillo —respecto de las demás naciones del Cono Sur— modificar y plasmar las leyes que reafirmaban las representaciones norteamericanas del enemigo en la línea del derecho penal de autor; como también ignorar y/o violar aquellos principios jurídicos esenciales —derecho a la vida, la integridad, la legítima defensa, etc.— que la Casa Blanca consideraba irrelevantes —e incluso un obstáculo— para los riesgos de post guerra fría.

La "legalidad sin derecho" de Paraguay se caracterizaba por múltiples factores:

a) La ausencia de un reconocimiento mínimo legal de las decisiones judiciales, producto de las restricciones de publicidad en el país —es decir, que no existía técnicamente la obligatoriedad de publicar los fallos de la justicia mientras que sí se preveían medidas para impedir su difusión, por ejemplo, "razones de decoro"-.

b) La práctica de "flexibilización normativa" (Winer, 2007): las leyes anteriores eran permanentemente modificadas mediante nuevas legislaciones o decretos, negando en el corto plazo la aplicación de lo previamente establecido.

c) Una escasa claridad respecto de la jerarquía de la legislación.

d) El hecho de que los proyectos de ley estuvieran sujetos a la compra y venta de votos entre las diversas fracciones de los partidos políticos tradicionales.

e) La carencia de una administración pública organizada de modo profesional, es decir, la ausencia de criterios de mérito —con el fin de menguar la propensión a la discrecionalidad y la corrupción—, agravados por la falta de una verdadera justicia contencioso administrativa que brindara un marco legal coherente para enmarcar el diseño y la evaluación de la política pública[233].

f) Por la organización de algunos ministerios y su funcionamiento. Muchos aún se regían por medio de decretos-leyes promulgados durante el stronismo, los cuales se actualizaban a través de resoluciones internas ministeriales o por decretos presidenciales.

g) La permanencia de problemas acuciantes en la administración pública de comunicación y coordinación entre los poderes e instituciones, junto con la existencia de sistemas de información excesivamente descentralizados[234]. La superposición de funciones; la asignación informal y de hecho de las funciones administrativas a los servidores; la discrecionalidad burocrática no justificada y la excesiva complejidad de los procedimientos a los que debían ajustarse los ciudadanos y las ciudadanas; y la alta movilidad y rotación de personal asociada a los calendarios político-electorales (Burgos Silva, 2003).

h) La ausencia de una carrera judicial, donde la selección y el ascenso estuvieran fundados en las calificaciones y en el mérito —antes que en la lealtad a los magistrados encargados de la nominación—, sumado a las presiones que los jueces debían afrontar por parte de sectores económicos o políticos[235] poderosos (tanto legales como ilegales).

Todos esos elementos, sumados a la vaguedad de los derechos civiles y al carácter estrictamente formal de las declaraciones de derechos humanos[236] —las cuales carecieron de los instrumentos necesarios para garantizar su eficacia[237]—, terminaron afectando a los sectores de las clases popu-

---

[233] Según entrevistas realizadas por nosotros en 2011, recién en el año 2008, con la gestión de la ministra Lilian Soto a cargo de la Secretaría de la Función Pública de Paraguay —durante los tres primeros años del gobierno de Fernando Lugo—, se va a desarrollar un proceso de implementación de reformas orientadas a introducir criterios modernos en el aparato burocrático estatal —como por ejemplo los concursos públicos-. Para ampliar recomendamos navegar www.sfp.gov.py y www.clad.org .

[234] Recién en 2010 esto comenzaría a cambiar, según nuestra entrevista con el sociólogo Diego Segovia en 2011, encargado de organizar el Proyecto de Democratización de la Información en Paraguay, y con otros funcionarios de la Secretaría de Comunicación para el Desarrollo (SICOM).

[235] La corrupción no solo se expresó en la compra de decisiones judiciales, sino también en el sistema de pagos de abogados y de clientes que debieron realizar para poner en funcionamiento la notificación de "provincias" o el movimiento de determinados expedientes.

[236] Por ejemplo, el Ministerio Público, el cual presuntamente debía jugar una promoción activa de los derechos humanos, se constituyó en el órgano judicial con más denuncias sobre su violación.

[237] Incluyendo la ausencia de la tutela judicial efectiva y el debido proceso en la justicia ordinaria y constitucional, la demora en la creación efectiva de la Defensoría del Pueblo, etc.

lares, sobre quienes recayeron los incumplimientos de los derechos establecidos por la legislación vigente, al tiempo que se facilitaba la reclamada modificación normativa planteada por Estados Unidos, la conformación de grupos parapoliciales o paramilitares y la criminalización de la protesta campesina.

Teniendo presentes la relevancia de estos factores, y retomando los intentos por parte de la Embajada norteamericana y del Partido Colorado para frenar el proyecto de los grupos campesinos, reproducimos un informe de la Comisión de Derechos Humanos del Paraguay del 2006 que daba cuenta de su articulación:

> Es de fácil constatación que el poder penal de la República del Paraguay afecta casi únicamente (…) *en los últimos dos o tres años* a quienes están vinculados a organizaciones que exigen la reivindicación de derechos constitucionales, como campesinos y campesinas organizados (…) *Actualmente* existirían *más de 1500 campesinos procesados por reclamos y protestas realizadas para la reivindicación de derechos* como salud, educación o acceso a la tierra, según informaciones proporcionadas por asesores jurídicos de la Comisión de Crisis Campesina del Parlamento Nacional (…)A su vez, *las privaciones de libertad ilegales son cometidas por funcionarios del aparato penal estatal* (fuerzas de seguridad, fiscales y jueces) *y por particulares que generalmente actúan con anuencia de una de las autoridades* (…) o con exponentes del poder político o mafiosos locales o regionales (Martens, Orrego, 2006: 66, 67 y 70. Remarcado nuestro).

Algo que demostró la lógica imperante durante la gestión de Duarte Frutos se manifestó desde el mismo día de su asunción como presidente, el 14 de agosto de 2003, con la firma del decreto n° 22043, para la creación de grupos paraestatales –conocidos como "comisiones garrote"– . Así, mediante un documento titulado "Por el cual se crea la Comisión Nacional para la Seguridad Ciudadana" (CONASEG) se institucionalizó a aquellos que supuestamente habrían de "luchar" contra la "inseguridad"[238] aquellos que, alentados por el Ministerio del Interior, se transformarían

---

[238] Si bien el artículo 239 del Código Procesal Penal permitía a cualquier ciudadano realizar una aprehensión de otra persona, este explicitaba que la misma solo podría realizarse únicamente en los casos de fragancia, entregándose al detenido inmediatamente a la autoridad más cercana, con lo cual, el Decreto presidencial se planteaba contra el espíritu del mismo Código.

en una constante amenaza para la población civil y terminarían por sembrar el terror en varios puntos del país. De hecho, las denuncias por privaciones ilegítimas de la libertad, por torturas y por asesinatos no se hicieron esperar y se multiplicaron exponencialmente.

El *Informativo Campesino* difundió a través del Consejo Latinoamericano de Ciencias Sociales (CLACSO):

> Unos 7 *asesinatos* (*entre ellos una criatura*), 5 *torturas*, 3 *detenciones ilegales*, 6 *casos de abusos y decenas de casos de amenazas de muerte* forman parte de los frondosos antecedentes de la organización liderada por Marcial Chaparro Arzamendia en esta región. El senador José Nicolás Morínigo (PPS), el diputado Héctor Lacognata (PQ) y el obispo emérito Fernando Lugo calificaron a los *integrantes de la Comisión de Seguridad Ciudadana como "criminales armados"* y "terroristas", *respaldados desde el gobierno de Duarte Frutos*. En ese sentido, el senador Morínigo resaltó que impulsará ante el Congreso la presentación inmediata de un proyecto de ley para forzar la disolución de los grupos paramilitares y parapoliciales que vienen causando zozobra en diversos departamentos del país. (*ABC* 16/02/06: 8; *LN* 15/02/06: 8; IC, 2006: 16. Remarcado nuestro).

Los sucesivos abusos cometidos especialmente en los departamentos de San Pedro y Concepción llevaron al presidente de la Comisión de Derechos Humanos de la Cámara de Senadores, José Nicolás Morínigo, a proponer un proyecto de ley para "Prohibir la creación y funcionamiento de organizaciones civiles destinadas a garantizar el orden público", en su fundamentación relató la cantidad de amenazas, atropellos a domicilios, tentativas de homicidios, detenciones ilegales y tormentos provocados por estas comisiones[239], las cuales incluso habían sido difundidas por un sector de la prensa afín. Por ejemplo, bajo el título "Bandas armadas imponen su propia ley en Ciudad del Este". *ABC Color* publicaba lo siguiente:

> (...) en algunos barrios inclusive ya tienen demarcados sus territorios y cobran una especie de tasa a los vecinos para poder tener los recursos que son destinados a la compra de armas y municiones (...) (*ABC Color*, 12/04/2006: 2).

---

[239] Para ampliar ver Cámara de Senadores, expediente n° 0487, entrado en sesión el 27 de abril de 2006.

Según lo inferido de los testimonios que hemos recabado entre el 2006 y el 2008, dichas comisiones tenían la función de disciplinamiento poblacional, hechos que nos fueron confirmados al menos por dos funcionarios gubernamentales (Winer, 2010).

Las mismas recibían el asesoramiento de comisionados estadounidenses, de miembros del Ministerio del Interior —liderado entonces por el ministro Rogelio Benítez, quien además autorizó que se les entregaran armas–, y por el apoyo de sojeros, agro-ganaderos y terratenientes —los cuales percibían como riesgo las críticas de los movimientos rurales hacia "la propiedad privada" y buscaban quebrar la negativa de los pequeños productores de vender sus parcelas para permitir la extensión de la frontera de la soja por medio del sicariato–.

La utilidad de "contar con un grupo armado desvinculado de la estructura formal estatal paraguaya"[240] se tornó clave para proteger y expandir los intereses de los actores vinculados al agronegocio en Paraguay en detrimento de los trabajadores rurales.

Esta política de criminalización de la protesta social desplegada por Frutos había sido preludiada por la gestión de Machi, sobre todo desde 2001 en adelante, influenciada por la corriente norteamericana neoconservadora que reconocía como antecedente el "Plan Nacional de Prevención del Delito y Seguridad Ciudadana de Paraguay"[241]. En dicho régimen ya se apreciaba cómo la cuestión delictiva aparecería cada vez más diferenciada del recurso penal —es decir, de la idea tradicional de la finalidad disuasiva de la pena–, instalando la *prevención* como centro de las normas dictadas en esa materia.

Este proyecto se presentó en aquellos años provocando un importante debate sobre las jurisdicciones y sobre la competencia del Ministerio Público para su diseño e implementación[242]:

Tal como están actuando ahora, planes y comisiones no son una forma de participación ciudadana en la seguridad, como dicen sus defensores,

---

[240] Así nos lo manifestaron dos altos funcionarios del Ministerio del Interior durante 2003-2007, entrevistados en 2008, quienes pidieron reserva de su identidad personal.

[241] Para conocer más en profundidad este plan recomendamos la lectura del artículo publicado por José Caballero Quiñones, María Cecilia Gortari y Luz María Sckell, "Ministerio Público y Seguridad Ciudadana en el Paraguay", *Nueva Sociedad,* n° 191, mayo-junio 2004.

[242] Quienes defendían la implementación del plan argumentaban que el Ministerio Público de Paraguay contaría con una estructura organizacional y con una presencia territorial —organizada en áreas, regiones y zonas– que le posibilitaría realizar un mejor trabajo que el Ministerio del Interior.

sino un medio de persecución y fuente de inseguridad en las comunidades rurales y en los centros urbanos, donde han desatado el terror y buscan promover las prácticas de desconfianza y temor entre nosotros (testimonio Ernesto Benítez, 2006).

Política urbana que giraba en torno de tres ejes centrales: (a) participación ciudadana organizada a través de asociaciones vecinales; (b) estrategias de prevención integradas del delito, combinando los modelos de prevención situacional –ambiental y social–; y un (c) modelo de gestión multiagencial por medio del trabajo conjunto entre el Ministerio Público –junto con la creación de fiscalías zonales y "agentes fiscales de prevención del delito" bajo la órbita de la Fiscalía General del Estado–, y la Policía Nacional; para realizar operativos de control en conjunto con el "Plan piloto de la zona Sur de Limpio" anunciado en 2002 (Quiñónez, Gortari, Sckell, 2004: 122).

Ambos planes –tanto el promovido por Macchi, como el firmado por Frutos dos años después– fueron asociados con los programas securitarios enarbolados por el presidente Álvaro Uribe Vélez (2002-2010) en Bogotá. Como semejanzas, destacamos la (i) recopilación de información sobre la población local por medio de censos y entrevistas; como también la (ii) premiación e institucionalización de la delación, facilitando la criminalización de la crítica asociada a comportamientos insurgentes en los centros urbanos[243].

La implementación de estas medidas "anti-criminales" –en las ciudades de Capiatá, Coronel Oviedo, Caaguazú, Villarrica, Aregua, Mariano Roque Alonso, Lambaré, y en la zona de Zeballos Cué, las residencias de Asunción y Fernando de la Mora– se ligó con las corrientes de pensamiento importadas como la "tolerancia cero"[244]. Las mismas fueron pro-

---

[243] Para ampliar recomendamos el artículo de Robinson Salazar, "Actores imaginarios o imaginarios sin actores", *Revista Espiral*, n° 17, 2000, p. 15-48.

[244] Esta doctrina de gran éxito a fines de los años noventa tiene como fin penalizar a los integrantes de la sociedad expulsados de las márgenes del mercado laboral y abandonados por un Estado que otrora fuera social, actuando con severidad frente a los "desórdenes", y liberar a ese mismo estado de sus responsabilidades en la génesis social y económica de la inseguridad para apelar a la responsabilidad individual de los habitantes de las zonas de pocos recursos, a quienes correspondería en lo sucesivo ejercer por sí mismos un control social estrecho para "limpiar las calles". Una de las grandes consecuencias de este pensamiento, aplicado ya en varias ciudades del mundo, pero principalmente en Nueva York, ha consistido en "haber ahondado un abismo de desconfianza (y en el caso de los más jóvenes de desafío) entre la comunidad afroamericana o de color y las fuerzas del orden, en fomentar una mirada racista que penaliza la miseria". Sobre este tema se recomienda ver Louis Wacquant, *Las cárceles de la miseria*, Buenos Aires, Manantial, 2000.

movidas por fundaciones como el *Manhattan Institute* y la *Heritage Funda-tion*; y por medio de académicos neoconservadores estadounidenses –como Lawrence Mead–, ex policías -como William Bratton- y políticos del partido republicano -como el mencionado alcalde neoyorkino Rudolph Giuliani- (Winer, 2009: 76 y 77).

La retórica militar de la "guerra" contra el crimen y de la "reconquista" del espacio público emanada desde Estados Unidos fortalecieron una representación de una ontología de delincuente –real o imaginario–, ligada a miembros de poblaciones marginales urbanas –las personas sin techo, las personas migrantes, etc.–, presentándolos como "invasores extranjeros", es decir, elementos externos y enfermos que serían imperativos de evacuar del cuerpo social –propios de la DSN y de las ideologías racistas–.

Las agencias estadounidenses promovieron, en varias ciudades del mundo, políticas municipales montadas tras la consigna de la necesidad de realizar una "limpieza social" al estilo norteamericano. Esta presuponía la obligatoriedad del aumento de la violencia y la traslación hacia las fuerzas de seguridad o hacia grupos de ciudadanos armados de una competencia propia del ámbito de las políticas sociales.

Los testimonios recopilados por nosotros aseveraron que este tipo de políticas implementadas en Paraguay tenían por objetivo la legalización del accionar represivo estatal y paraestatal sobre las organizaciones del campo –y la figura del campesino, percibida como sujeto amenazante–, pero también buscaban realizar tareas de vigilancia sobre los sectores potencialmente rebeldes en la ciudad, al tiempo que propiciaban la complicidad entre instancias judiciales, la Policía y las Fuerzas Armadas en actos penados por los tratados internacionales de Derechos Humanos y por la Constitución de Paraguay (Winer, 2009).

Aunque nos quedó pendiente una investigación más profunda sobre el involucramiento de la población civil en este tipo de tareas, adherimos a las palabras de un especialista en esta área, quien afirmó que los lineamientos del *Manhattan Institute* propiciaban un camino peligroso que llevaba directamente a las primitivas políticas de venganza y brutalidad (Binder, 2004: 32).

Una línea de investigación aún cuestionada, y abierta por prestigiosos juristas en países como Argentina (Kessler, Saín, Zaffaroni, etc.), que amerita ser desarrollada y ubicada en contexto y condiciones contemporáneas con la debida profundidad, y sobre la cual la experiencia luguista, sin bien rápidamente buscó desautorizar por decreto el accionar de grupos como las "comisiones garrote" disolviendo las CONASEG, no pudo en otros aspectos avanzar.

3.2. Directrices antagónicas en la experiencia luguista: tendencias en disputa en la región

En los años 2006 y 2007 la crisis de dominación preludiaba una posible derrota presidencial en las próximas elecciones de la candidata del Partido Colorado Blanca Ovelar –la cual competiría contra la ecléctica Alianza Patriótica para el Cambio (APC) que nucleaba al tradicional Partido Liberal, a partidos políticos de izquierda como el Partido Movimiento Hacia el Socialismo (P-MAS) o *Tekojoja* y a movimientos campesinos–.

Fernando Lugo Méndez (APC) encabezaba las encuestas de popularidad debido a que había acompañado públicamente muchas de las protestas y denuncias contra las políticas de Duarte Frutos, manteniendo a su vez una oposición a la intervención directa norteamericana. Con propuestas referidas a la (i) reforma agraria, y a la (ii) recuperación y defensa de la soberanía energética, los sufragios de marzo del 2008 lo consagrarían como ganador, por lo que asumiría la titularidad del ejecutivo en agosto de dicho año.

Sin embargo, la nueva gestión presidencial se iba a descubrir sumamente condicionada por:

- Una matriz productiva ligada a una economía de enclave orientada a la exportación de electricidad, soja, carne vacuna y pieles;

- Un Congreso de una mayoría opositora ligada a los poderes fácticos;

- Viejas estructuras de poder y representaciones heredadas, construidas durante el stronismo;

- Un grupo insurgente denominado Ejército del Pueblo Paraguayo (EPP), que apareció en la escena en los meses previos a que la alternancia partidaria llegara al Paraguay.

Coincidimos con quienes subrayan que el acceso de Lugo al gobierno mediante una alianza tan heterogénea resultó más bien un intento de resolución política por fuera de las estructuras partidarias –las cuales, como ya mencionamos, se encontraban en crisis–, y que debe ubicarse en un clima de descrédito generalizado hacia el régimen político tradicional (Soler, 2014: 78). La alianza y el modo con el que se llegó al Palacio de López influyeron decisivamente en la gestión presidencial, pues no se logró solucionar de entrada la ausencia de representación en ambas cámaras, como tampoco revertir la dificultad para conducir una administración pública que nunca se llegaría a controlar del todo.

Además, el luguismo no consiguió constituir una fuerza política capaz de asumir la legitimidad popular con la que había accedido a la presidencia; ni pudo avanzar en las acciones suficientes para construir apoyos y enfrentar a la elite política de los agronegocios para transformar la estructura productiva –uno de los ejes de su campaña–; mucho menos construir una narrativa propia capaz de cuestionar al imaginario capturado por el nacionalismo heredado desde el siglo anterior (Soler, 2014: 78). Sobre este último punto, sería donde se terminarían montando las operaciones neogolpistas para abortar el incipiente proceso de democratización nacional.

En pocos países la vieja disputa política del continente entre dominación imperial y búsqueda de autonomía suramericana se plasmó de manera tan explícita como en Paraguay. América Latina y el Caribe se encontraban atravesados por jugadores de peso contrapuestos que influenciaban y afectaban las políticas internas del luguismo de manera sintomática.

Por un lado y en el plano regional, Argentina, Venezuela y Brasil impulsaban la conformación del Consejo Suramericano de Defensa (CSD) en el marco de la UNASUR[245] –el ingreso de Paraguay en este proyecto de integración sería sumamente resistido desde el parlamento[246]–; por el otro lado, la Casa Blanca, con la llegada de la administración de Barak Obama (2008-actualidad), intentaba mostrar modificaciones en su política exterior al tiempo que reforzaba la estrategia de búsqueda de "dominación de espectro total" sobre el espacio americano, fortaleciendo aún más las tareas del Comando Sur de los Estados Unidos[247] y el paradigma de contrainsurgencia selectivo y de "guerra a la ofensiva" (Ezcurra, 2013). Estos contrapuntos se daban en el marco de una transición geopolítica global (con el resurgir de China, Rusia e India en el escenario internacional) y de una crisis sistémica del capitalismo de larga duración que visibilizó las contradicciones contenidas en la estructura capitalista mundializada.

---

[245] Para ampliar sobre este tema recomendamos el artículo escrito por Juan Manuel Ugarte titulado "El Consejo Suramericano de Defensa: balances y perspectivas" publicado en www.fes.org.ar.

[246] Al igual que la aprobación de la incorporación de Venezuela al MERCOSUR, la cual paradójicamente se logró después de que el país fuera temporalmente suspendido debido al golpe contra Fernando Lugo concretado en 2012.

[247] Un ejemplo de ello es la reactivación de la IV Flota norteamericana para patrullar las aguas suramericanas. Para ampliar este punto recomendamos el artículo escrito por Atilio Boron, "La IV Flota destruye al Imperio, el libro de Hardt y Negri", publicado en http://www.atilioboron.com.ar/2008/08/la-iv-flota-destruye-imperio-el-libro.html.

Volviendo al gobierno de Lugo y con este escenario de telón de fondo, destacamos cómo durante los dos primeros años de su gestión, mientras el Ministerio del Interior pugnaba por respetar los alineamientos trazados desde la Embajada estadounidense, el Ministerio de Defensa de la misma administración la resistía y reclamaba el reforzamiento de la soberanía nacional y suramericana frente a los proyectos de Washington.

La incidencia del asesoramiento colombo-estadounidense y su articulación con los lineamientos de la ESN norteamericana reprogramada por Obama influyeron en las políticas seguritarias y se cristalizaron en las siguientes medidas: (1) la promoción de operativos policiaco-militares en el interior del país (en otras publicaciones tomamos como "caso testigo" el primero de ellos, denominado *Jerovia*[248]); (2) la promulgación de la otrora resistida ley antiterrorista titulada "que castiga los hechos punibles de terrorismo, asociación terrorista y financiamiento del terrorismo"[249]; (3) la propagación reiterada del "estado de excepción" –que habilitó la actuación conjunta de Fuerzas Armadas y policiales como en los tiempos de Macchi–; (4) el incremento de la asistencia externa estadounidense a través de agencias imperiales –como USAID– para programas sociales (complementarios de la intervención en seguridad), de las que tomaremos la denominada Iniciativa Zona Norte (IZN) como caso ejemplificador.

Dicho asesoramiento más los determinantes estructurales del país influenciaron las políticas en materia de Seguridad durante la casi totalidad del gobierno de Lugo, las cuales se caracterizaron por la perduración del elemento neoconservador (a diferencia de otras áreas donde se avanzó en materia de redistribución de riqueza, modernización de la administración pública, servicios esenciales y garantía de derechos ciudadanos).

---

[248] Para analizar este primer ejercicio y el papel de los medios en la imposición del mismo al gobierno de Lugo ver el artículo que publicamos en la revista *Conjeturas Sociológicas*, mayo agosto de 2013, titulado "La institucionalización de las tendencias hemisféricas seguritarias: el caso del operativo Jerovia en Paraguay", disponible en http://csociales.fmoues.edu.sv/revista/files/art1.pdf .

[249] La publicación de los cables de la embajada estadounidense publicados por *Wikileaks* relevan que Lugo autorizó la injerencia norteamericana para el entrenamiento de fuerzas especiales denominadas Destacamento Conjunto de Respuesta Rápida para combatir el EPP, lo que abonó el clima para la promulgación de la ley antiterrorista.

A pesar de los enfrentamientos entre una y otra postura –representada la primera posición en la figura de Rafael Fillizolla y la segunda en la del general Luis Bareiro Spaini[250]–, el Presidente de la República convivía con ambas y confirmaba a sus dos ministros de Interior y de Defensa respectivamente en sus puestos.

Finalmente, fue la embajadora norteamericana Liliana Ayalde la que se encargó de saldar el conflicto a favor del Ministerio del Interior, forzando la renuncia del de Defensa en 2010 –tras la amenaza pública de promoverle un juicio político a Bareiro Spaini por intermedio de legisladores afines a los dictados de la sede diplomática en caso de que el general se negara a dimitir[251]–. Así se evidenció que, si bien la alternancia arribaba con una propuesta de cambio aunque con serios limitantes en el marco de una disputa de directrices antagónicas regionales, terminaría convalidando la línea de Washington durante gran parte de su gestión. Cuando, a pocos meses de culminar su presidencia, Lugo amagó con modificar apenas ese rumbo, el golpe y su destitución sellaron esa posibilidad.

El papel de otras agencias imperiales –diferenciadas pero articuladas con las de inteligencia y las militares– en ese proceso no resultó un detalle menor, puesto que evidenció la multiplicidad de canales contemplados para la intervención de Estados Unidos en el país y en la región.

Otras formas de intervención imperial: USAID y el caso de la Iniciativa Zona Norte

En el marco de la Alianza para el Progreso se había creado en 1961 la Agencia de Estados Unidos para el Desarrollo Internacional (USAID), la cual se constituyó como expresión de los mecanismos que iría adoptando el ejercicio de la dominación política, económica y cultural; mediante

---

[250] Quien buscaba reconformar la corriente institucionalista dentro de las Fuerzas Armadas –la cual tomaba como referencia en materia de doctrina militar–, que había prevalecido hasta antes del golpe franquista de 1937 y de la guerra civil de 1947, comentada por nosotros en el primer apartado.

[251] Según la entrevistas realizada por nosotros al general Luis Bareiro Spaini a finales de 2010 y al vicepresidente del Senado, Sixto Pereyra, en 2010 y 2011. Sobre los hechos ocurridos y la postura de Bareiro Spaini recomendamos la lectura de su ponencia titulada "Defensa Nacional, desafíos y perspectivas en el siglo XXI", leída durante la inauguración del Centro de Estudios Hemisféricos de la Defensa de UNASUR en Buenos Aires, el 26 y 27 de mayo de 2011.

la promoción de programas y prácticas que alimentaron formas cambiantes de justificar –en cada momento histórico– la intervención estadounidense por sobre los territorios y las poblaciones de los países de América Latina y el Caribe (junto a los de Asia y África). La USAID fue así configurando diagnósticos de insurgencias reales o potenciales, de (in)gobernabilidad y de amenazas, y condicionando acciones locales y parámetros de análisis, es decir, especificando una especie de mapa "abierto" a la lucha política (Aguilar, 2008: 1 y 2).

En su discurso oficial, la agencia estatal norteamericana explicitó el carácter estratégico y político de la distribución de los bienes y de los fondos repartidos a través de convenios bilaterales con otras naciones[252]. Se le encargó el ir canalizando la asistencia del Departamento de Estado a través de una división administrativa que, desde el 2001 en adelante, tendió a diluir la diferencia entre la *asistencia* militar –equipamiento, entrenamiento, gastos operativos de carácter militar[253]–, del *apoyo* económico para el desarrollo.

A partir de la última administración republicana –conducida por W. Bush–, dicha división se tornó aún más borrosa, dando lugar a una creciente militarización de la logística necesaria para la distribución de los fondos y, por ende, generando una tendencia de administración conjunta de las operaciones sobre territorio continental[254].

Los capitales administrados por la USAID pasaron a ser encaminados por intermedio de una compleja trama de instituciones internacionales –empresas, organizaciones laicas y religiosas–, de dependencias esta-

---

[252] La agencia no intentaría presentarse como parte de un asesoramiento aséptico, "técnico" o "neutral", sino que siempre destacaría su relación con los intereses gubernamentales y su encuadramiento dentro de los supuestos de la estrategia de Seguridad estadounidense publicada periódicamente por la Casa Blanca.

[253] Porción presupuestaria bajo la gestión del Departamento de Estado administrada por USAID y principalmente dirigida hacia la política antinarcóticos de la región.

[254] Esto quedó expresado también en la creación de la Oficina de Asistencia Exterior, denominada *foreing assistance office* (quien ocupa el puesto de director de esa Oficina de Asistencia Exterior ahora se encuentra a cargo de los programas combinados del Departamento de Estado y la USAID, aunque en ese intento de coordinación de las acciones en el frente externo también fue creciendo el lugar del Departamento de Defensa, y la asistencia externa estadounidense fue redefinida *oficialmente* como herramienta fundamental de la estrategia de seguridad nacional), del Departamento de Estado en 2007 –bajo las órdenes directas de la entonces secretaria de Estado Condolezza Rice–, que coincidió con el lanzamiento de una diplomacia centrada en la flexibilidad y agilidad en la gestión y, sobre todo, en la búsqueda de una mayor articulación de la diplomacia con las acciones militares (denominada *transformational dyplomacy*).

tales norteamericanas, de instituciones locales del país receptor y de ONGs nacionales y trasnacionales.

Esa trama de acciones de distintos niveles de complejidad, financiamiento y agregación, permitieron a Estados Unidos acceder a diversos órdenes de la vida social, mediante trabajo en la construcción de infraestructura (caminos, escuelas, hospitales, etc.) y con desarrollo en tareas de asesoramiento, educación y capacitación –pudiendo abarcar desde programas anticorrupción hasta programas de formación ciudadana para la reforma judicial, la lucha contra el narcotráficos y la promoción de cultivos "alternativos", el manejo de conflictos y de violencia, y la gestión de áreas naturales protegidas, entre otras–.

Una simple mirada a los programas promocionados por el sitio oficial de Internet de su oficina en Paraguay dio cuenta de que los proyectos financiados abarcaban toda la gama de temas mencionados. Por ejemplo, el proyecto Ikait –apoyo a mujeres pobres para convertirse en empresarias–, o el proyecto Alianza San Pedro Sostenible –presentado como una forma de conciliar desarrollo económico con protección medioambiental en las zonas donde los movimientos campesinos tomaron tierras de latifundistas–.

Se destacaron entre los años 2000 a 2006 las destinadas a gobernabilidad democrática, justicia y corrupción, áreas claves en un marco de creciente conflictividad y movilización popular.

Título: Actividades de USAID/Paraguay

Fuente: http://pdf.usaid.gov/pdf_docs/Pdacl272.pdf

Financiamiento USAID en Paraguay 2000-2006 (por área programática)

	2000	2001	2002	2003	2004	2005	2006	2007	Total
CSH	-	-	2.52	1.96	2.32	1.98	2.88	2.10	11.67
DA	5.18	6.32	3.60	3.89	4.14	3.74	4.38	4.13	31.26
ESF	1.00	3.49	3.50	3.00	2.98	2.97	1.98	2.00	18.93
MCA	-	-	-	-	-	-	37.07	-	37.07
Total	6.18	9.81	9.62	8.85	9.44	8.70	46.31	8.23	98.94

CSH (*Child Survival and Health* / Programas de Salud); DA (*Development assistance* / asistencia general al desarrollo); ESF (*Economic Support Fund*); MCA (*Millenium Challenge Account*).

Fuente: Elaboración dePaula Lucía Aguilar[255] en base a datos oficiales (solicitudes presupuestarias al Congreso).

Como se desprende del cuadro, durante el período de crisis gubernamental del Partido Colorado y previa al recambio gubernamental en la presidencia de la nación, el monto de la ayuda creció extraordinariamente en Paraguay[256], muy especialmente a partir de la asunción de Fernando Lugo a la presidencia en 2008, cuando se nombró a Liliana Ayalde, ex funcionaria de USAID, como embajadora de Estados Unidos en Asunción (2008-2011).

En abril de 2009, la sede diplomática norteamericana presionó al Palacio de López para la renovación del denominado Plan Umbral, al que en su segunda fase se le destinaron más de treinta millones de dóla-

---

[255] Se recomienda ver el cuadro original en su trabajo publicado en http://bibliotecavirtual.clacso.org.ar/ar/libros/becas/2008/deuda/aguilar.pdf.

[256] Se aprecia cómo en 2006 la asistencia se quintuplicó, fruto de los 37 millones de dólares firmados con el *Milleniun Change Account* (agencia gubernamental que financia programas donde los indicadores son construidos a partir de informes de otros organismos como el Banco Mundial).

res. A comienzos del 2011 –durante la visita del subsecretario de Defensa para Asuntos Hemisféricos, Frank Mora[257]–, se logró que los ministros de Obras Públicas y de Hacienda firmaran en Asunción un acuerdo con la agencia para la asistencia técnica de la concesión al sector privado de los aeropuertos del país por trescientos noventa y un mil dólares, y se implementara la denominada Iniciativa Zona Norte en varios Departamentos del país. Esta última retomaba un acuerdo firmado por Stroessner en 1961 para que Estados Unidos asesorara en la batalla contra actividades criminales y terroristas, generando un importante rechazo en el conjunto de la población y críticas de los movimientos campesinos al gobierno luguista[258].

Respecto al renovado interés por el control del espacio aéreo, lo atribuimos al temor estadounidense de que las organizaciones con mayor capacidad de movilización de fuerzas y posibilidad de radicalizar un cambio progresista postularan para las próximas elecciones presidenciales al gobernador José Paková Ledesma[259], en un contexto regional signado por la proyección de la UNASUR en América del Sur[260]. Estas concesiones provocaron un intenso debate y una serie de huelgas y protestas, en especial en lo relativo a la licitación del Aeropuerto Internacional Silvio Pettirossi de Asunción y el ya mencionado de Mariscal Estigarribia en el Chaco, ubicado cerca de la frontera con Bolivia.

---

[257] Funcionario considerado por la academia norteamericana como uno de los expertos en Paraguay más reconocidos.

[258] Pudimos acceder durante nuestras investigaciones a la copia borrador del acuerdo bajo el título "Carta Acuerdo sobre la Iniciativa Zona Norte (IZN) entre el gobierno de la República del Paraguay y el gobierno de Estados Unidos de América", el cual finalmente no se concretó a través del Ministerio del Interior –como estaba originalmente planificado por la sede diplomática norteamericana en Asunción–, sino que fue viabilizado a través de la Secretaría de la Función Pública del Paraguay (SFP) en 2011.

[259] Gobernador del Departamento de San Pedro, una figura de gran popularidad y carisma entre la población asociado con ideas progresistas.

[260] Para ampliar este punto recomendamos la lectura de los artículos periodísticos de noviembre y diciembre de 2011 publicados en el periódico *ABC Color*. Para conocer las posturas críticas a la concesión aeroportuaria, ver declaraciones de Najeeb Amado en http://jagua.paraguay.com/etiquetas/concesion-de-aeropuertos

Fondos implementados por USAID en Paraguay (2001-2010), según la agencia financiadora

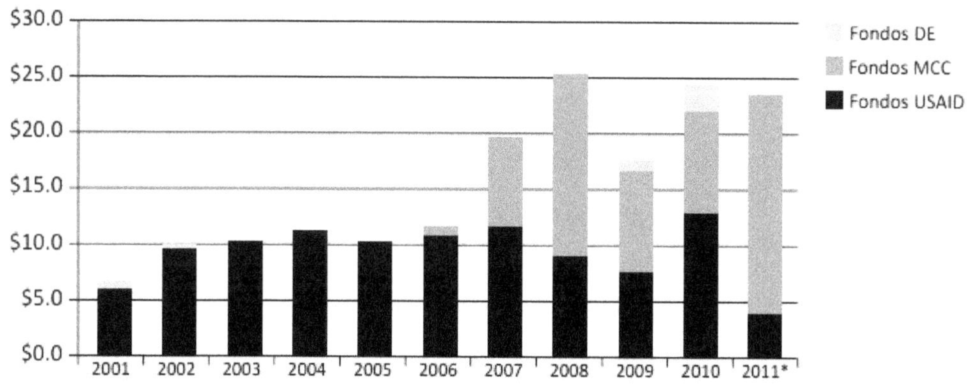

Fuente: Libro USAID en Paraguay. La asistencia como estrategia de dominación (BASE IS, 2012:140), colgado en http://www.apublica.org/wp-content/uploads/2013/02/usaid-en-paraguay.pdf.

Datos de 2011 basado en el total de $US 23.5 millones dado por la USAID (Fuente: www.foreignassistance.gov). La participación relativa de fondos MCC y fondos USAID es una aproximación basada en los fondos sin ejecutar restantes de los U$S 30.3 millones del Programa Umbral II, unos U$S 20,9 millones. El programa llegó a su fin el 31 de octubre de 2011.

A través de la red de programas de asistencia de la USAID, la agencia logró reforzar la trama antes destacada de interacciones institucionales y extra institucionales que le permitiría acceder a la vida cotidiana de las comunidades locales, construyendo sentidos, valores e impulsando determinadas prácticas. Incidiendo igualmente en la formulación discursiva de los problemas y las acciones promovidas para intervenir sobre ellas, instalando la circulación de un conjunto de discursos de verdad en territorios y poblaciones plausibles de ser asistidos, y sugiriendo una serie de medidas como las más adecuadas a tal efecto.

Esto quedó ejemplificado en el caso de uno de los proyectos más importantes del Paraguay denominado Iniciativa Zona Norte (IZN), de 18 meses de duración, el cual se ejecutó en los cuatro departamentos (15 municipios) de San Pedro, Concepción, Amambay y Canendiyú.

Portada del Informe de evaluación sobre IZN

INFORME

EVALUACION INTERMEDIA

PROGRAMA IZN PARAGUAY

Fuente: archivo personal de Sonia Winer, 2011.

En el texto de USAID que evaluó la IZN se especificaron cuáles serían los "problemas básicos" de esos cuatro Departamentos paraguayos y cómo deberían resolverse:

La zona del norte del Paraguay (borde con Brasil) presenta un cuadro de alta pobreza y débil institucionalidad. Dos hechos han contribuido a ello: 1) la histórica *ausencia del Estado;* 2) presencia de *actividades ilícitas.* Desde lo económico es una *zona de contrastes: presencia de grandes empresas y pequeños productores de pocos ingresos.* Gobiernos locales percibidos como débiles e ineficaces. La zona presenta pues tres problemas básicos que deben ser resueltos: 1) la generación de oportunidades económicas, 2) *aspectos relativos a la gobernabilidad,* y 3) *solución a los problemas sociales* que acarrean las actividades ilícitas (USAID, Evaluación IZN, 2011: 8. Destacado nuestro).

Como se desprende del análisis planteado por la agencia, esta tendería a des-historizar y negar las raíces socio genéticas y estructurales del conflicto social en Paraguay —negando incluso el apoyo de Estados Unidos para la consolidación y supervivencia del régimen stronista—, simplificaría las causas de la conflictividad con un estilo de tinte liberal reduccionista.

Casi podrían resumirse los contenidos de la siguiente manera: "el problema es la pobreza y la solución la generación de oportunidades para la población" o, "el problema son los gobiernos locales paraguayos ineficientes y la solución sería que la agencia estadounidense financie una reforma del Estado"[261].

Sin embargo, las palabras reales del texto original evidenciaron la verdadera preocupación norteamericana, la cual se volvió a conectar con

---

[261] Planteado en entrevistas realizadas por nosotros a funcionarios en 2011.

la potencial rebelión poblacional de campesinos organizados. En consecuencia, un elemento esencial para interpretar su papel jalando de un proyecto como la IZN radicaría precisamente en estudiar por qué delimitan esos territorios y no otros. Y es que, precisamente, esos cuatro departamentos señalados coincidirían con el lugar desde donde operaban los principales movimientos sociales del país y donde se ubicara un ojo del sistema acuífero guaraní. Sobre estos departamentos -además de los planes de apariencia social y de recabación de datos (como IZN)-, Estados Unidos habría asesorado y promovido (en conjunto con agencias de seguridad colombianas), por intermedio del Ministerio del Interior de Paraguay, una serie de operativos policíaco-militares realizados a partir del primero, denominado *Jerovia*, abriendo una línea de investigación respecto de la conexión entre financiación de programas sociales con operativos militares en el país.

Mapa del territorio paraguayo comprendido por la IZN y por los operativos policíaco-militares

(Con la ubicación de la infraestructura ubicada en Mariscal Estigarribia, Pedro Juan Caballero y Ciudad del Este marcada en rojo)

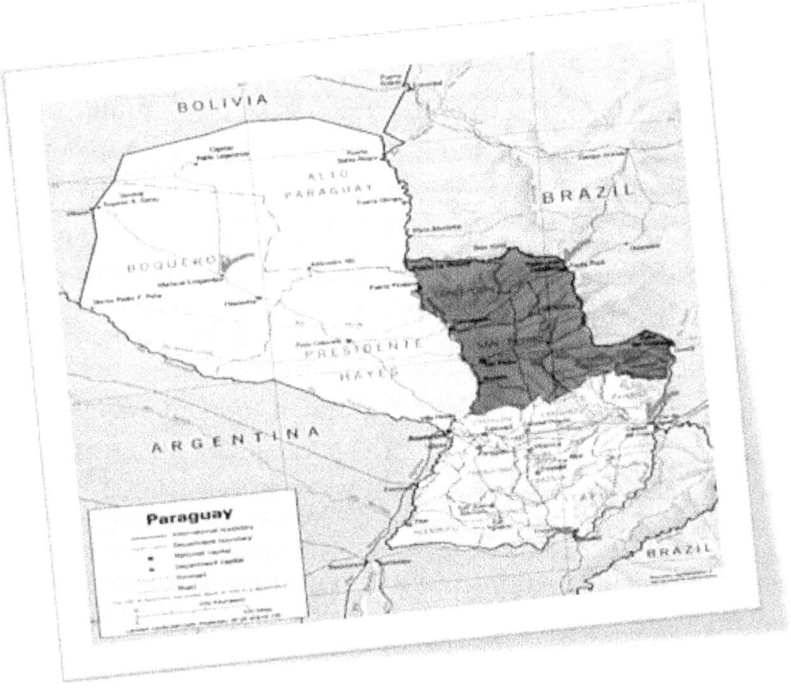

Fuente: elaborado por Sonia Winer en 2011.

Como desarrollamos en el primer apartado, la figura del dirigente campesino como "sujeto amenazante" (Winer, 2009) en esta nación suramericana se remontaría originariamente a los tiempos de la DSN y del stronismo, permaneciendo vigente durante el primer post stronismo (1989-2001), pero reforzándose particularmente a partir de 2001/2002 y, como veremos en el apartado a continuación, resignificándose luego de 2008 por medio de "modelos de situación" (Van Dijk, 1997) planteados por las empresas mediáticas a través de la comunicación estratégica hegemónica en torno del EPP.

La construcción de la amenaza —influida por los lineamientos estadounidenses que buscaron involucrar la conflictividad y la pobreza con la lucha antiterrorista— apuntaría a quienes tenían capacidad de organización e incidencia progresista en el cambio —en este caso los movimientos campesinos en el nordeste paraguayo—, sobre los que se direccionarían operativos de disciplinamiento, tanto militares como de tipo social o de desarrollo económico.

Otra cita de USAID, a propósito de la IZN, que llamó nuestra atención fue la referida a la "presencia de actividades ilícitas" (USAID, 2011: 8), debido a que la misma simularía ignorar la existencia de una base de la *Drug Enforcement Administration* (DEA) sobre esta área del territorio paraguayo lindera con Brasil (en la localidad de Pedro Juan Caballero) —la cual se encontraría perfectamente comprendida dentro del perímetro de la IZN—. Es de subrayar que el documento nunca hizo alusión o crítica respecto del rol jugado por la base militar, lo cual sorprende más aún si se tiene en cuenta que la DEA sería, supuestamente, la agencia estatal estadounidense específicamente encargada de combatir el narcotráfico —y no la USAID—, aspecto que cristalizó la tendencia a *difuminar* actividades para financiar una intervención de corte complementario a la militar. Límites borrosos que devienen de una definición de terrorismo también indeterminada:

> La extensión del conflicto es tan multidimensional que todo programa impulsado por cada sector de la USAID para el desarrollo tiene el potencial de manejar y mitigar las causas y consecuencias de la violencia (USAID, 2003).

De este modo, en los últimos años, seguridad y desarrollo se retroalimentaron nuevamente como sustento argumental de la intervención durante la administración de Bush y aún más en la de Obama, y conformaron un trasfondo doctrinario ligado a la contrainsurgencia —con consenso bipartidista republicano y demócrata sobre estos núcleos "duros" (Azcurra, 2013)– en el que confluirían bajo formas crecientemente militari-zadas, tras la lógica de la política seguritaria combinada con acciones de asistencia de otra índole.

En esta línea de pensamiento, las actividades de la USAID se definie-ron -desde su discurso oficial- como acciones sobre el "entorno" o "me-dio subyacente" (de prevención a la vulnerabilidad) de las poblaciones asistidas por medio de la labor sobre sus condiciones de vida, y sus pro-gramas siempre se anunciaron destinados a fortalecer un tipo de gober-nabilidad afín al modelo imperial.

La articulación de la asistencia externa al desarrollo progresivamente militarizado en el marco doctrinario estadounidense conformó, enton-ces, una estrategia discursiva desde donde los enunciados de los riesgos –potenciales o presentes–, las poblaciones calificadas como vulnera-bles –en tanto pobres y por ende más proclives en el imaginario al reclu-tamiento de grupos insurgentes–, y la posible pérdida de *estabilidad* –en términos de seguridad de la región–, justificaron un espacio de interven-ción –civil, militar o una combinación de ambos complementado por lo social y lo mediático–, que sería considerada por encima de la soberanía nacional de Paraguay y por sobre los procesos de democratización nacio-nal de los países suramericanos en general.

Además, destacamos que dicha estrategia no habría sido destinada exclusivamente para Paraguay, más bien todo lo contrario, tendría un alcance planetario, pues para la USAID la imagen de amenaza se haría extensiva a un tercio de la población mundial, y el papel de la agencia quedaría ligado con el grado de adhesión al modo de vida estadouniden-se frente a la conflictividad popular, medido a partir del "reconocimien-to y alineamiento"[262] de líderes políticos y sociales locales. Así lo dejaría expresado el documento de evaluación sobre la IZN:

> *Reconocimiento y apoyo.* 4 de cada 10 pobladores y *6 de cada 10 líderes los conocen,* 25% (50%) han trabajado en él y 100 los apoyan (…) Alinea-miento de los proyectos (…) Proyecto elaborado por organizaciones. Coordinación con las autoridades locales. Y que responden a las cade-nas de valor previamente seleccionadas por ellos u otras instituciones para la región donde IZN se desarrolla (USAID, 2011:30).

---

[262] De hecho, así se titula el apartado oficial que citamos a continuación sobre la IZN.

Imagen documento IZN, apartado "Reconocimiento y Alineamiento"

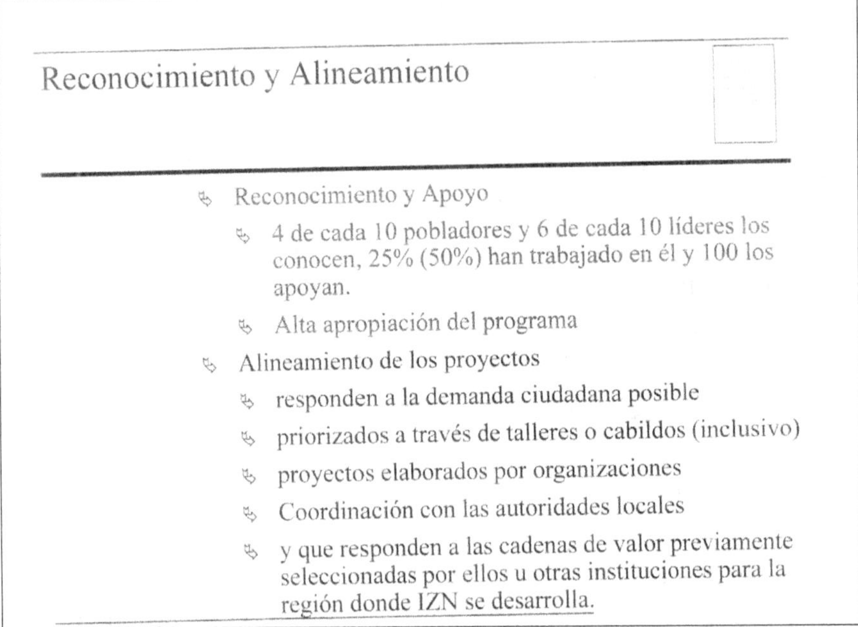

Fuente: archivo escaneado por Sonia Winer en 2011.

En consecuencia, una vez más, el estudio del caso paraguayo nos permitió visibilizar las múltiples dimensiones y, sobre todo, la complementariedad de la tendencia de intervención imperialista para la injerencia sobre territorios y poblaciones; evidenciando la necesidad de construir políticas públicas sustentadas en pensamiento, investigación e indicadores propiamente suramericanos —y no financiados por agencias gubernamentales extranjeras según *sus* criterios—; creados por medio de una metodología que dé cuenta de las experiencias y aprendizajes históricos y elabore nuevas bases doctrinarias propias en la región.

Representaciones que se reforzaron en la subjetividad con la aparición del EPP

Se debe recordar que la dimensión de fondo que atraviesa e historiza el estudio respecto de los medios de comunicación en Paraguay se inscribe sobre un desarrollo de tipo capitalista sustentado en una modernización conservadora, cuya estructura de la propiedad de la tierra se caracterizó por una extrema desigualdad, no solo en lo referido al reparto y la tenencia de la misma, sino también en lo relativo a la distribución de riquezas e información.

Concentración y extranjerización exacerbadas durante las últimas décadas debido a la intensificación del modelo exportador y en consonancia con los cambios producidos en la estructura productiva mundial, lo que, sumado a la inaplicabilidad de la demanda de reforma agraria, devino en que el movimiento campesino apelara –para posicionar sus reclamos y como principal medio de protesta– a la acción directa (ocupaciones de terrenos, marchas o cortes de ruta, etc.) para resistir el despojo de lo popular en el denominado "conflicto rural".

Si ponemos el acento en explorar mediante qué mecanismos y andamiajes simbólicos hegemónicos del entramado de poder se fueron configurando operaciones que relacionaron a las organizaciones agrarias con un tipo de representación estratégica de la amenaza inscripta en el paradigma norteamericano y local, nos encontramos con el forjamiento de "modelos de situación" (Van Dijk, 1997 en Sánchez, 2009), es decir, marcos abstractos para la interpretación de casos concretos cuyo fin es involucrar a determinados sujetos previamente estigmatizados con la representación de peligrosidad. Como señala José Tomás Sánchez, estos modelos tienden a perdurar en el tiempo y ejercen una enorme influencia sobre la subjetividad poblacional, por ende, es preciso analizarlos y visibilizar sus efectos junto con el papel jugado por los *atajos informativos* planteados por la prensa escrita de mayor circulación en Paraguay. Esta aún posee una alta credibilidad y se postula como baluarte de la ciudadanía para comunicar lo que presuntamente ocurre *en la realidad* respecto de los actores en disputa, al tiempo que se constituye en elemento central de lo que en nuestras conclusiones caracterizaremos como "colonialismo psicológico" (O´Donnell, 2012).

Consideramos, entonces, pertinente retomar la distinción categorial entre dueños *legítimos* e *ilegítimos* de la tierra que enfatizó (y enfatiza) el discurso abordado por este autor (Sánchez, 2009), teniendo en cuenta que la lucha por parte del movimiento social interpeló uno de los pilares centrales de la estructura económica, pues interpeló a grandes propietarios que se beneficiaron de las exportaciones agropecuarias e involucró a pequeños propietarios y a movimientos campesinos que se caracterizaron, no solo por la diferencia en términos de cantidad de tierra, sino por una utilización material y por una concepción simbólica antagónica respecto de los latifundistas. Algunos autores definen estos intereses encontrados como de "suma cero", porque una de las partes solo podría ganar a expensas de la otra (Fogel, 2005).

Según la investigación mencionada (Palau, 2009) sobre una muestra de editoriales divulgadas por los matutinos *ABC Color* entre el 20 de abril de 2008 y el 15 de agosto de 2009, cuando se cumplía el primer año de la asunción presidencial de Fernando Lugo, la casi totalidad de los títulos se refirieron con una connotación negativa respecto de los campesinos[263].

Se los asoció a la pobreza (y por ende, se los consideró fácilmente "manipulables" por "líderes" o "populistas" que los perjudicarían), a la ignorancia, a la haraganería y a la poca productividad. Mientras que a las "organizaciones campesinas" se las relacionó directa o indirectamente con la violencia, caracterizando a esta como violencia "campesina" (lo que creó una representación particularmente discriminatoria); jamás se hizo mención a la violencia "sojera" o "ganadera", línea que se fortaleció al asociar la figura del campesino con el EPP y con la representación "terrorista".

Así, se tendió a presentar al trabajador o pequeño propietario rural como un sujeto problemático y amenazante debido a su falta de "conocimientos" y otras adjetivaciones imbricadas con ciertas nociones de *paraguayidad* que también retomaremos más adelante (a la que a su vez se apeló para adjudicarle a la insurgencia una cuota de especificidad nacional).

Dicho mecanismo discursivo postuló a cualquier tipo de construcción organizacional campesina como agente responsable del conflicto (Sánchez, 2009: 117, 119 y 122) y, por ende, construyó una tipificación que ubicaba a los movimientos y a cualquier forma de organización (fuera su accionar de corte revolucionario o fuera de carácter antipopular) en el plano de la ilegitimidad.

A modo de ejemplo, una editorial del 7 de octubre de 2008 del periódico principal del grupo Zucolillo levantaba una advertencia contra la propuesta gubernamental de realizar la reforma agraria, pues podría "fomentar la violencia de las organizaciones campesinas", al tiempo que sostenía que "los protagonistas, es decir, propietarios, empresarios, trabajadores rurales y los ´organizados´, teniendo a las autoridades solamente como árbitros del enfrentamiento" —aquí se presentaba como ´organizados´ solamente a los campesinos, palabra puesta entre comillas y asociada de manera directa con la agresión—, en tanto continuaba "una guerra rural entre organizaciones campesinas y los demás habitantes del campo jamás resultaría en la victoria de uno de los dos bandos, sino en la derrota del país" (*ABC Color*, 8/10/08).

---

[263] Investigación que centra, además, los textos en relación con una dinámica histórica y social más general cuya temporalidad, insistimos, no se limita al lapso seleccionado.

El texto mostró cómo, ya puesto al alcance nacional, el sujeto identificado en la conflictividad rural era la "organización" campesina que se enfrentaría a "los demás habitantes del campo".

Otras editoriales posteriores reforzaron dicha asociación: "Lugo debe acabar con la violencia rural o ella acabará con su gobierno" (*ABC Color*, 23/10/08), profecía cumplida según los relatos editorializados cuando fue su destitución. "La violencia campesina está arruinando el país" (*ABC Color*, 03/11/08), "Campesinos ´sin tierras´ o ´sin rostros´" (*ABC Color*, 16/11/08) y "El movimiento de los ´sin tierras´ en Paraguay es político" (*ABC Color*, 21/11/08), resultaron algunos de los muchos ejemplos que podríamos enumerar.

Sánchez señaló, además, que estas operaciones discursivas tendieron a generar al menos cuatro efectos significativos: 1) negar a las organizaciones campesinas como interlocutoras democráticas de tipo gremial, con capacidad para representarse a sí mismas y para reivindicar derechos consagrados en el marco legal; 2) cuestionar la vinculación de partidos políticos o de la administración pública con las mismas -por "paternalismo", "manipulación" o "engaño"-; 3) despojar de legitimidad a la reivindicación de la reforma agraria; y 4) considerar como única vía legítima para que el campesinado mejore sus condiciones de vida la iniciativa o práctica de carácter individual (Sánchez, 2009: 128).

Este tipo de configuraciones simbólicas se retroalimentaron con otras de tipo "psicológicas" que les dificultaron la concepción de campesino como sujeto de derecho, habilitadas por un adoctrinamiento que ya visualizamos de qué modo lo ubicó como un adversario deshumanizado en un presunto escenario de "guerra irregular".

Riesgo que, hasta la aparición pública del EPP, no parecía calar tan hondo en la subjetividad de la población paraguaya a pesar de que la sede diplomática de Estados Unidos en Asunción, al igual que los grupos mediáticos, venían insistiendo con la supuesta presencia de líderes de las FARC entre el campesinado del país desde el año 2004.

Pero, los aprendizajes en contrainsurgencia adquiridos durante el régimen stronista no perduraron en vano para los poderes dominantes, siendo enseñados no solo a fuerzas represivas estatales y para estatales, sino también a la dirigencia colorada y partidario-tradicional (Winer, 2011). Representaciones que a su vez se inscribieron sobre un trasfondo político-normativo penal que fue trasmutado y cada vez más asociado al derecho penal de autor y al Derecho Penal del Enemigo (DPE) (Jacobs, 2000), el cual resultó funcional a la persecución del colectivo rural.

Nuevamente se evidenció que el campesino paraguayo socialmente expresaba un *lugar fronterizo* en el cual, en tanto sujeto domesticado, era reivindicado como una esencialidad cercana a la tierra y a la naturaleza, pero en tanto sujeto movilizado, resultaba estigmatizado, criminalizado y cosificado (Halpern, 2013: 119). No importó si los niveles de organización devenían en violencia revolucionaria o no.

En ese marco, se produjo el primer "golpe oficial" y aparición pública del EPP, que consistió en un simple acto de sabotaje, es decir, la quema de una maquinaria agrícola en la estancia Santa Herminia –propiedad de un empresario brasilero–, a mediados de marzo de 2008 (un mes antes de que Lugo ganara con la consigna de reforma agraria en su programa electoral).

Producto de esta acción se acusó de mantener lazos con la nueva caracterización de la insurgencia local a un grupo de campesinos del mencionado latifundio, en el cual –junto con varias familias del pueblo de Kuruzú de Hierro– estos acababan de obtener –movilización del pueblo mediante– una victoria legal para frenar la utilización de agroquímicos en las fumigaciones (causantes de una serie de afecciones a la salud de los pobladores rurales desde el año 2006). El quehacer del EPP devino en procesamiento de los dirigentes que habían obtenido el fallo judicial favorable a la comunidad, imputándoseles delitos sindicados con la guerrilla que jamás se llegaron a probar.

La segunda acción del EPP se realizó el 31 de diciembre de 2008 –ya con Lugo en el sillón presidencial– y consistió en el asalto a un cuartel policial escasamente vigilado, a través del que, presión de los latifundios comunicacionales mediante, se logró imponer al nuevo presidente un enorme operativo policial-militar que este al comienzo se resistía a implementar.

Proceso interesante de analizar, en tanto se realizó operacionalizando contenidos editoriales que construyeron una progresiva "narcotización discursiva" (Winer, 2013) como fundamento de la intervención militarizada sobre los Departamentos de San Pedro, Concepción y Amambay. A modo de ejemplo, cabe señalar que el 21 de enero se publicó el titular "Documentos del EPP en centro de acopio de marihuana" (*ABC Color*, 21/01/2009), para pocos días después continuar desplazando la semántica de la guerra contra la guerrilla hacia la lucha antinarcóticos: "Informes del servicio de inteligencia determinaron la existencia de un centro de acopio de marihuana, *relacionada* con simpatizantes del EPP" (*ABC Color*, 31/01/2009, itálicas nuestras).

Ya desde ese entonces, inferimos que el corrimiento discursivo de la ideología política hacia el tema de la marihuana se habría ocasionado por el poco impacto inicial producido por la representación de la "amenaza" del EPP en el público lector y en el marco de sugerencias de la embajada norteamericana. Entonces, los argumentos periodísticos se fueron modificando para desvincular el operativo denominado *Jerovia* con la lucha armada (las mismas menciones al EPP desaparecieron de los textos con el trascurrir de las semanas) para asociarlo con el tráfico ilegal de estupefacientes. Claro que la presencia de las agencias imperiales para *asistir* en esa área nunca fueron puestas en cuestión.

El discurso giró en torno a la necesidad de incautar plantaciones que se encontrarían dentro de los asentamientos campesinos y, de este modo, se fortaleció la asociación del reclamo por la tierra de los desposeídos con el delito común y el tráfico ilícito en territorios caracterizados por una fuerte tradición de movilización y organización de trabajadores rurales que se remontaba a las históricas Ligas Agrarias (LAC).

No es casual que las noticias sobre el tema se publicaran incluso en una nueva sección del matutino principal del grupo González Dibb, *Ultima Hora* (periódico que intentaba presentarse como más moderado y menos reaccionario que *ABC Color*), titulada "El narcotráfico y los problemas sociales" (Winer, 2013: 22).

Se implementó la figura de "comisión de crisis" (que precedió a la declaración del Estado de Excepción un año después) y se apelaron a "técnicas de interrogatorios" modelo Guantánamo (como la asfixia sistemática y el simulacro de fusilamientos) sobre dirigentes agrarios sospechados de "terroristas" o de "narcotráfico" (saliéndose del sistema normativo vigente y evidenciando las limitaciones del nuevo gobierno para controlar las prácticas y "herencias" en materia doctrinaria y de prácticas de los aparatos represivos estatales) (Winer, 2013: 23).

Jamás se mencionó, como ya señalamos, la existencia y menos aún el grado de eficacia de una base militar de la DEA norteamericana ubicada en la localidad cercana de Pedro Juan Caballero, la que habría sido ampliada gracias a la "donación" de tierras paraguayas realizada por parte del ex presidente (y actual embajador en Argentina) Nicanor Duarte Frutos en 2005-2006 para "combatir" el tráfico ilegal.

La tercer acción del EPP incluso se publicitó frustrada, una bomba en el Palacio de Justicia de Asunción que supuestamente había sido descubierta por una empleada de limpieza y trasladada fuera del edificio por un guardia de seguridad, lo cual, tomando como cierta la presunción, nos ilustraría acerca de un acentuado nivel de improvisación y de carencia logístico-militar que traería dificultades a la hora de poder definir el hecho como un golpe insurgente. Sin embargo, la matriz comunicacional destacó que el EPP (aún) mantenía en jaque a las fuerzas de seguridad paraguayas y se tejió una traslación de la "violencia rural" hacia la ciudad.

Otro episodio notable del EPP se situó en Agua Dulce y Arroyito en 2010, año del asalto a la comisaría Capitán Jiménez. Se puso el acento en presuntos enfrentamientos armados donde se acusó al EPP de la muerte de 13 civiles y de 6 policías, aunque también se afirmó su repliegue producto de la balacera policial. Si tomamos en cuenta las características de esta última acción, es decir, una banda en un tiroteo con la policía, la misma se asemejaba más a un hecho delictivo que insurgente o militar. Pero, la reacción al episodio consistió, una vez más, en la multiplicación de los operativos policial-militares y se incrementaron los recursos destinados al combate contra este grupo sin explicar que el EPP, debido a las dificultades tácticas que presentaba, difícilmente pudiera aspirar siquiera a enfrentarse -mucho menos a "poner en jaque"- a un cuerpo represivo profesional como sostenían *ABC Color* o *Ultima Hora* en su línea editorial. Extrañamente, y aunque se insistió en vincular un grupo con otro, los patrones de conducta del EPP muy poco se asemejaron o se asemejan con los de las FARC, en especial en lo que refiere a capacidad de movilidad en radios amplios sin ceñirse a una territorialidad precisa —hasta lograr un control estable sobre una porción territorial—, puesto que se ubicó dentro de los límites de los tres departamentos mencionados, conformando un triángulo de no más de 300 kilómetros a la redonda. De hecho, esta característica de "radio reducido" fue uno de los factores que ayudó a alimentar la falaz hipótesis mediática del control territorial en manos de la guerrilla, la cual postuló un control "indirecto" sobre el espacio que sería ejercido a través de los dirigentes de organizaciones campesinas "adherentes" al EPP, relacionando nuevamente a los sectores movilizados del campesinado con la violencia rural.

Entrevistas realizadas por nosotros en aquel momento *in situ* recordaron que un par de años antes se habían desarrollado allí ejercicios del Comando Sur de los Estados Unidos, alegando presencia de las FARC pero también destacando la importancia de la frontera cercana a la amazonia brasileña. Suponemos que el interés norteamericano se debía a que la zona de Concepción contiene importantes bienes naturales como, por ejemplo, riquezas boscosas en una superficie forestal de más de 233.000 hectáreas, recursos hídricos (destaca un "ojo" del Sistema Acuífero Guaraní), abundancia en materia de minerales tales como cobre, oro, plomo, zinc, plata, bario, molibdeno, wolframio, cuarzo, mica y feldespato y la población local resultaría un estorbo a la hora de llevar adelante la explotación de estos materiales.

Esto al margen del avance del capital sojero, que entró en fuerte conflicto con los trabajadores rurales debido a la contaminación ambiental, la cual, sobre todo desde la aparición del EPP (aunque antes también), fue relegada por cuestiones seguritarias imputando a cada poblador que se movilizara o protestara por complicidad con grupos violentos.

Por otra parte, al día de hoy resulta por lo menos incierto el criterio de las acciones del EPP, puesto que no se condijo jamás con las reglas básicas de los grupos irregulares sobre el desgaste que debieran ejercer operaciones políticas (en la relación entre las poblaciones y gobernantes). El resultado de los golpes del EPP tuvo como corolario una permanente legitimación mediática y pública de la represión y de la persecución a dirigentes agrarios y devino, incluso, en medidas antipopulares como el del sabotaje de dos torres de alta tensión que cortó la energía a más de 765.000 paraguayos. Sin embargo, constituyeron la base a través de la cual los grupos mediáticos concentrados lograron forjar determina dos marcos abstractos de interpretación en los mapas cognitivos de la subjetividad colectiva, allanando el camino para ligar a sujetos sociales previamente estigmatizados con hechos violentos mediante el uso de ciertos términos y vocabulario implantado, por ejemplo: campesinos, protesta, movilización, violencia y armas pasaron a constituir un mismo paquete conceptual de manera indiferenciada, creando un enemigo amenazante mucho más "visible" que una banda de 15 personas, siendo una de las consecuencias a corto plazo, el temprano y *preventivo* aborto de la propuesta de reforma agraria (que de todas maneras resultaba difícil de viabilizar en ese periodo) por ser considerada una incitación a la "violencia campesina" y a la "lucha de clases".

La aparición del EPP resultó por tanto habilitante para un incremento de la intervención de agencias estadounidenses y de la reactivación de programas y acuerdos firmados a comienzos de los años sesenta (como el Plan Umbral y la Iniciativa Zona Norte ya mencionados), que vinieron a confluir con representaciones heredadas de otros tiempos −resignificadas y retroalimentadas por las empresas comunicacionales−, subyacentes en la subjetividad de gran parte de la población.

Adoctrinamiento y vigencia de la hipótesis de conflicto "ideológica"

En el primer y segundo apartado de este libro desarrollamos los efectos generados por el proceso de adoctrinamiento y por la representación estratégica de la amenaza que impulsara Estados Unidos en Paraguay −*reaggiornada* en el marco del Esquema Cooperativo de Seguridad Hemisférica (ECSH) durante la apertura tutelada colorada neoliberal (1989-2008)–, basado en la idea de que las condiciones de penuria material podían generar un ambiente propicio para el avance de regímenes de características radicales (y/o de propuestas desarrollistas/"populistas" de corte nacional). Premisa que viene operando como fundamento de una intervención más compleja y diferenciada –en el marco de la mencionada Alianza para el Progreso–, cuando en los años sesenta se inauguraron tanto el (i) crecimiento de los aportes económicos –percibidos en favor de la *estabilidad* a través del que se impulsara un doble clivaje de "transformación y conservación" o de "desarrollo y seguridad"–, como la (ii) innovación de estructuras injustas de tenencia y explotación de tierras, en favor de un sistema capitalista con pretensiones de mayor inclusión social que buscaba reemplazar la propuesta de "reforma agraria" por la de "bienestar rural".

Modalidad que se sintetizó en la consigna adoptada por Stroessner de "democracia sin comunismo", la cual se reactualizó en la explicitación pública de la administración de Obama a partir de su postulación del plan de "tres D" (en alusión a la necesidad de articular aún más ciertas nociones de Defensa, Diplomacia y Desarrollo delineadas por el Pentágono), cristalizándose en expresiones locales como "democracia sin bolivarianismo" y poniendo de manifiesto de qué manera perduraron las hipótesis "ideológicas" (aunque no solo centradas en el accionar del EPP) del conflicto de la guerra fría en la post guerra a pesar de que, desde Washington, se anunciara su finalización.

Ya señalamos que, si bien la institucionalización de la DSN arribó con cierto retraso a Paraguay[264], su cuerpo teórico encontró un terreno especialmente fértil debido a la influencia previa del régimen stronista en materia anticomunista y a las prácticas transmitidas por la Misión Militar Brasilera instalada en el país, así como también gracias a la labor desempeñada por la Misión Militar de Estados Unidos[265] (Miranda, 1987: 45).

Durante la década del ochenta, Paraguay se había caracterizado asimismo por reforzar la formación de su dirigencia partidaria en materia contrainsurgente (a pesar de que en el país no existía una insurgencia armada y en el mundo se debatían ya otras líneas), mientras que en los noventa y en la primer década del siglo XXI volvió a gestionar aprendiza-

---

[264] No así algunas de las prácticas destacadas por ella, en la que el país resultó precursor.
[265] Además, la CIA mantuvo estrechos contactos desde 1959 con la división de inteligencia de las Fuerzas Armadas -así como también con la sección política del Ministerio del Interior y las fuerzas de seguridad-.

jes en este sentido a través de la relación con el Comando Sur y con otras agencias extranjeras, reposicionando el papel del país como laboratorio de prácticas estratégicas imperialistas en la región.

En esta línea de pensamiento, podemos interpretar la recirculación discursiva conservadora-colorada nacionalista-aislacionista como la expresión más clara que, no solo desmiente incluso en el año 2015 la "desideologización" de las hipótesis de conflicto y de las representaciones "enemigas" propiciadas por el Pentágono y demás agencias, sino como expresión de lineamientos antagónicos aún –y hoy más que nunca- en disputa en el plano regional.

Los efectos del adoctrinamiento pro-norteamericano se expresaron incluso de manera más exacta en la consolidación de "mentalidades" antidemocráticas dentro de los aparatos represivos estatales y de la dirigencia oligárquico partidaria paraguaya –mentalidades que la gestión luguista heredó y no logró revertir debido a su propia debilidad–[266]; en la (i) promoción y habituación de nuevas tecnologías orientadas al disciplinamiento masivo del campesinado por medio del terror; y en la (ii) financiación de planes seguritarios y sociales que se desplegaron a través de un complejo entramado institucional e inter-agencial trasnacional asociado con los intereses de las grandes corporaciones extractivas y el capital concentrado.

Todo esto acompasado por operaciones mediáticas que reforzaron el rol de Paraguay como centro de "experimentación", donde se "testearon" nuevas prácticas preventivo-selectivas potenciadas por la declinación virulenta de hegemonía de los últimos años y por el curso adoptado por la transición geopolítica global.

A partir de la segunda administración de Obama y producto de la preocupación de los acuerdos económicos de países de la región con China, las operaciones de agencias de Estados Unidos apelaron y apelan a reorientar nacionalismos de las culturas locales para fortalecer un "aislacionismo defensivo paraguayo" el cual, como demostramos con anterioridad (Winer, 2011), devino siempre funcional al estrechamiento de lazos con los poderes corporativos asociados a Washington.

---

[266] El punto de continuidad en materia de representación del sujeto amenazante, considerado pausible de poder resistir y organizar alternativas democratizadoras contrarias a los intereses del entramado de poder, se exhibió, por ejemplo, en la superposición de funciones militares o en la manera sesgada de concebir a la protesta política y social como disruptiva de lo "democrático" desde una visión situada en lo castrense que continúa considerando patológicas o sintomáticas de inestabilidad las manifestaciones cotidianas del mismo.

Así se trazó un estilo particular para abortar otras alternativas suramericanas y para abrevar en el sustento de la desigualdad estructural de bienes estratégicos por medio de gobiernos de derecha "aliados" que se reinstalaron luego de la experiencia luguista y del golpe en Paraguay – Federico Franco (2012-2013) y Horacio Cartes (2013-actualidad)–.

El entrecruzamiento del campo de los estudios militares con el de los estudios comunicacionales nos posibilitó evidenciar de qué manera confluyeron representaciones locales e internacionales al momento de reforzar una misma imagen estigmatizante sobre un determinado segmento poblacional –considerado real o potencialmente insurgente (a pesar de la evidente debilidad del EPP y de su falta de apoyo popular) y catalogado de "antipatriótico"–, con la finalidad última de continuar naturalizando socialmente un orden y una estructura fundados en la inequidad.

De ese modo han cristalizado los trazos doctrinarios, es decir, la definición de figuras y sentimientos de vulnerabilidad incorporados a un sistema de interpretación general que deriva en la toma de decisiones –el cual se encontró y se encuentra atravesado por las relaciones de fuerza existentes en el escenario internacional y local (Manero, 2004: 6)–, que despliega modalidades novedosas orientadas a incidir sobre la subjetividad del conjunto de la ciudadanía con el objeto de que esta habilite la privación de derechos para un grupo de personas que se organizan y reclaman, como lo son las organizaciones campesinas en Paraguay.

Hacia allí también nos condujeron los elementos político-jurídicos de retorno al proceso feudal, complementarios a las acciones de colonialismo psicológico desplegadas para exacerbar las percepciones regresivas de incertidumbre, estrés y fragilidad con el fin último de instalar que la alteridad diferente resulte vivenciada como amenazante (debilitando los lazos de solidaridad en la sociedad). Argumentos normativos fundamentales para intentar legitimar la estrategia imperialista y la configuración actual del sistema penal en el caso del país mencionado, que se aferraron a una masacre prediseñada por los poderes fácticos para justificar un clivaje legislativo hacia el Derecho Penal del Enemigo y finiquitar la experiencia luguista.

Masacre de Curuguaty y los efectos del EPP posteriores al golpe contra Lugo

El punto nodal de toda la invención mediática y policial tuvo como instancia definitoria a la masacre de Curugaty, una violenta represión llevada a cabo sobre un grupo de campesinos que buscaban recuperar unas tierras en litigio apropiadas por la empresa del senador colorado Blas Riquelme, Campos Morombí, en Marina Cué. Esta devino bisagra y emblema condensatorio de la historia política paraguaya, posibilitando un retorno circular cuasi borgiano a las premisas construidas durante el stronismo (Soto, 2014).

El violento desalojo desmintió la característica adjudicada de "blando" al nuevo golpismo en América Latina ya que, si bien la violencia no se aplicó de manera directa sobre los contendientes políticos, esta sí se desplegó de manera diferida (en relación al tiempo con el cambio de gobierno) sobre el cuerpo de las víctimas. Esto había sido preludiado por iniciativas similares en Bolivia (2008), Honduras (2009), Ecuador (2010) y Venezuela (no solo en 2002, sino también en marzo de 2015).

La matanza en Paraguay evidenció una escena premeditadamente montada para excusar y concretar sin argumentos contundentes, sin posibilidad de defensa real y sin verdadera institucionalidad democrática, el derrocamiento de Lugo una semana después de ejecutada la misma. Fue llevado a cabo por alrededor de 400 efectivos policiales, 20 patrulleros, policía montada y presencia de francotiradores particulares –aunque sin intervención de las Fuerzas Armadas–, a pedido de un grupo de parlamentarios y en un acto de características típicas y que ya observamos repetidas en el país–el asesinato de campesinos en el contexto de la lucha por la tierra–, que estuvo encabezada por el fiscal Jalil Rashid –personaje que había trabajado como abogado de Riquelme-. Inmediatamente luego de los hechos y sin investigación judicial de por medio, apareció una versión en los grupos informativos que decía que la masacre se había desatado debido a una emboscada generada por los dirigentes agrarios, sobre los que desencadenó enseguida una persecución penal dirigida a ratificar el libreto prefabricado y difundido por televisión, por periódicos y por radios.

En el hecho murieron diecisiete personas, varios campesinos heridos fueron ejecutados ("rematados" en la jerga de las fuerzas) por miembros de las fuerzas policiales[267], sin embargo, los únicos responsables para la justicia local resultaron los trabajadores rurales remitidos a la cárcel de Tacumbú, luego de haber sufrido múltiples torturas físicas y psicológicas, mediante las cuales se los intentó vincular con el EPP.

El líder del movimiento recién condenado, Rubén Villalba[268], destaca como símbolo corporal de este montaje, a partir del cual se concretó el anunciado golpe de Estado (el mismo que se venía advirtiendo desde la llegada de Lugo al Palacio de López, contabilizándose desde 2008 veinticuatro amenazas o conversaciones de juicio político).

El ex ministro de Defensa Bareiro Spaini había denunciado públicamente la existencia de conspiraciones organizadas en la embajada de Estados Unidos en Asunción, donde había sido invitado, en conjunto con el vicepresidente Federico Franco y con otros ministros, para articular una estrategia *putschista*. La interrupción del orden constitucional pretendió maquillarse de legalidad el 22 de junio de 2012 por medio de un "juicio exprés" que violaba las reglas del debido proceso y que culminó con la destitución del titular del ejecutivo, dando por tierra con la voluntad popular expresada en las urnas en la última elección.

El Paraguay, como hemos visto a lo largo de nuestro trabajo, contaba con frondosos antecedentes de matanzas, conspiraciones golpistas y homicidios políticos que habían jalonado la apertura pos dictatorial durante los postreros veinticinco años[269], precediendo lo cometido contra Lugo (en 1996 con el gobierno de Wasmosy, en 1999 con Cubas Grau[270], en el 2000 con el golpe atribuido a Oviedo[271]).

---

[267] Para conocer lo sucedido en la masacre y los intereses en juego que sobre ella operaron, recomendamos la excelente reconstrucción realizada por el periodista de investigación Julio Benegas Villadet en el libro titulado *La masacre de Curuguaty. Golpe sicario en el Paraguay*, Arandurá Editorial, Asunción, 2013.

[268] Las irregularidades del proceso judicial y la condena de siete años de prisión impuesta por el tribunal (presidido por Ramón Trinidad Zelaya e integrado por Samuel Silvero y Arminda Alfonso) ha desatado una ola de protestas nacionales y de campañas de solidaridad internacionales con Rubén Villalba. Ver https://www.youtube.com/watch?v=HZtch5Mpayk.

[269] De los ochos presidentes que se sucedieron entre 1989 y 2014, cuatro sufrieron efectos de golpes, conspiraciones y matanzas (Wasmosy, Cubas Grau, González Macchi y Lugo); otro dato a tener en cuenta es que tanto Julio César "Yoyito" Franco, como vicepresidente, conspiró contra González Macchi al igual que su hermano, Federico Franco, lo haría luego contra Lugo.

[270] El marzo paraguayo previo al asesinato de Argaña, entonces vicepresidente, que analizamos en el capítulo anterior.

[271] Aunque luego se conoció la participación de sectores liberales, empresarios y dueños de medios de comunicación en la organización del mismo.

El papel protagónico del andamiaje mediático en la construcción del escenario político-social durante los días previos y posteriores a la masacre y al golpe ha sido analizado por otros autores (Carbone, Soler 2012; Halpern, 2012), pero nos interesa subrayar que una vez más un episodio como el mencionado devino en la asociación directa y premeditada de los movimientos campesinos con la insurgencia armada para excusar la represión y criminalización de los sectores populares y violar sus derechos esenciales.

Las editoriales de ese momento así lo evidencian: "Preparan celada a policías en allanamiento, con saldo de 6 uniformados acribillados y 9 ocupantes abatidos en la réplica. […] Indicios y testigos tienden a confirmar que hubo 'guerrilleros' infiltrados, que proporcionaron armamento y entrenamiento" (*ABC Color*, 16/06/2012, tapa principal del diario). "Sin tierras emboscan a jefes de Geo" y "Se habla de infiltrados del EPP" (*ABC Color*, 16/06/2012, página 3). "Lugo ordena salida de militares, pero su gobierno no vincula ataque con EPP" (*ABC Color*, 16/06/2012, página 9). "Estuvieron bajo el puente, armados con ametralladora M16, los que se hacen llamar Ejército del Pueblo Paraguayo. Esos son delincuentes, bandidos, asesinos, secuestradores" (*ABC Color*, 16/06/2012, página 10).

En el informe publicado por la Coordinadora de Derechos Humanos de Paraguay (CODEHUPY) se rastreó la construcción del clima destituyente de ese periodo, poniendo el acento en la presunta presencia de guerrilleros extranjeros –en especial venezolanos y colombianos– en el sitio donde se realizaba la ocupación: "La supuesta presencia de venezolanos y colombianos para conducir prácticas militares en los principales asentamientos de 'sin tierras', en los departamentos de Canindeyú y Caaguazú, es una presunción de los servicios de inteligencia de la Policía basada en testimonios y algunas evidencias documentales" (*ABC Color*, 20/06/2012). Titulares que reforzaron las asociaciones entre FARC y EPP, ligándolas a las organizaciones campesinas de base del Paraguay.

Lo cierto es que en ese momento Lugo acababa de nombrar un nuevo ministro del Interior, Carlos Filizolla, quien a diferencia de su primo y anterior titular en el cargo, Rafael Filizolla, tenía por objeto desvincular la asesoría de Estados Unidos y consensuar un nuevo protocolo de intervención sobre las protestas campesinas, a fin de reconstruir la desgastada relación entre el titular del ejecutivo y las organizaciones del campo con miras a la próxima campaña presidencial. Esto fortalecería la capacidad de las mismas para incidir en el proceso electoral de 2013 y, por ende, una vez más, se apeló a la existencia del EPP para acelerar una operación que interrumpiera esa posibilidad.

En el libelo acusatorio contra el presidente se lo acusó de gobernar "promoviendo el odio entre los paraguayos, la lucha violenta entre pobres y ricos (...) y la violación del derecho de propiedad (...) generando así la constante confrontación y lucha de clases sociales, que como resultado final trajo la masacre entre compatriotas", a la vez que se lo responsabilizaba por "estos grupos extremistas, como el denominado Ejército del Pueblo Paraguayo (EPP) *o los mal llamados "Carperos"*, [que] se fortalecieron día a día gracias a la incompetencia y complacencia de Fernando Lugo, que en lugar de combatirlos, como era su obligación, los recibía y apadrinaba" (libelo acusatorio reproducido en Carbone, Soler, 2012: 18, 19 y 20. El subrayado es nuestro).

La primera sede diplomática en salir públicamente a reconocer al vicepresidente golpista Federico Franco como nuevo gobernante fue la de Estados Unidos en Asunción. De allí en más, y durante los nueve meses siguientes de gestión de transición hasta las elecciones que consagraron a Horacio Cartes (2013-actualidad), las intervención de las agencias extranjeras en las políticas seguritarias se incrementaron vertiginosamente publicitándose a través de los medios como una práctica natural: "Paraguay instalará una base militar en la zona del EPP", "Las FARC hundieron a Colombia en la guerra y el EPP quiere lo mismo" (*ABC Color*, 12/02/2014); "Fiscal imputa por terrorismo y otros delitos a seis miembros del EPP" (*ABC Color*, 12/01/2014); "El gobierno de Horacio Cartes se propuso dar una ´solución final y definitiva´ a los ataques terroristas" (se replica en *InfoBae* 04/09/13).

El disciplinamiento masivo sobre las organizaciones campesinas recrudeció y las denuncias por violaciones a los derechos humanos sobre los dirigentes sociales se multiplicaron sin parar, en tanto que Horacio Cartes alentó la idea de enfrentamientos o de guerra irregular. El EPP también fue enarbolado a la hora de modificar la ley n° 1337 de Defensa Nacional, la cual respondía a las exigencias del Comando Sur en materia de fusión de los conceptos de Defensa y de Seguridad interior; y esta –junto con el favorecimiento del ingreso irrestricto de nuevas semillas transgénicas al país– fue una de las primeras medidas que tomó Cartes ni bien llegó al poder.

La modificación de la ley de Defensa permitió al presidente el empleo del instrumento castrense, sin tener que declarar el Estado de emergencia con el parlamento "para enfrentar cualquier forma de agresión externa *e interna* que ponga en peligro la soberanía, la independencia y la integridad territorial del país" (ley n° 1337, itálica nuestra), lo cual se transformó en un habilitante de la militarización del Paraguay.

El argumento mentado para involucrar a las Fuerzas Armadas en acciones policiales tuvo como eje la peligrosidad y el riesgo de la amenaza suscitada por el EPP, es decir, un grupo de poco más de 15 personas, en cuya autoría solo pueden contarse delitos penales antes que insurgencia real.

Esta clase de reformas se inscribieron en lo que hemos llamado la Doctrina de Inseguridad Mundial (DIM) (Winer, 2011) –desarrollada en las conclusiones de este libro–, cuyo fundamento político-jurídico, basado en el Derecho Penal del Enemigo, anuló la presunción de inocencia y las garantías más básicas del derecho liberal moderno, sustituyéndolas por la noción de culpabilidad sin juicio previo. Un retroceso ético que remontó al país hacia peores prácticas del stronismo, el cual ya había sido puesto de manifiesto a través de diversas *intervenciones* estadounidenses en sitios tan disímiles como África o Medio Oriente.

Trasfondo político-normativo e instrumentos jurídicos de persecución en Paraguay

Tal como señalaron varios autores (Abramovich, Courtis, 2000; Nikken, 2010; Pérez Esquivel y otros, 2013), una de las características principales de la incidencia de la doctrina de derechos humanos en la construcción democrática normativa se ligaba con la noción de progresividad en el marco de una estatalidad que lo garantizara; es decir, con una necesaria ampliación paulatina de ciudadanía que se iría obteniendo a partir de las luchas del movimiento social –también plasmada en instrumentos regionales e internacionales y en la implementación de políticas públicas con perspectiva de derechos- durante el siglo XIX y el siglo XX.

Razón por la cual, según el espíritu que tutelara este campo, de la doctrina de derechos de los pueblos inferimos que los procesos de ciudadanización no podrían ni deberían ser regresivos en materia de derechos, sino todo lo contrario, producto de su asociación con el compromiso indispensable de ir incrementando los niveles de la accesibilidad a la justicia de los sectores más vulnerables de la población –basándose en el principio de inocencia y debido proceso que rigiera, al menos formalmente, a lo largo de la modernidad–.

Precisamente, el umbral de progresividad se vinculó desde sus inicios con las nociones de interdependencia e integralidad desde la Declaración Universal de los Derechos Humanos, interpelando aquellas concepciones promovidas por la doctrina militar estadounidense sindicadas en el Derecho Penal del Enemigo (DPE), debido a la rehabilitación que estas últimas realizaban respecto de la culpabilidad y de las negaciones de derechos.

Por ende, los cambios político-normativos orientados en este sentido y que buscaran fundamentar la violación –y construir el consenso para la resignación voluntaria de ciudadanía fundado en una presunta situación de emergencia seguritaria o estado de excepción (Agamben, 2003)–, en realidad, tenderían a deshumanizar determinados segmentos populares percibidos y representados estratégicamente al conjunto de la comunidad como objetos amenazantes y no como sujetos de derecho. Estratagema cuyo fin sería, además, propiciar la injerencia imperialista y justificar las prácticas contrainsurgentes propulsadas por agencias extranjeras en detrimento de las garantías ciudadanas en la región.

Tras estos argumentos capciosos y de corte neofeudal, el Departamento de Estado y el Pentágono pretendieron justificar el quebrantamiento de la legalidad internacional habilitando la permanencia y potenciación, por ejemplo, del asesinato selectivo extrajudicial, la tortura, la desaparición forzada y la vulneración de derechos elementales de la población en sitios tan disímiles como Inglaterra, México y Colombia, entre otros.

A su vez, la actualización del informe *Chokokue* había dado cuenta de la continuidad sistemática de este tipo de prácticas de violencia estatal e impunidad judicial entre los años 1989 y 2013 en Paraguay. Muchos estudios venían exponiendo la relación entre extranjerización territorial, procesos penales y de persecución a militantes sociales (Martens, Palau; 2009) y recomendaciones de las agencias norteamericanas en materia de derechos de ciudadanía (Winer, 2011).

En este sentido, también se consideró un punto de inflexión jurídico la masacre sucedida en Marina Cué, debido a que se profundizaron los niveles de represión y la vulneración de derechos motivando a investigadores académicos a caracterizar el suceso de "retorno a núcleos del pensamiento y modelos relacionales autoritarios" para el armado de un "neostronismo privatizador" (Boron, 2013; Soler 2014).

En el libelo acusatorio contra Fernando Lugo ante el parlamento se explicitó, en este mismo sentido, que los sucesos ocurridos en Curuguaty "no necesitan ser probados" por ser "hechos público y notorios", fórmula a la que había apelado el régimen autocrático de manera sistemática para fundamentar sus acciones y sorprende por su confluencia con la línea del DPE que considera innecesario "probar", en el marco de un sumario legal, las imputaciones realizadas sobre los "sospechosos" de cometer un delito.

Preferimos subrayar que, antes que a formas de relacionamiento y de mentalidades autoritarias que nunca fueron erradicados de la subjetividad, este proceso se caracterizó además por confluir con lo anterior en lo que refiere a un aspecto de des-ciudadanización (negación de derechos básicos), adquiriendo novedosos niveles de institucionalidad debido a una alianza producida entre la oligarquía local, las grandes empresas de capitales extranjeros y los partidos políticos tradicionales.

El golpe sirvió, por lo demás, para interrumpir de manera traumática la posibilidad de realizar cambios al modelo económico y político, facilitando la exacerbación cualitativa de prácticas estratégicas de agencias imperiales y de altos niveles de influencia de su complejo militar-empresarial en materia de doctrinas antidemocráticas (en tanto contrarias al principio de progresividad) y de guerra psicológica, las cuales quedaron plasmadas en el caso mencionado.

Un dato no menor a tener en cuenta se vincula con que la represión ilegal en la actualidad, dos años después de ocurrido el suceso, cuando a diferencia de los tiempos donde los campos de concentración debían ocultarse en la clandestinidad, parece —labor de "latifundios comunicacionales" mediante— tener un mayor consenso poblacional y publicitación debido al sustento argumental y a la influencia de las operaciones mediáticas en la subjetividad.

Fenómeno que encontró y encuentra tierra fértil en Paraguay debido a la previa existencia de las siguientes variables:

(1) la subsistencia de una policía nacional en la que perduraron mentalidades y estructuras militarizadas orientadas hacia la represión del reclamo popular y la desmovilización de organizaciones campesinas por medio de conductas violatorias de los derechos humanos[272], exacerbadas además por los contenidos de las asesorías y cursos brindados en Asunción y en Medellín durante los últimos años por el Departamento Administrativo de Seguridad (DAS) colombiano en técnicas anti secuestros y en antiterrorismo, conocidos precisamente por tomar como lineamientos fundamentales del DPE y por cometer acciones ilegales contra población civil no combatiente;

---

[272] Aprendidas durante el proceso de adoctrinamiento en contrainsurgencia stronista y perpetradas debido a que las policías del régimen, vinculadas territorialmente a los sectores fácticos de poder, resultaron institucionalizadas -sin reforma ni profesionalización mediante- en la policía nacional paraguaya durante la apertura tutelada neoliberal.

(2) la *policiación* de un Ministerio Público –cooptado por los grupos de poder fácticos– altamente selectivo y la conducta de persecución sistemática de los fiscales que judicializaron, atemorizaron y criminalizaron la protesta social, al tiempo que concedieron impunidad tanto a las fuerzas represivas estatales como a sicarios de sojeros o ganaderos locales frente a las denuncias de violaciones a los derechos esenciales cometidos sobre los líderes de los movimientos rurales y sobre las comunidades;

(3) la vigencia de la ley especial de terrorismo que facilitó la aplicación de un derecho penal de autor para el cual no importa la acción de la persona sino un desplazamiento lombrosiano hacia su condición de clase, fisonomía e ideología;

(4) la gran discrepancia entre la configuración de normativas político-jurídicas plasmadas a partir de la Reforma Constitucional de 1992 y la formulación que hicieron de las mismas los operadores de justicia en el sistema penal;

(5) los cambios introducidos –y los demás propuestos en peligro de ser aprobados– en el Código Procesal Penal que revirtieron las medidas garantistas de los noventa y re institucionalizaron otras elaboradas en la línea del DPE y del derecho de autor neo-feudal (Martens, 2009: 80).

Para finalizar este apartado, cabe señalar que desde su aparición el EPP se constituyó en un argumento más para legitimar medidas político-jurídicas en la línea del DPE, a pesar de que su *modus operandi* nunca se identificó con las reglas básicas de los grupos revolucionarios ni con sus objetivos más elementales en la búsqueda de alianzas de clase, sino todo lo contrario.

Otro dato que se ignoró fue que, extrañamente, el EPP en su discurso pasó por alto otras experiencias históricas en Paraguay –como el caso de la Fuerza Unida de Liberación Nacional (FULNA) o de la Organización Política Militar (OPM) –, donde sí se observó la caracterización clasista en el programa y el entrenamiento, que verdaderas propuestas revolucionarias jamás hubieran ignorado. Y, sobre todo, pocas voces comentaron que los resultados finales de las acciones del EPP no hicieron más que posibilitar la legitimación de medidas contrainsurgentes, al tiempo que desviaron el foco de las denuncias publicadas por las organizaciones de derechos humanos referidas a la ejecución extrajudicial de la dirigencia de base territorial.

Las circunstancias del surgimiento del EPP resultaron por demás sospechosas en tanto no fortalecieron la acción emancipadora del campesinado sino que deslegitimaron sus luchas, acentuaron la desmovilización y redundaron en un proceso salvaje de des-ciudadanización, en el cual la propiedad de la tierra se concentró aún más, los bienes estratégicos se continuaron extranjerizando, proveyendo del argumento perfecto para cimentar una representación estigmatizante y funcional a la línea planteada por Washington.

Hoy, para algunos, el EPP continúa siendo una figura fantasmagórica, cuasi inexistente emulada por mafias locales, para otros, un grupo terrorista que "pone en jaque" al país, pero sus golpes se asemejaron hasta el momento de finalizar este libro, más a un grupo paramilitar que juega en favor de los intereses del bloque dominante que a uno con intenciones emancipadoras.

Queda abierto el interrogante de por qué la ampulosa intervención seguritaria no ha podido debilitar su ya frágil presencia en Paraguay.

Notas sobre neogolpismo, desestabilización y restauraciones conservadoras

Uno de los elementos centrales a destacar que viene diferenciando las modalidades golpistas del siglo XXI de las del siglo anterior radica precisamente en que las Fuerzas Armadas locales, si bien en algunos casos han sido convocadas al momento de interrumpir los procesos reformistas de democratización nacional, ya no suelen quedar luego a cargo del ejercicio gubernamental. Este se busca delegar en dirigentes locales directamente vinculados con Estados Unidos con un perfil empresarial.

Coincidimos con quienes insisten en subrayar que la reconfiguración de las derechas latinoamericanas asociadas a una matriz productiva de exportación y a agencias extranjeras ya no acuden tanto al uniforme castrense sino más bien al policial, pero orientadas a funciones de desestabilización y de disciplinamiento popular (Tokatlián, 2012; Soler, 2014; Nercesián, 2014). Derechas que se instituyen como representantes de coaliciones conservadoras en la práctica gubernamental post golpista invocando a la "legalidad" vigente y a instituciones de corte clasista tradicional (como sectores del poder judicial y del parlamento), para intentar legitimar la interrupción del orden constitucional y el retorno de los poderes tradicionales a la gestión política, aunque también para condicionar las decisiones posteriores de reintroducción de agenda neoliberal ligada a los intereses de las grandes corporaciones y de la plutocracia internacional.

En este sentido, al momento de concluir este libro, el titular de la USAID en Paraguay, Fernando Cossich, se encuentra reunido con el presidente Horacio Cartes firmando un acuerdo de asistencia técnica de Estados Unidos para que el imperio "asesore" las reformas legislativas que se discuten en el parlamento respecto de las modificaciones sobre el funcionamiento del poder judicial.

Con la finalidad de justificar golpes y modalidades injerencistas, se despliega un proceso anterior al primero de desestabilización que evidencia la evolución de las técnicas probadas entre los cincuenta y los setenta —sintetizadas antes en "la fórmula para el caos" (nombre que le asignara el funcionario de la CIA que encabezó ese tipo de gestiones para derrocar a Salvador Allende)–, con el objeto de debilitar gobernantes contrarios a los intereses de Washington.

Estas comprenden operaciones de prensa basadas en la confluencia de estudios psicológicos, comunicaciones y los procedentes del pensamiento estratégico militar, las cuales evidencian un nivel de complejización mayor que se complementa con el involucramiento de lo que el Pentágono denomina "guerra de calles calientes": es decir, subsidio, manipulación y movilización de un sector de la población civil que se presenta como despolitizada —al igual que el dirigente que la encabeza y pretende o busca representarla, el cual no suele provenir de partidos tradicionales aunque puede ocuparlos para captar sus estructuras–, y que mixtura esa presunta apoliticidad con símbolos nacionales autóctonos retroalimentados por el discurso editorial sobre mentalidad autoritaria.

Si bien este fenómeno se liga con la llamada crisis de representatividad de los partidos y con las nuevas narrativas y perfiles de los votantes (Rodríguez, 2012), es nutrido a su vez por la apelación de representaciones estratégicas nacionales que realizan antropólogos y cientistas sociales financiados por el Comando Sur[273], que se imbrican con aquellas de "larga duración" (Soler, 2012) históricamente fortalecidas en la subjetividad popular local[274].

---

[273] Como el Centro de Estudios de Cultura Estratégica de la Universidad Nacional de Florida.

[274] Por supuesto, estas medidas se inscriben en la estrategia de "huella reducida" norteamericana, la cual desea disfrazar el incremento de infraestructura militar en la región y evitar las intervenciones directas (del tipo invasión de marines) por una presencia con "formas innovadoras" seguritaria (como los ejercicios realizados en el marco del ECSH, o tropas rotativas), y por un asesoramiento en materia antinarcóticos o asociado a lo social (como la IZN), pero también su incidencia en el diseño de la estructuración comunicacional.

Un ejemplo de ello fue la apelación de los titulares de los periódicos y del propio libelo acusatorio contra Fernando Lugo sobre el presunto "atentado a la soberanía" del Paraguay[275], que conllevaría la firma del Protocolo de Ushuaia II del MERCOSUR para la defensa común de los gobiernos democráticas en la región, la cual fue interpretada como un complot de los países vecinos para coartar la autodeterminación nacional. Asimismo, la asociación de la visita de cancilleres de la UNASUR a Asunción en defensa de Lugo fue considerada como una nueva "guerra de la triple alianza" alentada presuntamente por los "adherentes al socialismo del siglo XXI" nucleados en ese proyecto de integración (libelo acusatorio en Carbone, Soler, 2012: 17 y 18).

Quien resumió estas tecnologías de desestabilización combinadas con la ocupación de calles fue Gene Sharp, luego de investigar cuáles habían sido los mecanismos de resistencia en dictaduras institucionales del Cono Sur y en Europa del Este. Este autor, haciendo propia la teoría del "fin de la historia" –al tiempo que vaciaba de contenidos luchas históricas por la democratización, como lo fueron la que encabezaran los organismos de derechos humanos en Argentina–, propuso el uso de la no-violencia ghandiana contra regímenes caracterizados como totalitarios (Sharp 1988, p. 37) o neopopulistas tras la siguiente premisa: quitarle el poder a esa administración por medio de que los gobernados retiraran su consentimiento.

Con la confrontación de organizada por lo que se denomina un "comando estratégico", se apunta entonces a voltear el apoyo popular de manera invisibilizada subvirtiendo su posibilidad de aplicación y debilitando su voluntad de utilización (Sharp 1988, p. 63). Facundo Bordachar y Andrés Bustos analizaron los casi doscientos métodos propuestos por Sharp a partir de estudiar su aplicación en las prácticas previas a la destitución presidencial de Lugo en Paraguay, mostrando cómo un conjunto de actores nacionales y extranjeros, que por primera vez perdían en 2008 la exclusividad simbólica de la toma de decisiones y percibían como amenazante la reformulación de tramas de sentidos alentadas por el proceso de democratización abierto tras la pérdida del Partido Colorado del Palacio de López, encabezaron una estrategia inscripta en esta metodología para recuperar el poder (Bordachar y Bustos, 2014).

---

[275] Apelando a los viejos relatos sobre la nación y la soberanía amenazada así como a la fragilidad de la independencia del Paraguay frente a sus vecinos.

También, subrayaron de qué modo la operatoria desestabilizadora accionó a través de editoriales periódicas y televisivas responsabilizando a Fernando Lugo por las muertes ocurridas el 16 de junio de 2012, y el congreso y sectores tradicionales fundamentaron el "juicio exprés" contra la figura presidencial, abriendo una línea de investigación de gran relevancia que en análisis futuros será preciso continuar.

Del mismo modo, urge multiplicar los estudios comparativos respecto de las características y, sobre todo, de las fisuras y tensiones que presentan al interior del bloque dominante procesos de restauración o de continuación conservadores, por ejemplo, en lo que refiere al uribismo y al santismo, o a los sectores denominados "viejos" dirigentes colorados (liderados por dirigentes como Luis Talavera o Mario Abdo Benítez) y el cartismo respectivamente, debido a que se vislumbran diferentes de forma entre aquellas que se pretenden modernizadoras y las que continúan apelando a imágenes de tipo más tradicional para reforzar mentalidades autoritarias. Si bien ambas tendencias coinciden en lo que refiere a la imposición de modelos estructurales, investigaciones orientadas en este sentido podrían brindar mayores elementos a la hora de pensar cómo fortalecer e instalar propuestas alternativas de gobierno, que defiendan a las mayorías populares para imposibilitar que avancen quienes enarbolan directrices que abonan la *in*Seguridad de toda la humanidad.

Conclusión

La búsqueda de dominación de espectro completo por parte de Estados Unidos pretendió constituirse como un objetivo de dominación no solo militar, político o económico, sino todo eso y mucho más —incluso psicológico—, en directa relación con la tergiversación y manipulación de lo que llamaron "la cultura estratégica de cada país": es decir, con la estructuración de condicionamientos mentales sutiles y al mismo tiempo difíciles de cuestionar y de revertir, los cuales se han ido sembrando a través del complejo entramando tejido por agencias imperiales —reforzado y custodiado por más de setenta y seis Sitios de Operaciones Avanzadas— en nuestro hemisferio.

Proceso que se aceleró a partir de la toma de consciencia respecto de los indicadores que evidenciaban la declinación del poderío norteamericano en el mundo[276], manifestado a su vez por los conflictos alentados por Washington —de manera directa o indirecta— con el objeto de mantener zonas de influencia y de debilitar así la integración eurasiática impulsada desde Pekín y desde Moscú (desestabilizando Asia vía Afganistán y Paquistán; Medio Oriente vía Irak, Siria e Irán —con la aparición reciente del Estado Islámico—; África vía Egipto, Libia y Ucrania para instaurar una cuña entre el eje Berlín-París y el Kremlin).

La frustración de Estados Unidos por el retroceso de su hegemonía, ya en nuestra región, se encarnó en el reaseguro de su "retaguardia estratégica" continental y lo condujo a intentar nuevamente desarticular ini-

---

[276] Como la salida de la convertibilidad dólar-oro, el incremento de la deuda nacional, retroceso de la participación industrial norteamericana en el mundo, concentración de la riqueza, etc. Para ampliar sobre este punto recomendamos la lectura de *El Capital del Siglo XXI* de Tomás Pikety, la de *América Latina en la geopolítica del imperialismo* escrito por Atilio Boron y el *Empire of Chaos* recientemente publicado por Pepe Escobar.

ciativas como la UNASUR y el MERCOSUR con agresiva desesperación, pues el control sobre el continente se tornó una necesidad casi inmediata ante la posibilidad de perder capacidad de influencia en otras partes del planeta proveedoras de recursos energéticos e insumos vitales para la supervivencia de su estructura industrial.

Por ende, en esta línea se inscribieron las recientes ofensivas por boicotear gobiernos que apoyaran al presidente democráticamente electo, Nicolás Maduro, en el Palacio de Miraflores (custodio de inmensas reservas de petróleo caribeño), y aquellos que le hubieran abierto las puertas a las inversiones chinas en áreas claves (como defensa, energía, tecnología y alimentos) como hicieran Itamarí (guardián además de la amazonia) y la Casa Rosada (que acordó con Pekín la instalación en Neuquén del mayor complejo de antenas chinas de monitoreo espacial).

De allí que pudiéramos ir visibilizando las modalidades de actuación norteamericanas cada vez con mayor claridad, así como su ofensiva sobre aquellos eslabones débiles y permeables a la intervención imperial que integran proyectos de cooperación suramericanos donde está excluida la participación de Washington –como Paraguay en el MERCOSUR–, pero también sobre quienes aún hoy los lideran –Venezuela, Ecuador, Argentina, Brasil y Bolivia– a pesar de las dificultades.

Visibilidad que nos permitió comprender la evolución de la estrategia impulsada por el Departamento de Estado e integrar los niveles complejos y sus diversas variables en nuestra teorización, ya que la finalidad de nuestro libro fue sintetizar una conceptualización doctrinaria general que posibilitara analizar los cambios y las continuidades producidos desde los tiempos de la Doctrina de Seguridad Nacional (DSN) hasta nuestros días.

La denominamos, retomando el desafío planteado por otro autor (Tokatlián, 2008), Doctrina de Inseguridad Mundial (DIM), debido a que puso el eje en la modificación de la representación estratégica de la amenaza *seguritaria* en la post guerra fría –diseñada por el Pentágono y por otras agencias similares–, subrayando su preocupación por el curso adquirido de la transición geopolítica global luego de una de las crisis sistémicas más largas del capitalismo (la cual comenzó en 2008) (Boron, 2014).

Así, la DIM, de manera poco original inquirió dejar de lado las divisiones entre Seguridad y Defensa, entre tareas policiales y militares, *difuminando* la temporalidad y el lugar físico de la guerra aún más de lo que lo habían postulado las doctrinas contrainsurgentes del siglo anterior, destacándose de manera significativa:

(a) el incremento de la extensión del concepto de Seguridad Internacional[277] hacia los asuntos socio-económicos, parametrizando los análisis en torno de la geoeconomía −es decir, la capacidad de control de los flujos legales e ilegales de mercancías, recursos estratégicos, personas e información hacia los centros de poder controlados por Estados Unidos−;

(b) la organización dinámica de "coaliciones de voluntarios" (*coalitions of the willing*) tras los objetivos dictaminados por el Pentágono;

(c) la multiplicación y el fortalecimiento de transformaciones político-jurídicas negadoras del derecho moderno enmarcadas en los fundamentos del Derecho Penal del Enemigo y del neo-feudalismo;

(d) y la propulsión y/o "acompañamiento" de una gestión estatal (y para estatal, muchas veces privatizada) especialmente represiva de la violencia por corporaciones directamente involucradas con los procesos de valorización del capital −estructura productiva comunicacional y latifundismo informativo de por medio−; condicionando la dimensión expresiva, transmitiendo y retransmitiendo una violencia simbólica alienante (colonialismo psicológico) inhibitoria de proyectos de vida no ligados al consumo y estimulante de la percepción de temor, del estrés y de la fragilidad emocional en poblaciones de bajos ingresos o cuasi excluidas del mercado capitalista (Winer, 2009).

Asimismo, la imagen del adversario "ideológico" −teorizado en la doctrina de GR−, el cual convivía con la hipótesis de conflicto de una agresión estatal exterior dentro de la DSN, dio paso a la representación de un enemigo indelimitado y transnacional clasificado por el Departamento de Estado:

> Las redes terroristas en la actualidad representan la mayor amenaza de seguridad para los Estados Unidos. Los mayores peligros, y los más buscados terroristas, provienen de la red al-Qaida (AQ), que incluye un núcleo de organizaciones y a numerosos grupos de extremistas confederados. La red al-Qaida tiene muchas de las características de una *"insurgencia globalizada"*, y emplean subversión, sabotaje, guerra abierta, y por supuesto, terrorismo. Su objetivo es el de conseguir armas de destrucción masiva u otros medios, para infligir daños masivos a los Estados Unidos, a nuestros aliados e intereses, *y al sistema internacional*

---

[277] Que descansa en parte en la capacidad de los gobiernos nacionales de evitar el caos interno y limitar el efecto que su existencia pueda tener fuera de sus fronteras. Para ampliar este punto recomendamos el artículo de Robert Rotberg, "Failed State in a World of Terror", publicado en *Foreing Affairs* de julio-agosto de 2002.

más amplio. (...) Esta amenaza se mantendrá durante un período prolongado (*décadas*, no años), *y requerirá de una respuesta global* que se ejecute a nivel *regional, nacional y local* (TRADOC; *US Departament of State*, 2011[278]. Destacado nuestro).

Este pasaje se inscribió, asimismo, en los puntos de cambio en la estrategia de Estados Unidos para el área continental, que dejó atrás los que había marcado la guerra fría de "contención" y "disuasión"[279], sostenida sobre una red de alianzas y compromisos "firmes" tras el marco de organizaciones internacionales como el TIAR; para pasar a reconfigurarse en torno de la primacía norteamericana "de espectro total" [280] y de la guerra *preventiva*, apelando ahora a coalicionas "ad hoc", donde primero Washington fijaría la misión y recién luego establecería la alianza para llevarla a cabo:

Derrotar al enemigo terrorista: atacar en todos los niveles y al mismo tiempo a la compleja amenaza.

El "enemigo" cuenta con una compleja amenaza triple:

Líderes – Actores globales, incluyendo a al-Qaida y a sus redes asociadas, que proveen liderazgo, recursos, inspiración y guía a los extremistas.

Refugios seguros – Espacios que proveen una base segura para las acciones extremistas, que incluyen:

Espacio físico: Estados fallidos, en las áreas no gobernadas y patrocinadas por quienes proporcionan zonas de seguridad, desde donde los terroristas se entrenan y se organizan. Muchos refugios seguros se asientan sobre las fronteras internacionales, exigiendo respuestas regionales, en lugar de una respuesta nacional aislada.

---

[278] Se puede acceder a las definiciones de terrorismo colgadas por el Departamento de Estado bajo el título *The Terrorist Enemy* en su sitio oficial http://www.state.gov/s/ct/enemy/index.htm, consultado el 8 de diciembre de 2011.

[279] Centrada en frenar la expansión de la Unión Soviética y, de ser posible, revertir (*roll back*) la consolidación de su zona de influencia mientras se aseguraba efectos aniquiladores de una represalia, Moscú iniciaba un ataque nuclear, en tanto que en el ámbito hemisférico se promovía la apelación a las Fuerzas Armadas para luchar con el "enemigo interno", es decir, el comunismo local.

[280] Es decir que la Casa Blanca no toleraría ningún competidor internacional de igual talla, fuera este amigo (como por ejemplo la Unión Europea) o un eventual oponente (por ejemplo China).

Cyber espacio: la utilización de las herramientas electrónicas, y basados en Internet, para las comunicaciones, la planificación, la transferencia de recursos y la recopilación de inteligencia. Estos medios permiten a los terroristas organizarse, comunicarse, difundir propaganda y transferir dinero.

Espacio ideológico: los sistemas de creencias, las ideas y normas culturales, que potencian las libertades de acción de nuestros enemigos. Las mismas incluyen identidades étnicas, actitudes religiosas y culturas políticas.

Condiciones subyacentes [D1]: grupos locales, las quejas, los conflictos entre comunidades y las estructuras sociales ofrecen un suelo fértil para que florezca el extremismo, proveyendo el "combustible" que el enemigo explota. Muchas de estas quejas y conflictos son pre-existentes, y resolverlos si bien tienen cuestiones relacionadas, son distintas del combate contra el terrorismo (TRADOC; *US Departament of State*, 2011. El destacado corresponde al original).

La extensión del concepto seguritario promovido por el imperialismo obligó entonces a los países latinoamericanos a revisar el de soberanía y el papel estatal en zonas fronterizas[281] y, a veces con éxito y otras sin él, aspiró a relegar nuestra normativa basada en la doctrina de derechos humanos tras un paradigma de contrainsurgencia anticipatoria selectiva, el cual fue reconfirmado por el documento publicado en febrero de 2015 por la Casa Blanca[282].

Un ejemplo del giro que Washington intentara en este sentido se expresó en las formas de comunicar y justificar oficialmente la irregularidad belicista, en lugar de esconder las operaciones encubiertas —tal como solía realizar durante la guerra fría tras el mote de "operaciones especiales-, y en los modos de publicitarlas a través de las cadenas televisivas y de las industrias culturales que el imperio aún hegemoniza.

En la actualidad, las violaciones a los derechos fundamentales de la ciudadanía se promocionan y pasaron a ser presentados desvergonzada-

---

[281] Debate que quedó plasmado en la Declaración del Grupo Rio del 7 de marzo de 2008, rechazando la incursión de fuerzas colombianas en Ecuador "sin conocimiento ni consentimiento del gobierno de Quito", exigiendo un pedido de disculpas y explicitando que "lo acontecido no se repita en ninguna circunstancia", afirmado así el principio de soberanía territorial de las naciones latinoamericanas.

[282] Documento original colgado en ttps://www.whitehouse.gov/sites/default/files/docs/2015_national_security_strategy_2.pdf.

mente por los funcionarios gubernamentales como triunfos políticos: por ejemplo, en Estados Unidos, tras el asesinato ilegal y la desaparición del cuerpo de Bin Laden, que resultara anunciado por el propio presidente Barack Obama ante una cámara[283]; o (ya en Paraguay) tras la ejecución extrajudicial de un presunto jefe guerrillero del EPP, informada por el ex ministro Rafael Fillizolla ante micrófono abierto[284].

La cosificación inmodificada del *posible* adversario y su negación como sujeto y como parte de nuestra humanidad hasta el hartazgo conformaron el basamento central de la DIM y, por ende, se instituyeron contra el espíritu y la lógica de la doctrina de derechos humanos.

Es por esta razón, que con la delimitación de sus directrices buscamos brindar herramientas para diagnosticar e interpretar las propuestas existentes en nuestros países, según las tendencias hacia las que apunten en cada medida a implementar, puesto que estas no solo no resultan inevitables, sino que plausibles de modificar. La corporización de la DIM se va adecuando a cada circunstancia en concreto y, aunque aparece con fuerza en algunos sitios y tiende a imponerse, siempre se puede morigerar, amortiguar e incluso revertir por medio de la acción política y de la resistencia y organización popular.

Su implantación dependerá, entonces, de la capacidad y de las posiciones de quienes asuman la defensa de la democratización y de los oprimidos para proponer alternativas, fortalecer cimientos y correlaciones de fuerza favorables en el plano nacional y articular acciones en el nuevo escenario global en un sentido contrario (de ciudadanización, de ampliación de derechos y garantías, de redistribución inclusiva de la riqueza y rediseño de la estructura productiva, de descolonización, mentalización y toma de consciencia, etc.), las cuales posiblemente visibilizarán novedosas tensiones y disputas de sentido.

De ahí se desprendió nuestro interés por realizar un estudio sistemático de sus manifestaciones en Paraguay[285], con el propósito de reflexio-

---

[283] Ver http://www.youtube.com/watch?v=RYBM3phk37A.

[284] Ver publicaciones de *ABC Color* y *Última Hora* del 4 y 5 de noviembre de 2010.

[285] El interés norteamericano en Paraguay se expresaría, por ejemplo, en el incremento de fondos destinados a esta nación –en especial para planes comprendidos dentro de IZN–, en el reciente nombramiento de uno de los académicos norteamericanos especializados en la historia guaraní como subsecretario de Asuntos para el Hemisferio del Departamento de Defensa, Frank Mora, y en sus inmediatas gestiones durante 2010 para lograr la financiación de Washington para programas muy diversos que comprenderían planes sociales, entrenamiento antiterrorista, o modernización de aeropuertos, entre otras medidas

nar, a partir de un caso específico y bastante olvidado por nuestras ciencias sociales, respecto del papel que las mismas podrían o no asumir dentro de proyectos regionales que retomen las concepciones *nuestroamericanas* en el sentido que les brindara José Martí al soñar con la grandeza y unidad de una sola *Patria Grande*.

Durante el trascurso de la investigación, pudimos dar muestra de la existencia en Paraguay de una serie de medidas orientadas en la línea de la estrategia imperial, contrarias a ese horizonte de liberación martiano, donde la gestión de la violencia resultó impulsada a través de modalidades de presentación de las "noticias", relacionadas con las metodologías del colonialismo psicológico y con procesos de desmentalización poblacional (Salazar, 2010) que instalarían un presente fragmentado y deshistorizado de permanente incertidumbre, apelando de manera sistemática al temor en detrimento de la confianza interpersonal[286], "saqueando el deseo" (O´Donnell, 2012) y desplazándolo hacia el consumismo, gestionando un desencuentro con los intereses, culturas, valores e identidades propios, debilitando relaciones recíprocas de diálogo y argumentación, reduciendo el vocabulario, fragilizando las consciencias y propiciando conductas regresivas siempre en perjuicio del lazo social solidario y de la posibilidad de proyectar, de poder imaginar y planificar la vida y la política basándose en el amor al prójimo, a nuestros pueblos y a la humanidad.

Si bien los discursos centrados en la "guerra" contra el crimen y la "reconquista" del espacio público[287] no han sido privativos de Paraguay, el análisis respecto de "soluciones" asociadas a una concepción de "limpieza social", que devienen en un incremento de la violencia en el país citado, nos ha permitido mostrar el proceso a través del cual se fue posicionando lo militar como eje ordenador frente a la indisciplina popular, al tiempo que se configuraron de modo nada inocente amenazas que no siendo estrictamente militares comportaron la posibilidad de una militarización de las relaciones sociales.

---

[286] Proceso que, a su vez, estimularía en los centros urbanos el desarrollo de tecnologías de control —como cámaras espías en barrios ricos que podrían ser monitoreados tanto por la policía como por los residentes-, conformando un entramando donde la población se constituiría en actor protagónico de autovigilancia, posibilitando a los múltiples sistemas de rastreos, finalmente, trazar un mapa de cualquier sujeto pasible de sospecha.

[287] Construido y promovido no solo por fundaciones y *think tanks* ya mencionadas como el *Manhattan Institute*, la *Heritage Fundation*, sino también por la *Nations Agains Terrorist Organizations*.

A lo largo de los tres capítulos hemos cotejado las diferentes variables que fueron incidiendo sobre las políticas del Paraguay, en especial aquellas desplegadas durante las últimas tres décadas, destacando la relevancia del proceso de adoctrinamiento y partidización de las Fuerzas Armadas impulsados durante el stronismo, así como de las representaciones estratégicas de "larga duración" fortalecidas en ese periodo respecto de la imagen de nación (Soler, 2012), del pasado bélico y de la relación con los países contiguos suramericanos y su pervivencia en el tiempo posterior.

En palabras de Gerardo Halpern:

> El enemigo externo permanente, la lectura de la Guerra contra la Triple Alianza (1865-1870), la del Chaco (1932-1935) y la interpretación monocorde, lineal y chauvinista de ambas ha permitido a una clase oligárquica legitimar la desigualdad de la que ha sido su principal beneficiaria y sostenerla desde un determinismo que, ciento cuarenta años después, sigue siendo el recurso explicativo para uno de los países más desiguales del mundo. Desigualdad, plutocracia, narcotráfico, pobreza, paralimilitarismo, latifundio, agroexportación, sojización, agrotóxicos, descampesinización, represión, expulsión poblacional, etc. Son subsumidos bajo un relato que ubica en la amenaza exterior y en los grupos progresistas las causas, las consecuencias y su inamovible determinación (Halpern, 2012: 116).

En el segundo y en el tercer apartado estudiamos el verdadero problema que constituyó en este país la realización de una liberalización post dictatorial tutelada por el propio coloradismo, las fuerzas armadas y las agencias norteamericanas, debido a que uno de sus efectos, por ejemplo, fue que no se pudieron judicializar los crímenes de lesa humanidad perpetrados durante el stronismo ni tampoco se asumió la tarea de revertir la infraestructura de inteligencia, ni las prácticas castrenses, policiales y fiscales violatorias de los derechos fundamentales —ejecuciones selectivas ilegales y la aplicación de tormentos— sobre segmentos estigmatizados y vulnerables de la población que interpelaban el patrón de acumulación. Así se fue sellando el despojo de los recursos estratégicos a los que se sometió a las mayorías a través de una distribución inequitativa de la riqueza, el empobrecimiento de amplios sectores de la sociedad, la falta de democratización estatal, etc.

Entre tanto, instituciones y regímenes alentados por Estados Unidos, como el Esquema Cooperativo de Seguridad Hemisférica (ECSH), sirvieron para aleccionar a fuerzas locales en renovadas tecnologías de control poblacional, en contrainsurgencia y en guerras de "baja intensidad", saberes que perduraron y preludiaron un retorno cíclico a la superposición de funciones militares y del involucramiento estatal en acciones autoritarias que terminaron cristalizando normativamente de manera oficial en 2009 -con la sospechosa aparición en escena del Ejército del Pueblo Paraguayo- y en 2013, de modo más contundente -con la modificación de la ley de Defensa de la República del Paraguay y la eliminación del Viceministerio de Derechos Humanos-.

Indagamos, asimismo, de qué manera las agencias imperiales abrevaron históricamente en Paraguay en el síndrome aislacionista defensivo y discursivo que resultó funcional, con el correr de las décadas, a una relación cada vez más subordinada con Estados Unidos y con su sede diplomática en Asunción, propiciando que esta última se posicionara como intermediaria de luchas facciosas entre los partidos políticos tradicionales, como garante de *estabilidad* y como espacio de conspiración y legitimación de dirigentes y personajes locales.

La promoción de la embajada en tanto centro "resolutivo" y la relevancia simbólica que se le atribuyó, desde los grupos oligárquico-mediáticos y desde los liderazgos políticos colorados –e incluso liberales–, dotaron a la Casa Blanca de la capacidad de inmiscuirse en los asuntos internos del país con gran facilidad y bajos costos internacionales. Capacidad que luego dicha sede no se resignó a morigerar, sobre todo cuando las épocas cambiaron, cuando florecieron *otros* proyectos de integración y la hegemonía norteamericana dio señales de retroceso.

En tanto nación considerada el "eslabón frágil" de esta parte del mundo por la estrategia imperial, se jugó con la ilusión local de que la alianza con Washington le proveería al Palacio de López de una mayor autonomía dentro de la dinámica regional, para abrir el camino hacia un tipo de asistencia inédito brindando por las agencias extranjeras, las cuales aprovecharon la libertad de acción y las características geográficas y sociales del territorio para usarlo como banco de datos del Cono Sur, como plataforma de desestabilización y cabecera de plaza para boicotear procesos de democratización contiguos contrarios a los intereses de Washington y como laboratorio de prueba de directrices que se esperaban propalar hacia todo el continente.

Paraguay no es el único sitio en que se desarrollaron estos ensayos, tampoco el único sitio donde a pesar de todo florecen las resistencias; sin embargo, como ya mencionamos, sí resulta el menos abordado por las publicaciones académicas, algo que comienza a revertirse y donde esperamos poder sumar nuestro granito de arena.

Otros elementos, que desarrollamos en detalle y que contribuyeron con igual virulencia en la línea de acción estadounidense, fueron:

(a) La conformación y consolidación material de una oligarquía profundamente reaccionaria –que combinó en el texto hegemónico del Paraguay la enajenación trasnacional con el "aislamiento" discursivo (Halpern, 2012: 115)–, asociada a los poderes fácticos y al interés castrense, especialmente comprometida con una matriz productiva extractiva íntimamente emparentada con grandes corporaciones empresariales de capitales norteamericanos y europeos (como Cargill, Monsanto, Rio Tinto Alcan y otros) y con las lógicas de la plutocracia mundializada.

(b) Las secuelas provocadas por el trauma del terrorismo estatal sobre la subjetividad poblacional y la permanencia de percepciones que, exacerbadas por la manipulación mediática, el latifundismo informativo y un contexto de aceitadas técnicas de colonialismo psicológico, habilitaron la reaparición de conductas paranoides funcionales a la remilitarización de las relaciones sociales en detrimento de los lazos solidarios y de pertenencia a la comunidad. Esto dificultó la construcción de fuerza y unidad al interior de las clases subalternas, que intentaron superar sus diferencias en múltiples frentes y congresos, pero sobre todo en torno de la figura de Fernando Lugo como opción superadora del progresismo frente a la crisis de dominación.

(c) Otras herencias histórico-culturales alimentaron el sentimiento cuasi autista y de desconfianza generalizada –trasladadas en algunos casos hacia proyectos de integración como MERCOSUR, UNASUR, ALBA y CELAC–, sobreestimando la búsqueda de un "camino propio" en la mayoría de la dirigencia (incluso ese resultó el eslogan de la campaña luguista) y subestimando la importancia del contexto y de las experiencias novedosas que se producían en su alrededor.

(d) Los aprendizajes referidos a las representaciones del sujeto amenazante y de las prácticas y "mentalidades" intra fuerzas fundamentadas en la Doctrina de Seguridad Nacional (DSN) y en las "técnicas" de la Guerra Revolucionaria (GR) (socializadas con el Cóndor), violatorias de la dignidad humana y de la doctrina de derechos consensuada internacionalmente a lo largo de la modernidad. A pesar de la reforma constitucional de 1992, no habría podido revertirse un "estado de legalidad parcial" en Paraguay, es decir, no sujeto a derecho en el plano político-jurídico, ni tampoco en el burocrático-institucional, permitiendo que perduraran dichas prácticas autoritarias asociadas a criterios de discrecionalidad y de disciplinamiento poblacional. Así se verían facilitadas las medidas direccionadas por el espíritu del Derecho Penal del Enemigo y del derecho penal de autor.

Con este panorama en el Paraguay, la administración republicana de George W. Bush se encontró a principios del siglo XXI ante una "oportunidad histórica" para intervenir en territorios lindantes con Argentina, Bolivia y Brasil (como Ciudad del Este, Concepción y San Pedro, y el Chaco paraguayo)[288], para reactivar viejos pactos y acuerdos binacionales bajo regímenes en decadencia, con el fin de institucionalizar las tendencias que ya se venían delineando desde antes (y que en realidad han operado, con diversos matices, desde los tiempos de la doctrina Monroe pero ahora en escenarios de mucha mayor complejidad).

Tal como lo desarrollamos en el tercer apartado, estas encontraron un eco positivo en los años del gobierno de González Macchi y en el de Duarte Frutos (2003-2008), con mayor resistencia durante la administración lugista (2008-2012) –aunque continuidad en el plano seguritario–, y se vieron definitivamente vigorizadas en los nueve meses del gobierno del golpista Federico Franco (2012) y a partir del cartismo (2013-actualidad), plasmándose en políticas públicas (y en posicionamientos diplomáticos en el exterior) atravesadas por las concepciones estadounidenses entroncadas con otras de índole nativas.

Al momento de culminar con la escritura de este texto y en las vísperas de la séptima reunión de la Cumbre de las Américas (a realizarse entre el 10 y el 11 de abril de 2015 en Panamá), países como Brasil, Venezuela y Argentina vienen padeciendo una seguidilla de ataques que involucran a dependencias estadounidenses en la modalidad desestabilizadora que Sharp denomina "guerra de calles calientes" –concentrada en crear malestar social y caos económico para movilizar un neogolpismo "inconsciente" disfrazado de participación civil–. Hechos sintomáticos del fracaso de los esquemas montados bajo el paraguas de la OEA para silenciar las voces soberanas y emancipadoras en un continente atravesado más que nunca por disputas antagónicas entre el norte y el sur.

---

[288] Por ejemplo, solo en 2002 se registró la presencia militar de 114 efectivos estadounidenses en Paraguay, cuyo fin es organizar ejercicios conjuntos, 16 misiones –un promedio de 1,3 ejercicios por mes– que se dividen entre operativos MEDRETES o de atención médica y odontológica a la población –en la zona del Chaco y en el departamento de Concepción–, así como ejercicios militares de otra índole y seminarios de formación antiterrorista para tropas paraguayas y de otras naciones de la región.

Queda pendiente la necesaria labor de contraponer la manifestación de estas tendencias sintentizadas en la DIM (hacia la des-ciudadanización, des-mentalización y, en resumen, hacia la muerte misma) con otras experiencias en curso en nuestra región, con el objeto de indagar hasta qué punto la fuerza del movimiento que nuclea a las clases subalternas —en uno u otro caso— ha podido aprovechar la acumulación de saberes y vivencias para incidir en las iniciativas gubernamentales e impulsar, por medio del empoderamiento popular y de políticas activas, una resignificación de nociones jurídicas basadas en la progresividad de los derechos humanos, en la resistencia y la esperanza de un desarrollo integral de la vida de las personas y de los pueblos en favor de toda la humanidad.

La tarea está planteada.

Bibliografía

Obras sobre doctrina militar y cuestiones de Seguridad y Defensa

Libros:

AGAMBEN, Giorgio, *Estado de excepción*, Buenos Aires, Adriana Hidalgo Editora, 2003.

AGUILAR, Paula Lucía, *El rol de la USAID en América Latina y el Caribe*, Buenos Aires, CLACSO, 2008.

ARENDT, Hannah, *Les origines du totalitarisme. L'impérialisme*, Paris, Points, 1997.

ARON, Raymond, *Paix et guerres entre les nations*, Paris, Calman Lévy, 1992.

BARTOLOME, Mariano, *La Seguridad Internacional post 11 de Septiembre*, Buenos Aires, IPN Editores, 2006.

BOBBIO, Norberto, *Il problema della guerra e le Vie della Pace*, Bologna, Il Mulino, 1984.

BORON, Atilio, *Imperio Imperialismo. Una lectura crítica de Michael Hard y Antonio Negri*, Buenos Aires, Consejo Latinoamericano de Ciencias Sociales, 2002.

------------------, *América Latina en la geopolítica del imperialismo*, Buenos Aires, Ediciones Luxemburg, 2012.

BRZEZINSKI, Zbigniew, *El gran tablero mundial: la superioridad norteamericana y los imperativos geoestrategicos*, Buenos Aires, Paidos, 1998.

BROSSAT, Alain, *Le corps de l'ennemi. Hyperviolence et démocratie*, Paris, La fabrique, 1998.

BULL, Hedley, *The Anarchical Society*, Londres, Macmillan, 1977.

CALLONI, Stella, *Los años del lobo. Operación Cóndor*, Buenos Aires, Pena Lillo Ediciones Continente, 1999.

CAPELA, Charles, *Plan Colombie et Geopolitique des Etats-Unis dans l'aire colombo venezuelienne. 1998-2002*, Toulouse, Tesis Université Toulouse Le Mirail II, 2003.

CASTELLS, Manuel, *La era de la información. Economía, sociedad y cultura*, Buenos Aires, Siglo XXI Editores, 1997.

------------------, *La sociedad red*, Madrid, Alianza, 1997.

CECEÑA, Ana Esther, *Hegemonía o supervivencia en el siglo XXI*, Buenos Aires, Consejo Latinoamericano de Ciencias Sociales, Colección Grupos de Trabajo, 2004.

CECEÑA, Ana Esther, SADER, Emir, *La guerra infinita. Hegemonía y terror mundial*, Buenos Aires, Consejo Latinoamericano de Ciencias Sociales, 2002.

CHOMSKY, Noam, *Estados fracasados: el abuso de poder y la Agresión a la Democracia*, Buenos Aires, Editorial Norma, 2007.

------------------, *Hegemonía o supervivencia. El dominio mundial de Estados Unidos*, Buenos Aires, Editorial Norma, 2004.

------------------, *El terror como política exterior de los Estados Unidos*, Buenos Aires, Ediciones Libros del zorzal, 2002.

COX, Robert W., *Production, Power, and World Order. Social forces in the making of history*, New York, Columbia University Press, 1987.

DINGES ,John, *Les années Condor. Comment Pinochet et ses alliés ont propagé le terrorisme sur trois continents*, Paris, Editions La Découverte, 2004.

DIJK, Teun Van, *Racismo y análisis crítico de los medios*, Ediciones Paidós Ibérica S.A., 1997.

DORATIOTO, Francisco, *Maldita Guerra. Nueva Historia de la Guerra del Paraguay,* Buenos Aires, Emecé Editores, 2004.

FREUD, Sigmund, *El Malestar de la cultura,* Buenos Aires, Amorroutu, 1988.

FOUCAULT, Michel, *Genealogía del racismo*, Buenos Aires, Altamira, 1996.

FRANKLIN, Bruce H., *Vietnam y las Fantasías norteamericanas*, Buenos Aires, Final Abierto, 2008.

FURZEAU, Melle Marie, *Une politique extrangere neoconservatrice? Analyse de l'influence des neoconservateurs au sein de la premiere administration de George W. Bush,* en el *Institut d'Etudes Politiques de Sciences Politique,* Toulouse, 2006-2007.

GALBRAIT, John K., *Estados Unidos y el fin de la hegemonía*, Buenos Aires, CI Ediciones, 2004.

GRAMSCI, Antonio, *Antología*, Buenos Aires, Siglo XXI Editores, 2006.

GUEHENNO, John M., *The impact of globalization on Strategy*, Washington DC, Survival, 1999.

HALPER, Stefan, CLARKE, Jonathan, *America alone: the neoconservatrices and the global order*, Cambridge, Cambridgde University Press, 2004.

HARDT, Michael, NEGRI Antonio, *Imperio,* Massachussets, Harvard University Pess, 2000.

HELD, David, *Modelos de Democracia*, Madrid, Alianza Editorial, 1996.

HENRY, Jules, *On Sham, Vulnerability and Other Forms of Self destruction*, New York, Vintage, 1967.

HIRST, Monica, *Crise do Estado e Segurança regional; Novos Desafios para America do Sul*, Buenos Aires, Mimeo, 2005.

HOBBES, Thomas, *El Leviatán*, Madrid, Editora Nacional, 1983.

HOROWITZ, Louis Irving, *Ideology and Utopia in the United Status*, London, Oxford University Press, 1977.

HUNTINGTON, Samuel P., *El choque de civilizaciones y la reconfiguración del orden mundial*, Buenos Aires, Paidos, 1997.

IKEMBERRY, John G., *After Victory. Institutions, strategic restraint, and the rebuilding of Order After Major Wars*, New Jersey, Princeton University Press, 2001.

JOXE, Alain, *L'Empire du chaos*, Paris, La Découverte, 2002.

KEOHANE, Robert y NYE, Joseph, *Poder e interdependencia: la política mundial en transición*, Buenos Aires, Grupo Editor Latinoamericano, 1988.

KLARE, Michael T., *Guerras por los recursos. El futuro escenario del conflicto global*, Buenos Aires, Tendencias, 1997.

LA MAISONNEUVE, Eric de, *La violence qui vient*, Paris, Arléa, 1997.

------------------, *La metamorfosis de la violencia. Ensayo sobre la guerra moderna*, Buenos Aires, GEL, 1998.

LITTUMA, Alfonso, *Doctrina de la Seguridad Nacional*, Texas, Comando en Jefe de las FF.AA.NN., 1974.

------------------, *La nación y su Seguridad: enfoque conceptual dinámico*, Texas, Comando en Jefe de las FF.AA.NN., 1975.

MANERO, Edgardo, *L'Autre, Le Même et Le Bestiaire. Les représentations stratégiques du nationalisme argentin. Ruptures et continuités dans le désordre global*, Paris, L' Harmattan, 2002.

MORGENTHAU, Hans J., *Política entre las naciones. La lucha por el poder y la paz*, Buenos Aires, Grupo Editor Latinoamericano, 1986.

NIEVAS, Flabián, *Aportes para una sociología de la guerra*, Buenos Aires, Proyecto Editorial, 2006.

------------------, *El control social de los cuerpos*, Buenos Aires, Eudeba, 1999.

PILLAR, Paul, *Terrorism and U.S. Foreign Policy*, Brookings Institution Press, 2003.

PORTELLI, Hugues, *Gramsci y el bloque histórico*, Buenos Aires, Siglo XXI, 1973.

ROBIN, Marie Monique, *Escuadrones de la muerte. La escuela francesa*, Buenos Aires, Editorial Sudamericana, 2004.

SALAZAR, Robinson, "La estrategia como medio de control social", en Nievas (comp.), *Arquitectura Política del Miedo*, Buenos Aires, El Aleph, 2010.

SAMPO, Carolina, *El impacto de los Estados en Proceso de Falla en la Seguridad regional: el caso de Paraguay en el Cono Sur,* Buenos Aires, Tesis de maestría Universidad Torcuato Di Tella, 2005.

SELSER, Gregorio, *El documento Santa Fe. Reagan y los Derechos Humanos*, México, Alpa Corral, 1988.

SIVAK, Martín, *El asesinato de Juan José Torres. Banzer y el Mercosur de la Muerte*, Buenos Aires, Editorial Colihue, 1998.

STRAUSS, Leo, *Let us beware of pursuing a Socratic goal with the means, and the temper, of Thrasymachus, Natural Right and History,* www.weeklystandard

TRINQUIER, Roger, *La Guerre Moderne*, Paris, Table Ronde, 1961.

WALZER, Michael, *Guerres justes et injustes*, Paris, Belin, 1999.

WIEVIORKA, Michel, *Face au terrorisme*, Paris, Liana Levi, 1995.

--------------------, *La violence*, Paris, Balland, 2004.

WINER Sonia, CARROLI Mariana, LOPEZ Lucía, MARTINEZ Florencia, *Estrategia Militar de Estados Unidos en América Latina*, Buenos Aires, Ediciones del CCC, Cuadernos de Trabajo (66), 2005.

ZEDONG Mao, *Obras escogidas de Mao Zedong*, Pekin (Beijing), Ediciones en lenguas extranjeras Pekín, 1976.

ZIZEK Slavoj, *Bem- vindo ao deserto do real!*, Sao Pablo, Boitempo, 2003.

--------------------, *El sublime objeto de la ideología.* Buenos Aires, Siglo XXI, 2003.

Artículos o capítulos de libro:

BARBERO, Héctor, "La lucha contra el terrorismo como estrategia de dominación", en GAMBINA (ed.), *Moloch Siglo XXI. A propósito del imperialismo y las cumbres*, Buenos Aires, Ediciones del CCC, 2005, p. 187-194.

BATTAGLINO, Jorge, "Transformaciones en la seguridad internacional en la post Guerra Fría: su impacto en América del Sur (instituciones, misiones e ideas)", en *Estudios Internacionales,* año XLI, n° 160, mayo-agosto 2008.

CALLONI, Stella, "El rechazo a la invasión silenciosa", en GAMBINA (ed.), *Moloch Siglo XXI. A propósito del imperialismo y las cumbres*, Buenos Aires, Ediciones del CCC, 2005, p. 23-34.

CARROLI, Mariana, LOPEZ Lucia, MARTINEZ Florencia, WINER Sonia, "2.4 Plan Puebla-Panamá", en *La Estrategia de Estados Unidos en América Latina*, Buenos Aires, Ediciones CCC, 2005, p. 34 y 35.

CECEÑA, Ana Esther, "Militarización y resistencia", en *Observatorio Social de América Latina*, n°15, 2004, p. 45-78.

CECEÑA, Ana Esther, "La guerra como razón del mundo", en GAMBINA (éd.), *Moloch Siglo XXI. A propósito del imperialismo y las cumbres*, Buenos Aires, Ediciones del CCC, 2005, p. 49-64.

CHILLIER, Gastón, FREEMAN, Laurie, "El Nuevo concepto de Seguridad Hemisférica de la OEA: una amenaza en potencia", julio, 2005, www.wola.org.

COX, Robert W., " Gramsci, hegemony and international relations: an essay in method ", en GILL (ed.), *Historical Materialism and International Relations*, Cambridge, Cambridge University Press, 1993, p. 62-114.

--------------------, "Social Forces, States and World Orders: Beyond International Relations Theory", en KEOHANE (dir), *Neorealism and its Critics*, New York, Columbia University Press, 1986, p. 97-130.

FORSYTH, Scott, "Hollywood recargado: el cine como una mercancía imperial", en *PANITCH Leo, LEYS Colin* (ed.), *Socialist Register,* 2005, p. 145-163.

FUZEAU, Melle Marie, *Une politique extrangere neoconservatrice? Analyse de l'influence des neoconservateurs au sein de la premiere administration de George W. Bush*, Mémoire de recherche, Institut d'Etudes Politiques de Sciences Politique de Toulouse, 2006-2007.

GAVEGLIO, Silvia, TANZI, Lizandro, "El contenido de la Agenda de las Américas en Defensa y Seguridad en pos guerra fría. Un análisis crítico", en *L´Ordinaire Latino Américain*, n° 195, janvier-mars 2004, p. 61-78.

HUNTINGTON, Samuel P., "The lonely superpower", en *Foreing Affairs*, Vol. 78, n° 2, 1999, p. 24-41.

KAGAN, Robert, "Power and Weakness", en *Policy Review*, 2003, www.hoover.org.

KRAUTHAMMER, Charles, "The war on terror: An arab Spring?", en *Policy Review*, n° 2, 2005, www.hoover.org/publications/policy-review.

KRISTOL, Irving, "Conservatives and neoconservatives", en *The public interest*, segundo semester, 2004, p. 154-170.

LA MAISONNEUVE, Eric de, "Conflictualité et sécurité", en *L´Ordinaire Latino Américain*, n° 195, janvier mars 2004, p. 27-47.

MANERO, Edgardo, "Reflexiones sobre el rol del narcotráfico en la proyección regional de los Estados Unidos", en ESCOHOTADO, NEUMAN, INCHAURRAGA (dir.), *Las drogas entre el fracaso y los daños de la prohibición*, Rosario, CEADS-UNR/ARDA, 2003, p. 154-178.

--------------------, "La reconversión de identidades militares en América Latina en los 90 o el atemporal tema del traidor y del héroe", en FERNANDEZ, GAVEGLIO (dir.), *Globalización, fragmentación social y violencia*, Rosario, Homo Sapiens, 1997, p. 99-115.

--------------------, "Strategic Representations, Territory and Border Areas: Latin America and Global Disorder", en *Geopolitics*, n° 12, 2007.

MANAUT, Raúl Benítez, "Las relaciones civiles-militares en una democracia: releyendo a los clásicos", en *Fuerzas Armadas y Sociedad*, Año 19- n° 1, 2005, p. 153-168.

MEIKSINS WOOD, Ellen, "Trabajo, clase y Estado en el capitalismo global", *Observatorio Social de América Latina*, n° 1, junio 2000, p. 111-118.

MORA, Frank, "Paraguay and International Drug Trafficking", en BAGLEY, Bruce y WALKER, William (ed.), *Drug Trafficking in the Americas,* Florida, Coral Gables, 1994, p. 62-99.

------------------, "Paraguay Democratization from Abroad: External Determinants of Regime Survival and Democratic Deepening", en *Sotuh Estern Latin Americanist* 19, n°3, 2011, p. 23-40.

NIEVAS, Flabián, BONAVENA, Pablo, "Del Estado Nacional al Estado Policial" en SALAZAR (ed.), *La nueva derecha. Una reflexión latinoamericana,* Buenos Aires, El Aleph, 2009, p. 95-117.

LOPEZ, Horacio, "Las tendencias hegemónicas de Estados Unidos", en GAMBINA, Julio (ed.), *Moloch Siglo XXI. A propósito del imperialismo y las cumbres,* Buenos Aires, Ediciones del CCC, 2005, p. 65-79.

PERIES, Gabriel, "Construire l'ennemi intérieur", en *Cultures & Conflicts,* n° 43, Toulouse, 2001, p. 91-125.

RIVAS, FISMAN, "Las Fuerzas Armadas de Chile", *Geopolítica y Seguridad Nacional en América Latina,* La Habana, Centro de Estudios sobre América Latina, 1980.

SORIANO, MACKAY, "Redefining Hemispheric Security alter September 11", en *Focal Policy Paper, 2003,* www.offnews.info.

SVAMPA, Maristella, PANDOLFI Claudio, "Las vías de la criminalización de la protesta en Argentina", Nro. 14, Buenos Aires, CLACSO, 2004.

TAPIA, Gabriel Gaspar, "Desafíos y dilemas de la Seguridad en América Latina en la Posguerra Fría", en *Research and Education in Defense and Security Studies,* 2003, www3.ndy.edu.

TOKATLIAN, Juan Gabriel, "El militarismo estadounidense en América del Sur", en *Le Monde Diplomatique,* n° 108, Buenos Aires, 2008, p 6-9.

------------------, "La inesperada (y temeraria) resurrección del TIAR", en *Foreing Affaire en español,* Vol. 2, n° 1, 2002, p. 100-105.

WINER, Sonia, "Las Políticas de Seguridad y Defensa en Paraguay: perspectivas y desafíos frente al nuevo escenario político", Revista *Esbocos. Revista do programa de pos-gradacao em historia da ufsc* n° 20, Florianópolis, 2009, p. 66-99.

ZALAZAR, Robinson, "Actores imaginarios o imaginarios sin actores", en *Revista Espiral*, n° 17, 2000, p. 15-48.

Sitios webs:

AGUILAR, Paula Lucia, "El rol de la USAID en América Latina y el Caribe", CLACSO, 2008, <www.bibliotecavirtualclacso.org.ar>, [Consultado el 02/12/2010].

BAUTZMAN, Alexis, "Les Etats-Unis et l'espace exogéographique", en *Le Débat Stratégique*, n° 56, mai 2001, <www.cirpes.net >, [Consultado el 26/12/2006].

BEDAR, Saida, "La révision de la doctrine stratégique américaine: dissuasion, défense et préemption", en *Le Débat Stratégique*, n° 55, mars 2001, <www.cirpes.net >, [Consultado el 26/12/2006].

--------------------, "L´asymétrie comme paradigme central de la stratégie américaine", en *Le Débat Stratégique*, n° 56, mai 2001, <www.cirpes.net >, [Consultado el 26/12/2006].

--------------------, "L´hégémonie américaine après le 11 Septembre", en *Le Débat Stratégique*, n° 58, septembre 2001, <www.cirpes.net >, [Consultado el 26/12/2006].

--------------------, "Le modèle sécuritaire américain est-il 'mondialisable'?", en *Le Débat Stratégique*, n° 59, novembre 2001, <www.cirpes.net >, [Consultado el 26/12/2006].

--------------------, "Homeland security et strátegie capacitaire américaine", en *Le Débat Stratégique*, n° 60, janvier 2002, <www.cirpes.net >, [Consultado el 26/12/2006].

--------------------, "L´hégémonie américaine face au multipolarisme émergent", en *Le Débat Stratégique*, n° 72, février 2004, <www. cirpes.net>, [Consultado el 26/12/2006].

BOSOER, Fabian, "El problema del gobierno de Bush es su visión del poder. Entrevista a John G. Ikenberry", 3 agosto 2003, < www.Clarin.com.ar >, [Consultado el 12/06/2006].

BRZEZINSKI, Zbigniew, "Estados Unidos: el terrorismo y la cultura del miedo", en *Washington Post, 2/4/2007*, reproducido por *El País, 4/4/2007*, <*www.elpais.es*>, [Consultado el 31/05/2007].

--------------------, "Bush, una forma suicida de gobernar", en *El País, 13/ 10/2005*, <*www.elpais.es* >, [Consultado el 20/04/2007].

BRIGOT, André, "Figures de l´adversaire", en *Le Débat Stratégique*, n° 60, janvier 2002, <www.cirpes.net >, [Consultado el 26/12/2006].

GONZALEZ CASANOVA, Pablo, "Democracia, Liberación y Socialismo: tres en una alternativa", en *OSAL*, n° 8, 2002, <www.clacso.org> [Consultado el 20/03/2006].

--------------------, "¿Por qué estamos aquí?", <www.firgoa.usc.es.org> [Consultado el 25/04/2007].

HEBERT, Jean -Paul, "Le rapport des dépenses militaires Etats-Unis Europe se réduit en longue période", en *Le Débat Stratégique*, n° 60, janvier 2002, <www.cirpes.net >, [Consultado el 26/12/2006].

--------------------, "Le militarisme unilatéral comme loi du plus fort", en *Le Débat Stratégique*, n° 61, mars 2002, <www. cirpes.net >, [Consultado el 26/12/2006].

--------------------, "Transferts d´armements et information", en *Le Débat Stratégique*, n°67, mars 2003, <www.cirpes.net >, [Consultado el 26/12/ 2006].

--------------------, "La dérive des prix des matériels d´armement américains", en *Le Débat Stratégique*, n° 69, juillet 2003, <www.cirpes.net >, [Consultado el 26/12/2006].

--------------------, "La stratégie américaine de contournement industriel", en *Le Débat Stratégique*, n° 70, Novembre 2003, <www.cirpes.net >, [Consultado el 26/12/2006].

--------------------, "Le système américain de production d´armement: loin du libéralisme", en *Le Débat Stratégique*, n° 72, février 2004, <www.cirpes.net >, [Consultado el 26/12/2006].

-------------------, "La nouvelle hiérarchie des fournisseurs du Pentagone", en *Le Débat Stratégique*, n°74, mai 2004, <www.cirpes.net >, [Consultado el 26/12/2006].

HELD, David, "La globalización tras el 11 de septiembre", en *El País*, Madrid, 8/6/2002, <www.globalización.org >, [Consultado el 20/04/2007].

IKEMBERRY, John G., "La ambición imperial de Estados Unidos", en *Foreign Affairs en español*, otoño - invierno 2002, <www.foreignaffairs-esp.org>, [Consultado el 20/03/2006].

JOXE, Alain, "Guerre sans fin, guerre sans paix", en *Le Débat Stratégique*, n° 59, novembre 2001, <www.cirpes.net >, [Consultado el 26/12/2006].

-------------------, "Colombie et Palestine: du peace making au war keeping", en *Le Débat Stratégique*, n°60, janvier 2002, <www.cirpes.net >, [Consultado el 26/12/2006].

-------------------, "L´empire américain: clausewitzien ou virtuel ?", en *Le Débat Stratégique*, n° 61, mars 2002, <www.cirpes.net >, [Consultado el 26/12/2006].

-------------------, "Le discours Bush du 24/6 incohérence ou militarisme?", en *Le Débat Stratégique*, n°63, juillet 2002, <www.cirpes.net >, [Consultado el 26/12/2006].

-------------------, "Un an après : l´anti Bushisme n´est pas de l´anti-américanisme", en *Le Débat Stratégique*, n° 64, septembre 2002, <www.cirpes.net >, [Consultado el 26/12/2006].

-------------------, "Théostratégie: modules génétiques du politique et du chaos", en *Le Débat Stratégique*, n° 67, mars 2003, <www.cirpes.net >, [Consultado el 26/12/2006].

-------------------, "Globalisation militarisée", en *Le Débat Stratégique*, n° 70, novembre 2003, <www.cirpes.net >, [Consultado el 26/12/2006].

KAGAN, Robert, "Power and Weakness", en *Policy Review,* n°13, juin-juillet 2002, < www.hoover.org >, [Consultado el 15/05/2006].

-------------------, "Illusion grande", en *Washington Post, 29/1/2007*, < www.washingtonpost.com >, [Consultado el 31/05/2007].

--------------------, "Notre, impulsion due Messie", en *Washington Post*, *10/12/2006,* < www.washingtonpost.com >, [Consultado el 31/05/2007].

--------------------, "Si cette guerre l'a valu la peine", en *Washington Post*, *19/6/2005,* < www.washingtonpost.com>, [Consultado el 31/05/2007].

KAMPA, Franck, "´Guerre au terrorisme´: retour juridique sur l´après 11 septembre", en *Le Débat Stratégique*, n° 68, mai 2003, <www.cirpes.net >, [Consultado el 26/12/2006].

--------------------, "Sécurité collective, libertés publiques et lutte contre le terrorisme", en *Le Débat Stratégique*, n° 74, mai 2004, <www.cirpes.net >, [Consultado el 26/12/2006].

KENNEDY, Paul, "El peligroso juego de mesa global", 2003 <www.terra.es>, [Consultado el 18/05/2004].

KLARE, Michael T., "El colapso energético que se avecina", 2005, <www.TomDispatch.com>, [Consultado el 17/12/2005].

KRAUTHAMMER, Charles, "The unipolar moment revisited", en *The National Interest*, 2002/2003, <www.aei.org>, [Consultado el 15/03/2007].

--------------------, "L'Irak : Une guerre civile que nous pouvons encore gagner", en *Washington Post*, *8/9/2006,* <www.washingtonpost.com> [Consultado el 12/12/2006].

LANIEL, Laurent, "La menace ´narcoterroriste´ et l´espace de sa répression", en *Le Débat Stratégique*, n° 61, mars 2002, <www.cirpes.net>, [Consultado el 26/12/2006].

LIND, Michael, "Los hombres misteriosos detrás de la guerra de Bush", <www.rebelion.org>, [Consultado el 14/05/2003].

MAKKI, Sami, "Millenium Challenge 2002 et la transformation des forces US : exercice de rhétorique ou instrument d´influence globale ?", en *Le Débat Stratégique*, n° 64, septembre 2002, <www.cirpes.net>, [Consultado el 26/12/2006].

--------------------, "Militarisation des acteurs civils et stratégie globale des Etats-Unis", en *Le Débat Stratégique*, n° 67, mars 2003, <www.cirpes.net>, [Consultado el 26/12/2006].

MASON, John, "Vers une sécurité intérieure mondialisée", en *Le Débat Stratégique*, n° 59, novembre 2001, <www.cirpes.net>, [Consultado el 26/12/2006].

--------------------, "Administration Bush: trois défaites pour une élection", en *Le Débat Stratégique*, n° 74, mai 2004, <www.cirpes.net>, [Consultado el 26/12/2006].

NYE, Joseph, "Poder y estrategia de Estados Unidos después de Irak", en *Foreign Affairs en español*, julio-septiembre 2003, <www.foreignaffairs-esp.org>, [Consultado el 20/03/2006].

--------------------, "El hecho de que Irak se pueda convertir en un pais democrático es algo dudable", <www.terra.es>, [Consultado el 20/05/2005].

SALOMON, Monica, "La teoría de las Relaciones Internacionales en los albores del siglo XXI: diálogo, disidencia, aproximaciones", en *Revista electrónica de Relaciones Internacionales*, n° 4, 2002, <www.reei.org>, [Consultado el 20/04/2007].

VALANTIN, Jean Michel, "Space power et asymétrie", en *Le Débat Stratégique*, n°57, juillet 2001, <www.cirpes.net >, [Consultado el 26/12/2006].

--------------------, "11 septembre: de l'imaginaire à l'expérience de la menace asymétrique", en *Le Débat Stratégique*, n° 58, septembre 2001, <www.cirpes.net>, [Consultado el 26/12/2006].

--------------------, "La reconstruction politique et cinématographique de la menace", en *Le Débat Stratégique*, N 64, septembre 2002, <www.cirpes.net>, [Consultado el 26/12/2006].

Obras generales sobre democracia y Fuerzas Armadas en América Latina y Paraguay

Libros:

ABUNDARA, Oscar, AMATI, Silvia, *Psicoanálisis y represión política*, Buenos Aires, Kargieman, 1986.

ALMADA, Martin, *Paraguay: la cárcel olvidada, el país exiliado*, Asunción, Ñandutí Vive, 1989.

ARDITTI, Benjamín, RODRIGUEZ, José, *La sociedad a pesar del Estado: movimientos sociales y recuperación democrática en el Paraguay*, Asunción, CDE, 1987.

ARTIGAS ,Álvaro, *Amérique du Sud: les démocraties inachevées*, Paris, Armand-colin Editeur, 2005.

AYALA, Eligio, *La evolución de la economía agraria en el Paraguay*, Asunción, Editorial Histórica, 1986.

------------------, *Migraciones*, Asunción, Editorial Histórica, 1986.

BAEZ, Cecilio, *Resumen de la historia del Paraguay desde la época de la conquista hasta el año 1880*, Asunción, H. Kraus, 1910.

BAREIRO SPAINI, Luis N., *Las Fuerzas Armadas y su Profesionalidad. Realidad y Perspectivas. Una interpretación nacional y regional*, Asunción, Intercontinental, 2008.

BENEGAS VILLADET, Julio, *La masacre de Curuguaty. Golpe sicario en el Paraguay*, Asunción, Arandurá Editorial, 2013.

BOCCIA PAZ, Alfredo, *Es mi informe*, CDE, 2006.

BORON, Atilio, *Estado, capitalismo y democracia en América Latina*, Buenos Aires, Consejo Latinoamericano de ciencias Sociales, 2004.

BOUVIER, Virginia, *Decline of the Dictator: Paraguay at a Crossroads*, Washington, Wola, 1988.

BOX, Pelma Horton, *Los orígenes de la Guerra de la Triple Alianza*, Buenos Aires-Asunción, Nizza, 1958.

BREZZO, Liliana, FIGALLO Beatriz, *La Argentina y el Paraguay, de la guerra a la integración. Imágenes históricas y relaciones internacionales*, Argentina, Instituto de Historia, Facultad de Derecho y Ciencias Sociales del Rosario, Pontificia Universidad Católica 1999.

BRITEZ, Digno, *El desalojo en las ocupaciones de tierra, la violencia policial y el sistema latifundario vigente en Paraguay*, Asunción, Comité de Iglesias para ayudas de Emergencia (CIPAE), 1996.

BRUNEAU, Thomas, *The Political situation in Paraguay Two Years after the Coup*, California, Naval Postgraduate School, 1991.

CALLONI, Stella, *Operación Cóndor: los años del lobo*, Buenos Aires, Ediciones Continente, 1999.

CAMPOS, Daniel, *Diferenciación social y lucha por la tierra en el marco de las políticas públicas y la colonización de los departamentos de Alto Paraná y Canendiyú*, Asunción, BPD, 1982.

——————————————, *Las organizaciones campesinas en la década de los 80. Sus respuestas ante la crisis*, Asunción, Comité de Iglesias para ayudas de Emergencia (CIPAE), 1992.

CARDOSO GATTI, Gustavo, *El papel político de los militares en Paraguay*, Asunción, Biblioteca de Estudios Paraguayos, 1990.

CARRIÓ, Alejandro, *Los crímenes del Cóndor*, Sudamericana, 2008.

CECEÑA, Ana Esther, MOTTO Carlos Ernesto, *Paraguay: eje de la dominación del Cono Sur*, Buenos Aires, Observatorio de Geopolítica Latinoamericano Ediciones, 2005.

CELS, *Derechos Humanos en Argentina. Informe 2002-2003 y Derechos Humanos en Argentina. Informe 2004*, Buenos Aires, Siglo XXI, 2004.

——————————————, *La inseguridad policial*, Buenos Aires, Eudeba, 1998.

COMBLIN, Joshep, *Le pouvoir militaire en Amérique Latine. L´idéologie de la securité nationale*, Paris, Jean Pierre-Delarge/Editions Universitaires, 1977.

COMISIÓN NACIONAL SOBRE LA DESAPARICIÓN FORZADA DE PERSONAS, *Nunca Más*, Buenos Aires, Eudeba, 1984.

CORDINADORA DE DERECHOS HUMANOS DEL PARAGUAY, *Derechos humanos en Paraguay 2005*, Asunción, Litocolor, 2005.

COSTA, José Maria, BOGARÍN Ayala, *Operación Gedeón: los secretos de un golpe frustrado*, Asunción, Editorial Don Bosco, 1996.

DE SOUSA SANTOS, Boaventura, *Reiventar la democracia. Reiventar el Estado*, Buenos Aires, Consejo Latinoamericano de Ciencias Sociales, 2005.

DIAMINT, Rut, *Control civil y Fuerzas Armadas en la nuevas democracias latinoamericanas*, Buenos Aires, Nuevohacer, 1999.

DINGES, John, *Operación Cóndor. Una década de terrorismo internacional en el Cono Sur*, Santiago, Ediciones B, 2004.

FARINA, Bernardo N., PAZ Alfredo B., *El Paraguay bajo el stronismo*, Asunción, El Lector, 2010.

FOGEL, Ramón, *Avances teóricos en la explicación de los movimientos sociales*, Asunción, Comité de Iglesias para ayudas de Emergencia (CIPAE), 1982.

--------------------, *Las luchas campesinas. Tierras y Condiciones de producción*, Asunción, Comité de Iglesias para ayudas de Emergencia (CIPAE), 2001.

--------------------, *Los campesinos sin tierra en la frontera*, Asunción, Comité de Iglesias para ayudas de Emergencia (CIPAE), 1990.

FREGOSI, René, *Le Paraguay au XX Siècle. Naissance d'une démocratie*, Paris, Éditions L'Harmattan, 1997.

FRUTOS, Juan M., *Con el hombre y la tierra, hacia el bienestar rural*, Asunción, Cuadernos Republicanos, 1982.

GALEANO, Luis, *Procesos agrarios y democracia en Paraguay y América Latina*, Asunción, Centro Paraguayo de Estudios Sociológicos (CPES), 1990.

GAONA, Francisco, *Introducción a la historia gremial y social del Paraguay*, Asunción, RP, 1987.

GOTT, Richard, *Cuba: a New History*, ilustrada, 2004

HALPERIN DONGHI, Tulio, *Una nación para el desierto argentino*, Buenos Aires, Centro Editor de América Latina, 1982.

HALPERN, Gerardo, *Inmigración, Etnicidad y Política. Representaciones y cultura política de exilados paraguayos en Argentina*, Buenos Aires, Prometeo, 2009.

HOBSBAWN, Eric J., *Los rebeldes primitivos*, Barcelona, Ariel, 1968.

--------------------, *Los campesinos y la política*, Barcelona, Anagrama, 1976.

IGLESIAS, Jorge, WINER, Sonia, GONZALEZ TIZON, Hilda, GONZA-LEZ, Roque, *Construcción de la memoria colectiva*, Buenos Aires, Eudeba, 2003.

IZAGUIRRE, Inés, *Lucha de clases, guerra civil y genocidio político en Argentina. 1973-1983. Antecedentes. Desarrollo. Complicidades.* Buenos Aires, Eudeba, 2009.

JOXE, Alain, *Les chili sous Allende*, Santiago, Editions Gallimard, 1974.

LAINO, Domingo, *Paraguay: represión. Estafa. Anticomunismo,* Asunción, Intercontinental Editora, 1989.

LAMBERT, Peter, *The Transition to Democracy in Paraguay*, Londres, MacMillan Press, 1997.

LANGGUTH, A.J., *Hidden Terrors*, New York, Pantheon Books, 1978.

LANSBERGER, Henry (éd.), *Rebelión campesina y cambio social*, Barcelona, Grijalbo, 1978.

LAMBERT, Peter, VILLALBA Roberto, *Cuadernos de Historia Obrera*, Asunción, CDE, 1991.

LEWIS, Paul, *Paraguay bajo Stroessner,* México, Fondo de Cultura Económica, 1986.

LEZCANO, Carlos María, MARTINI Carlos, *Fuerzas Armadas y democracia. A la búsqueda del equilibrio perdido. Paraguay 1989-1993*, Asunción, CDE, 1994.

LINZ, Juan, *El quiebre de las democracias*, Madrid, Alianza, 1991.

LITTUMA, Alfonso, *La Nación y su Seguridad,* Asunción, Ed. Comando en Jefe de las Fuerzas Armadas, 1975.

LUPO, Rogelio Garcia, *El Paraguay de Stroesner*, Ediciones B, 1989.

LOZADA, Salvador María, *De López Rega a Menem: los derechos humanos y la impunidad en la Argentina (1974-1999)*, Buenos Aires, Editado por el Equipo Nizkor y Derechos, 2001.

MAHSKIN, Valentin, *Operación Cóndor, su rastro sangriento*, Buenos Aires, Catargo, 1985.

MELLINGER SANNERMAN, Gladys, *Paraguay en el Operativo Cóndor,* Asunción, R.P. Ediciones, 1989.

MIRANDA, Aníbal, *Estados Unidos y el régimen militar paraguayo (1954-1958),* Asunción, El lector, 1987.

MORA, Frank, COONEY Jerry, *El Paraguay y Estados Unidos,* Asunción, Intercontinental Editora, 2009.

ORREGO, Roque, "Como ley de emergencia podría sancionarse la contrarreforma del Código Procesal Penal", en *Derechos Humanos en Paraguay,* Asunción, CODEHUPY, 2009.

PALAU, Marielle (Coord.), MARTENS Juan y SANCHEZ José Tomás, *Criminalización a la lucha campesina,* Asunción, BASE IS y RLS ed., 2009.

PALAU, Tomas, Heikel María, *Los campesinos, el Estado, y las empresas agrícolas en las fronteras,* Asunción, BASE ECTA, 1987.

PASTORE, Carlos, *La lucha por la tierra en el Paraguay,* Montevideo, Editorial Antequera, 1972.

PEYRES, Gabriel, *De l'action militaire a l'action politique. Impulsion, codification et application de la doctrine de la "guerre révoutionnaire" ausein de l'armée francaise (1944-1966),* Paris, tesis de doctorado Universidad Paris 1, 1999.

PUGET, Janine, KAES René (ed.), *Violencia de Estado y Psicoanálisis,* Buenos Aires, Centro Editor de América Latina, 1991.

RIQUELME, Quintín, *Los sin tierra en Paraguay. Conflictos agrarios y movimientos campesinos,* Buenos Aires, Consejo Latinoamericano de Ciencias Sociales, 2003.

RIQUELME, Marcial Antonio, *Stronismo, golpe Militar y apertura tutelada,* Asunción, RP Ediciones, 1992.

RIVAROLA, Domingo, *Estado, campesinos, y modernización agrícola,* Asunción, Centro Paraguayo de Estudios Sociológicos (CPES), 1982.

--------------------, *Los movimientos sociales en el Paraguay,* Asunción, CPES, 1986.

RIVAS y EISMAN, Érica, *Geopolítica y Seguridad Nacional en América Latina.* Centro de Estudios sobre América Latina, La Habana, 1980.

ROSA, José María, *La Guerra del Paraguay y las montoneras argentinas*, Buenos Aires, Hyspamérica, 1986.

ROBIN, Marie Monique, *Escuadrones de la muerte. La escuela Francesa*, Buenos Aires, Sudamericana, 2005.

ROUQUIE, Alain, *América Latina: introducción al Extremo Occidente*, Buenos Aires, Siglo XXI, 2001.

-------------------, *Pouvoir militaire et société politique en République Argentine*, Paris, Presses de la FNSP, 1978.

-------------------, *El Estado militar en América Latina*, Buenos Aires, Emecé Editores, 1984.

SAIN, Marcelo, *Política, policía y delito*, Buenos Aires, C.I. Ediciones, 2004.

SCENNA, Miguel Ángel, *Argentina-Brasil: cuatro siglos de rivalidad*, Buenos Aires, La Bastilla, 1975.

SCHAVRTZMAN, Mauricio, *Contribuciones al estudio de la sociedad paraguaya*, Asunción, Centro Interdisciplinario de Derecho Social y Economía Política de la Universidad Católica de Asunción, 1988.

SEGOVIA, Diego, *Comunicación y Democracia. El rol de los medios en la construcción del discurso político ciudadano*, Asunción, BASE IS, 20101.

SELSER, Gregorio, *El documento de Santa Fe, Reagan y los Derechos Humanos*, México D.F., Alpha Corral, 1988.

SIVAK, Martin, *El asesinato de Juan José Torres y el Mercosur de la Muerte*, Ediciones Colihue SRL, 1997.

SOLER, Lorena, *Paraguay. La larga invención del golpe. El stronismo y el orden político paraguayo*, Buenos Aires, Imago Mundo, 2012.

SOLER, Lorena y CARBONE Rocco (eds.), *Franquismo en Paraguay. El golpe*, Buenos Aires, Arandurá Editorial, 2012.

TELESCA, Ignacio, *Ligas Agrarias Cristianas 1960-1980. Origen del movimiento campesino en Paraguay*, Asunción, CEPAG, 2011.

THWAITES REY, Mabel, LOPEZ, Andrea (edit.), *Entre Tecnócratas globalizados y Políticos clientelistas. Derrotero del ajuste neoliberal en el Estado Argentino*, Buenos Aires, Prometeo, 2005.

TOURAINE, Alain, *¿Podremos vivir juntos?*, Buenos Aires, Fondo de Cultura Económica, 1997.

--------------------, *América Latina, política y sociedad*, Madrid, Espasa, 1989.

WACQUANT, Louis, *Las cárceles de la miseria*, Buenos Aires, Manantial, 2000.

WINTER, Luis, *Hacia la Conferencia Especial de Seguridad en México*, Santiago, FLACSO chile, 2003.

Artículos o capítulos de libro:

ANSALDI, Waldo, "El silencio es salud. La dictadura contra la política" en QUIROGA, Hugo, Tcach César (comps.), *Argentina 1976-2006. Entre la sombra de la dictadura y el futuro de la democracia*, Santa Fe, Homo Sapiens, 2006, p.97-121.

--------------------, "Matriuskas de terror. Algunos elementos para analizar la dictaduras argentina dentro de las dictaduras del Cono Sur", en PUCCIARELLI Alfredo (coord), *Empresarios, Tecnócratas y Militares*, Siglo XXI editores, 2004, Argentina, p.28-51.

--------------------, "La democracia en América Latina, un barco a la deriva, tocando en la línea de flotación y con piratas a estribor. Una explicación de larga duración", en ANSALDI Waldo (dir), *La democracia en América Latina, un barco a la deriva*, Fondo de Cultura Económica, 1997, Buenos Aires, p. 53-121.

--------------------, "Continuidades y rupturas en un sistema de partidos políticos en situación de dictadura: Brasil, 1964-1985", en DUTRENIT Silvia (coord.), *Diversidad partidaria y Dictaduras: Argentina, Brasil y Uruguay*, México, Instituto Mora, 1996, p. 89-230.

ABENTE BRUN, Diego, "Un sistema de partidos en transición. El caso de Paraguay", en *Revista Paraguaya de Sociología*, Asunción, Centro Paraguayo de Estudios Sociológicos, Año 33, n° 96, mayo-agosto, 1996, p. 39-62.

ACOSTA SANCHEZ, Ariel Alejandro. "Los movimientos de resistencia armada durante la dictadura del general Stroessner. La experiencia concreta del movimiento 14 de mayo", ponencia presentada en el *XXVII Encuentro de Geohistoria Regional*, Paraguay, 16, 17 y 18 de agosto de 2007.

BERMUDEZ TORRES, Lilia, "Los retos del Hemisferio en el ámbito de la seguridad", en GRABENDORFF Wolf (ed.), *La seguridad regional en las Américas. Enfoques críticos y conceptos alternativos*, Bogota, Fondo Editorial Cerec, 2003, p. 81-112.

BONAVENA, Pablo, NIEVAS Flavian, "Del Estado Nacional al Estado Policial", en Salazar (edit), *La nueva derecha. Una reflexión latinoamericana.* Buenos Aires, El Aleph, 2009.

BORDA, Dionisio. "Empresario y transición en la democracia en Paraguay", en ABENTE BRUN Diego (coord.), *Paraguay en transición*, Venezuela, Nueva Sociedad, p.69-103.

BOSEE, Sophie, "Militarisation de la sécurité intérieure et du développement économique et social dans l'Argentine post guerre froide", en *L'Ordinaire Latino Américain, n° 195*, janvier-mars 2004, p. 89-103.

CAPELA, Charles, *Plan Colombie et Geopolitique des Etats-Unis dans l'aire colombo venezuelienne. 1998-2002*, mémoire de DOA, Toulouse Le Mirail II, 2003.

CASTILLO, Orlando, "Derecho a la Paz y al Desarme. Fuerzas Armadas se consideran en guerra", en *Derechos Humanos en Paraguay 2001*, Codehupy, Asunción, Litocolor, 2002, p. 445.

DAMMERT, Lucía, BAILEY, John, "Reforma policial y participación militar en el combate a la delincuencia. Análisis y desafíos para América Latina", en *Fuerzas Armadas y Sociedad*, Año 19- n° 1, 2005, p. 133-152.

DELICH, Francisco, "Estructura agraria y hegemonía en el despotismo republicano paraguayo", en *Estudio Rurales*, Bogotá, Vol. 4, N°3, pp.239-255.

DIAMINT, Rut, "Crisis y política en Argentina: la postergada institucionalización de la defensa", en *L'Ordinaire Latino Américain*, n° 195, janvier-mars 2004, p. 81-88.

ELLISON, Katherine, "Paraguayan Adoptions Spurs Pathos amid Chaos", en *Miami Herald,* Miami, 6/06/1996.

FLECHA, Víctor Jacinto, "Mas allá de la utopía burguesa. La pervivencia del Estado oligárquico. Consecuencias sociales de la Guerra del Chaco en la sociedad y la política paraguaya", en *Revista Paraguaya de Sociología,* Asunción, Año 32, n° 93, Centro Paraguayo de Estudios Sociológicos, mayo-agosto 1995, p. 37-69.

GALEANO, Luis, "La diferenciación socioeconómica en el campo y las migraciones. Paraguay 1950-1975", en Rivarola (ed.), *Estados, campesinos y modernización agrícola,* Asunción, Centro Paraguayo de Estudios Sociológicos (CPES), 1982.

GARCIA, Antonio, "El minifundio en el proceso agrario del Paraguay. Hacia un nuevo proyecto de desarrollo rural", en RIVAROLA (ed.), *Estados, campesinos y modernización agrícola,* Asunción, CPES, 1982.

LABATUT, Bernard, "Les défis multiformes de la sécurité au Paraguay: démocratie/développement/sécurité, combinaison miracle pour le XXIe siècle?", en *Revue des Sciences Politiques,* n°56, deuxième semestre 2006, p. 7-22.

LACHEROY, Charles. "Scénario-type de guerre révolutionnaire", en *Centro Militar de Información y especialización para Ultramar*, 1955, n°4, p. 3-29.

LATERZA, Gustavo, "Legitimidad y legalidad en el nuevo contexto paraguayo", en *Revista Paraguaya de Sociología,* Asunción, Año 26, n° 76, 1989, p. 143-158.

LARA CASTRO, Jorge, "Paraguay: la transición incierta", en MEYER Lorenzo, REYNA José Luis (coord.), *Los sistemas Políticos en América Latina,* México, Siglo XXI editores, 1992, p. 107-126.

LEZCANO, Carlos María, "El régimen militar de Alfredo Stroessner: Fuerzas Armadas y Política en el Paraguay (1954-1989)", en *Revista Paraguaya de Sociología,* Asunción, CEPAG, 1989, Año 26, n° 74, p. 117-146.

LOPEZ, Ernesto, "La situación estratégica sudamericana", en *L´Ordinaire Latino Américain, L´Ordinaire Latino Américain,* n° 195, janvier-mars 2004, p. 51-59.

LOZANO, Lucrecia, "Las Iniciativas para las Américas. El comercio hecho estrategia", en *Nueva Sociedad,* N° 125, 1993, p.121-134.

MANERO, Edgardo, "Succincte introduction aux transformations stratégiques de l'après-guerre froide. L'Amérique latine dans le désordre global", en *L'Ordinaire Latino Américain*, n°195, janvier Mars 2004, p. 6-24.

MANERO, Edgardo, "Strategic Representations, Territory and Border Areas: Latin America and Global Disorder", en *Geopolitics*, 2007, p. 19-56.

MARTENS, Juan, ORREGO Roque, "De la constancia de las violaciones a la legalidad penal, a la ilegalidad paraestatal de la manos de comisiones vecinales de ´seguridad ciudadana´", *Informe de Derechos Humanos 2006*, Asunción, CODEHUPY, 2006.

MORA, Frank, "Paraguay Democratization from Abroad: External Determinants of Regime Survival and Democratic Deepening", *Sotuh Estern Latin Americanist* 19, n°3, 2011, p. 23-40.

--------------------, "Paraguay and International Drug Trafficking", en BAGLEY Bruce, WALKER William (ed.), *Drug Trafficking in the Americas*, Florida, Coral Gables, 1994, p. 62-99.

O' DONELL, Guillermo, "Apuntes para una teoría del Estado", en OZLAK (dir.), *Teoría de la burocracia estatal*, Buenos Aires, Paidos, 1984, p. 34-56.

PALAU, Marielle, "El lado militar de la ofensiva neoliberal en Paraguay", en *Observatorio Social de América Latina*, n° 20, mayo-agosto 2006, p. 339-350.

PEYRES, Gabriel, "De la Argelia a la Argentina: estudio comparativo sobre la internalización de las doctrinas militares francesas en la lucha anti-subversiva. Enfoque institucional discursivo", en *Lucha de clases, guerra civil y genocidio en la Argentina. 1973-1983*, Buenos Aires, Eudeba, 2009, p. 391-421.

PIANETTO, María Elena Besso, "Una doble estrategia en versiones diversas, la doctrina de la seguridad nacional en Brasil, Chile y Perú", en *e-l@tina*, Buenos Aires, 2006, Volumen 4, n° 16, p. 39-60.

PILZ, Dania, RIQUELME, Quintín, VILLALBA Verónica, "Los movimientos sociales en el contexto actual del Paraguay", en *Observatorio Social de América Latina*, septiembre 2002, p. 26-33.

QUIÑONES, José, GORTARI Cecilia, SCKELL Luz, "Ministerio Público y Seguridad Ciudadana en el Paraguay", en *Nueva Sociedad,* n° 191, mayo-junio 2004.

RIVAROLA, Domingo, "Política y sociedad en el Paraguay contemporáneo: el autoritarismo y la democracia", en *Revista Paraguaya de Sociología,* Asunción, Año 25, N° 73, Centro Paraguayo de Estudios Sociológicos, septiembre-diciembre 1988, p. 141-183.

ROJAS ARAVENA, Francisco, "Construyendo nuevos enfoques para un régimen de seguridad en las Américas", en *Medio Siglo del TIAR, Estudio Estratégico de América Latina y el Caribe,* Santiago, FLACSO-Chile, 1997, p. 11-24.

--------------------, "The Rio Group and Regional Security in Latin America ", PELLICER en (ed.), *Regional Mechanisms and International Security in Latin America,* Nueva York, UN University Press, 1998, p. 12-130.

ROUQUIE, Alain, STHEPEN, Alfred, "Los militares en la política latinoamericana desde 1930", en BETHELL Leslie (ed.), *Historia de América Latina.* Barcelona, 1997, Crítica, Tomo 12, pp.281-341.

SANCHEZ, José Tomas, "El campesino paraguayo es pobre porque es ignorante. El discurso legítimo de los medios escritos de comunicación y la lucha por la tierra", en PALAU (coord.), *Criminalización a la lucha campesina,* Asunción, Base Is, 2010, p.103-131.

SANNEMANN, Gladys Mellinger, *Paraguay en el Operativo Cóndor,* Asunción, RP Ediciones, 1993.

SAXE-FERNANDEZ, John, "La ideologia conservadora y el gobierno de Bush", en *Economia y Sociedad,* n° 24, abril 2004, p. 5-13.

SELSER, Gregorio, "La intensa guerra de baja intensidad. Conceptos, definiciones y objetivos", en *Nueva Sociedad,* Caracas, N° 89, mayo/junio, 1987.

SIMÓN, Jose Luis, "Drug Addiction an Traffic in Paraguay: An Approach to the Problem during The Transition", en *Journal of Interamerican Studies and World Affairs,* vol. 34, n° 3, 1992, p. 155-200.

SOLER, Lorena, *Régimen político y legitimidad. La construcción del orden stronista (1954-1989)*, tesis de maestría, Facultad de Ciencias Sociales de la UBA, 2008.

--------------------, "La familia paraguaya. Transformaciones del Estado y la nación de López a Stroessner", en WALDO Ansaldi (dir.), *La democracia en América Latina, un barco a la deriva*, Buenos Aires, Fondo de Cultura Económica, 2007.

SOUCHAUD, Sylvain, "Le Paraguay dans le Mercosur", en *Regardes des Amériques*, n° 11, juin octobre 2005, p. 13 -16.

SPAINI, Bareiro, ponencia "El rol de las Fuerzas Armadas en la Sociedad y el Desarrollo Nacional", www.defensanacional.cc/images/desarrollo.doc.

STEPAN, Alfred, *Repensando a los militares en política. Cono Sur: un análisis comparado*, Buenos Aires, Planeta, 1988.

--------------------, *Brasil: los militares y la política*, Buenos Aires, Amorrourtu, 1974.

TOURAINE, Alain, "Reacciones antinucleares o movimiento antinuclear", en *Revista Mexicana de Sociología*, n° 2, 1982, p. 120-135.

VALIENTE, Hugo, "Detenciones ilegales y arbitrarias", en *Derechos Humanos en Paraguay 2001*, Codehupy, Asunción, Litocolor, 2001, p. 85.

QUIÑONEZ, José Caballero, GORTARI María Cecilia, SCKELL Luz de María, "Ministerio público y seguridad ciudadana en el Paraguay", en *Nueva Sociedad*, n° 191, mayo-junio 2004, p. 117-131.

VERCHIERE, Nadine, "Guerre de la Triple Alliance", en *Regards des Amériques*, n° 11, juin octobre 2005, p. 22-23.

VALENZUELA, Arturo, "Paraguay: The Coup That Didn´t Happen", en *Journal of Democracy*, N° 1, 1997.

VARAS, Augusto, "Cooperative Hemispheric Security after the Cold War", en PELLICER (ed.), *Regional Mechanisms and International Security in Latin America*, Nueva York, UN University Press, p. 10-44.

VILLAGRA BATOUX, Delicia, "Le guarani paraguayen. Une nouvelle politique linguistique pour le guarani paraguayen", *Regards des Amériques*, n° 11, juin octobre 2005, p. 11-12.

VILLAGRA DELGADO, Pedro, "Hemispheric Security: A perception from the South", en *Shaping the Regional Security Environment in Latin America. Perspectives from Argentina, Brazil, and Colombia*, Nueva York, Carlisle, p. 1-11.

WINER, Sonia, "La amenaza militar sobre el continente americano", en GAMBINA (ed.), *Moloch Siglo XXI. A propósito del imperialismo y las cumbres*, Buenos Aires, Ediciones del CCC, 2005, p. 195-209.

--------------------, "La institucionalización de la violencia en las tendencias hemisféricas seguritarias en Paraguay: un análisis de caso", en NIEVAS (comp.), *Arquitectura Política del Miedo*, Buenos Aires, El Aleph, 2010.

--------------------, "Las Políticas de Seguridad y Defensa en Paraguay: perspectivas y desafíos frente al nuevo escenario político", en *Esbocos. Revista do programa de pos-gradacao em historia da ufsc*, Florianópolis, n° 20, 2009.

YOPO, Mlanden, "Paraguay ¿Transición o reacomodo?", en *Cono Sur 6*, n°3, 1987, p. 1-6.

Sitios webs:

ARRAIGADA, Camilo, "Pobreza en América Latina: nuevos escenarios y desafíos de políticas para el hábitat urbano", www.cepal.org.

BATTAGLINO, Jorge, "La larga marcha hacia la unidad Sudamericana", <http://blog.revistacronopio.com/?tag=jorge-battaglino >, [Consultado el 026/11/2011].

BID, "Desarrollo más allá de la economía", *Progreso económico y social en América Latina. Informe 2000*, <www.iadb.org>, [Consultado el 10/06/2007].

BURGOS SILVA, Germán, "Estado y Derecho en Paraguay: estado de Legalidad sin Estado de Derecho", *Desarrollo Humano e Institucional en América Latina*, n° 24, <www.iigov.org>, [Consultado el 7/06/2007].

Instituto Internacional de Gobernabilidad de Barcelona, "Diagnóstico Institucional de la Republica del Paraguay", septiembre de 2002, <www.iigov.org>, [Consultado el 20/6/2007].

MANERO, Edgardo, "Les conséquences du 11 septembre en Amérique latine", en *Le Débat Stratégique*, n° 59, novembre 2001, <www.cirpes.net>, [Consultado el 26/12/2006].

------------------, "Insécurité et violence dans l'Argentine néo-libérale. La gestion politique de la peur", en *L'Ordinaire Latino- Américain*, n° 194, <http://w3.univ-tlse2.fr/ipealt/cedocal/>, [Consultado el 28/2/2007].

MARTESN, Juan A., "Discurso democrático en el Ministerio del Interior, continuas prácticas abusivas en la policía nacional", en *Derechos Humanos en Paraguay*, Asunción, CODEHUPY, 2009.

MELIA, Bartolomé, "Y al final ¿qué es un campesino paraguayo?", en *Acción*, n° 202, <www.uninet.com.py>, [Consultado el 28/10/2001].

------------------., "El Paraguay inventado", Asunción, Centro de Estudios Paraguayos Antonio Guasch (CEPAG), capítulos 3-11, 1997, <www.paraguaysemanal.com>, [Consultado el 29/10/2001].

MURILLO, Susana, "El nuevo pacto social, la criminalización de los movimientos sociales y la "ideología" de la seguridad", *OSAL*, Nro. 14, CLACSO, 2004.

PNUD, "La democracia en América Latina. Hacia una democracia de ciudadanos y ciudadanas", 2004, <www.undp.org>, [Consultado el 21/6/2007].

RADSECK, Michael, "El sistema interamericano de seguridad: ¿quo vadis? Posiciones del Cono Sur a la luz de la Conferencia Especial sobre Seguridad",en *Instituto de Estudios Iberoamericanos*, 2004, <www.duei.de>, [Consultado el 19/05/2007].

ROUQUIE, Alain, "Dictadores, militares y legitimidad en América Latina", en *Critica & Utopía*, n° 5, <http:// bibliotecavirtualclacso.org>, [Consultado el 7/06/2007].

SABOGAL, José, "Colombie : un Président adapté à la stratégie de Washington", en *Le Débat Stratégique*, n° 64, septembre 2002, <www.cirpes.net>, [Consultado el 27/12/2006].

------------------, "Vers une représentation stratégique de la région Andes-Amazonie ?", en *Le Débat Stratégique*, n° 69, juillet 2003, <www.cirpes.net>, [Consultado el 27/12/2006].

SOLER, Lorena, "La transición perenne. Partidos políticos y coyuntura electoral en Paraguay (1989-2000)", en *e-l@tina Revista Electrónica sobre estudios Latinoamericanos*, N°1, septiembre-diciembre de 2002, pp.16-32. <http://www.iigg.fsoc.uba.ar/elatina.htm>

SORIANO, Juan Pablo, MACKAY, Donald R., "Redefining Hemispheric Security alter September 11", en *Focal Policy Paper*, 2003, <www.offnews.info>, [Consultado el 3/05/2003].

Obras generales sobre metodología en ciencias sociales

Libros:

DURKHEIM, Emile, *Les règles de la méthode sociologique*, Paris, Presses Universitaires de France, 2002.

DUBAR, Claude, *Analyser les entretiens biographiques: l'exemple de récits et d'insertion*, Paris, Damazière, Natham, 1997.

HERNANDEZ, Roberto, FERNANDEZ Carlos, BAPTISTA Pilar, *Metodología de la investigación*, México, McGraw Hill, 1991.

LANDER, Edgardo, *A colonialidade do saber: eurocentrismo e ciencias sociales*, Buenos Aires, Consejo Latinoamericano de Ciencias Sociales, 2004.

LESSARD, H. Michelle, GOYETTE Gabriel, BOUTIN Gérald, *La recherche qualitative, fondements pratiques*, Montréal, Editions Nouvelles, 1997.

LOWY, Michael, *As Aventuras de Karl Marx contra o Barao de Munchhausen. Marxismo e Positivismo na sociología do conhecimento*, Sao Paulo, Cortez Editora, 2003.

LUKACS, Gyorg, *History and Class Consciousness*, Cambridge, MIT Press, 1971.

MUCHIELLI, Alex, *Dictionnaire des méthodes qualitatives en sciences humaines et sociales*, Paris, A. Colin, 2004.

MUCHIELLI, Alex, *Les méthodes qualitatives*, Paris, Presses Universitaires de France, 1994.

SCHUSTER, Félix Gustavo, *Explicación y Predicción. La validez del conocimiento en ciencias sociales*, Buenos Aires, Consejo Latinoamericano de Ciencias Sociales, 2005.

Documentos consultados:

Asociación Nacional Republicana - Junta de Gobierno, *Principios y métodos para combatir al comunismo internacional*, Asunción, 1986.

Casa Blanca, *National Securiy Strategy of the United States of America*, 2002.

Colegio Nacional de Guerra, Directiva Académica número 8/82 del, *Evaluación política de la coyuntura*, campo político, Asunción, 1982, Tomo I, p.32.

Colegio Nacional de Guerra, *Trabajo en equipo de la promoción XVI*, Asunción, 1984.

Comisión Verdad y Justicia, *Informe final*, agosto de 2008.

CODEHUPY, *Informe Chokokue. Ejecuciones y desapariciones en la lucha por la tierra en Paraguay (1999-2005)*, Asunción, CODEHUPY, 2007.

Operación Cóndor. *Dócuments réunis et microfilmés par les autorités judiciaires de la République du Paraguay*, Nanterre, 2005.

Principales Indicadores de Pobreza y Distribución de los Ingresos, en *Resultados de la Encuesta Permanente de Hogares 2010*, www.dgeec.gov.py.

Revista de las Fuerzas Armadas de la Nación, números 65, 66 y 67, mayo, junio, julio, Asunción, 1946.

USAID, 2011, *Evaluación de la Iniciativa Zona Norte en Paraguay*.

------------------, 2010, *Foreign Assistance Paraguay*.

------------------, 2003, *Economic Bilateral Assistance*.